大旗出版
BANNER PUBLISHING

大旗出版
BANNER PUBLISHING

敲春秋

之四

天下
大亂

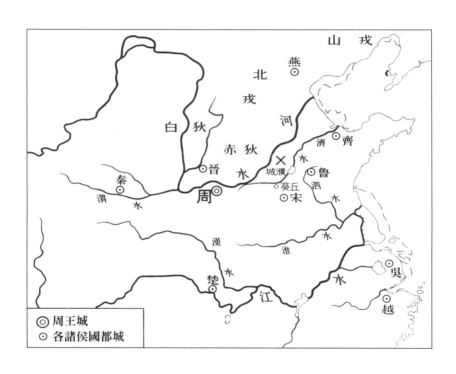

山戎

燕⊙

北
戎

白
狄   狄
       赤
       水

河

晉⊙

秦⊙

渭
      水

周

城濮 ×   ⊙濟
            水

齊⊙

魯⊙
泗

葵丘·
   ⊙宋

水

漢
      水

楚⊙

淮

水

江

水

水

吳⊙

越⊙

⊙周王城
⊙各諸侯國都城

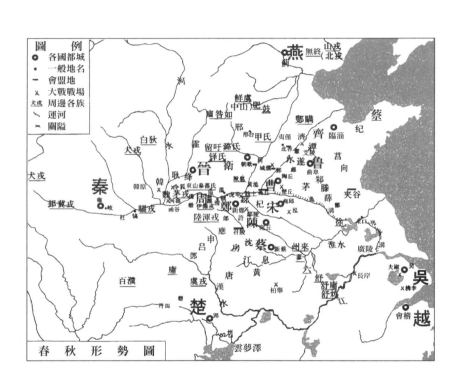

圖　例
⊙　各國都城
•　一般地名
—　會盟地
✕　大戰戰場
犬戎　周邊各族
＼　運河
＼　關隘

燕　山戎（北戎）

鮮虞（中山）肥鼓

犬戎

白狄

秦

邢甲氏

鄭滑　齊　臨淄　紀

莒

魯　曲阜郕　向

衛　曹　夾谷

晉　周　鄭　宋　陳　徐

陸渾戎　蔡　州來　淮水　廣陵

申　沈　息　黃

房　唐

庸　夔戎

百濮　漢水

楚　鄀

雲夢澤

吳

越　會稽

春　秋　形　勢　圖

序

　　歷史與現實驚人地相似，這就是為什麼我們要回顧歷史。

　　晉國和楚國兩個超級大國形成的兩極世界，與 20 世紀美蘇兩個超級大國稱霸世界何其相似。

　　超級大國之間，是儘量避免直接對抗的。在這一點上，晉楚與美蘇是同樣的思維方式。因為他們知道，直接對抗的最終結局就是兩敗俱傷。於是，他們開始瘋狂的軍備競賽，儘管這同樣是兩敗俱傷。

　　在瘋狂的軍備競賽中，美國拖垮了蘇聯，就如晉國拖垮了楚國。

　　然而，世界上除了超級大國，還有大國、中等國家和小國，他們的存在就像森林中的飛禽走獸一樣，儘管他們不能稱雄於世界，卻有他們存在下去的合理性。同樣，他們需要各種生存技巧生存下去。

　　看上去最危險的地方，往往是最安全的。

　　在兩個超級大國之間的鄭國看上去就像在老虎的嘴邊遊走，可是他們總是安然無恙，不是因為他們討人喜歡，而是因為他們是兩個超級大國之間的緩衝地帶，既然超級大國不願意直接面對，那麼這個緩衝地帶就有存在下去的理由了。

　　不同的國家，有不同的生存技巧。在生存的壓力和生命的尊嚴之間，不同的國家有不同的選擇。正因為如此，我們才看到齊國、魯國、宋國、衛國、鄭國等國家在大國夾縫中以不同的方式生存。也正因為如此，春秋才變得精彩紛呈，而不是千人一面。

　　而現代世界，也正是如此。

　　如果我們把美國看做晉國，把蘇聯看做楚國，把法國看做宋國……我們就會發現很多有趣的現象，會發現現實世界其實並不陌生，我們的祖先早已經演練過了。

　　和平，是一個夢想，一個聽上去很不錯的夢想。

如果夢想永遠是夢想，那麼明天就永遠值得期待。

可是，當夢想成真，也許我們就會發現這只是一個惡夢的開始。

關於和平，祖先給過我們最睿智的教導。

「天生五材，民並用之，廢一不可，誰能去兵？兵之設久矣，所以威不軌而昭文德也。聖人以興，亂人以廢，廢興存亡昏明之術，皆兵之由也。」司城子罕在兩千五百多年前就告訴我們這個道理，戰爭是人類生存發展的必然產物和必要條件，和平可以去爭取，但是永遠不要爭取到。

和平只是一個傳說。

對於小國來說，和平就是麻醉劑。沒有了戰爭的威脅，人們就會麻痺和耽於享受，於是滅頂之災隨時來到。

而對於大國呢？

腐敗同樣是一個現實的話題，不要以為祖先們就冰清玉潔。人類是有欲望的，人類的欲望是無邊的。所以，腐敗早已經滋生。而和平，又是大國腐敗的催化劑。

晉國的腐敗源於缺乏監督，內閣制的實行削弱了國君的權力，於是內閣的腐敗成為無人監督的腐敗，因為這個國家不是他們的，他們要做的是掏空這個國家。

楚國的腐敗同樣源於缺乏監督，君主獨裁的楚國並不是沒有人監督，但是，靠楚王一個人的監督是遠遠不夠的。事實上，楚國有過多次廉政風暴，包括兩位總理（令尹）和一位國防部副部長（右司馬）都曾經死在廉政風暴的鬼頭刀下。但是，又能怎樣呢？楚國的腐敗之風依然愈演愈烈。

世界和平，在宋國人的斡旋下終於來到。但是，和平將帶來什麼？

目 錄

第一二一章

欒書的圈套

　　人類歷史就是一部鬥爭史，與天鬥，與地鬥，與人鬥。主要的是與人鬥，其樂無窮。

　　大國有鬥爭，小國同樣有鬥爭。

　　從鬥爭的角度說，國無大小。

　　從權力鬥爭的角度說，古今中外，都遵循同樣的規律。

　　生命不息，鬥爭不止。

　　勝利總是令人興奮嗎？答案是否定的。

　　戰勝了楚國人的晉國人就並不興奮，除了三郤，其他的人似乎個個憂心忡忡，心事滿腹。從鄢陵回新絳的路上，晉軍將領們一個個陰沉著臉，好像不是打了勝仗，而是大敗而歸。

　　戰爭有結束的時候，可是鬥爭，永遠沒有盡頭。

凱旋

　　鄢陵之戰獲得勝利，晉軍隨後凱旋。在凱旋之前，郤至曾經提出一個建議：在鄢陵建造京觀，然後邀請周王前來，在這裏與諸侯結盟，重溫當年晉文公的霸業。

　　對於這個建議，晉厲公是有興趣的。可是，大家都沒有興趣。

　　「主公，當初晉文公戰勝了楚國人，並沒有建造京觀；後來我們被楚莊王擊敗，楚國人也並沒有建京觀。以主公您的德行，無法與晉文公和楚莊王相比，而我們的能力，與狐偃先軫們相比又差了很遠，我們不過是僥倖取勝，怎麼能建京觀呢？」士燮還是反對，不過這一次，他並沒有全盤否定，而是只反對建京觀。

　　郤至瞪了他一眼，剛要說話，被欒書擺擺手，示意他聽自己說。

　　「主公，士大夫的話有道理。楚莊王曾經說過止戈為武，當初戰勝

了我們也並沒有趕盡殺絕。其實，晉楚兩國實力相當，誰也不能擊垮誰。既然如此，我們已經擊敗了對方，就已經夠了，何必要增加仇恨呢？再說，現在已經是晚夏，麥子等著收呢，還是回去收麥子是正事，就別在這裏折騰了。」欒書不僅反對建京觀，也反對在這裏召開聯合國大會。

郤至一聽，非常的不高興，心中暗想：「嫉妒，赤裸裸的嫉妒，不就是怕我的功勞太大嗎？」

雖然心裏這樣想，嘴上不能這樣說。

「主公，元帥說得雖然有禮，可是，這正是建立霸業的好機會，就這麼放棄，不是太可惜了？」郤至說，他還要堅持。

晉厲公有些猶豫，他看看大家，說：「各位，你們什麼看法？」

於是，大家開始發言，都是反對的聲音，就連郤犨和郤錡，也都哼哼唧唧，不肯明確表達支持郤至。沒辦法，大家都想回家了。

「好，撤軍。」晉厲公下了命令。

晉軍凱旋，回到了新絳。

首先進城的是開路將軍郤至，只見他身穿紅色鎧甲，頭頂紅盔，腳踏紅靴，就連馬的韁繩也是紅色的。

「紅甲將軍來了。」早就在城門外迎接晉軍的百姓們激動地高呼。

歡聲雷動，郤至面帶勝利的微笑，向大家揮揮手。於是，招來又一波歡呼。

大軍隨後漸次進城，欒書、韓厥等人混雜在大軍之中，面色十分嚴肅，對百姓們的歡呼置若罔聞。

當大軍只剩下一個小尾巴在城外的時候，迎接的百姓們也已經散得差不多了，人們都匆匆回到家裏，殺雞宰羊，準備為自己的親人接風洗塵。

最後一乘戰車進城了。

「爹，去哪裡？」御者問。

「回家。」射者位置上的人說。

「回家?回家幹什麼?」

「幹什麼?吃飯,睡覺。」

「睡覺?爹,要不要請些親戚朋友來慶祝平安回來?」

「慶祝個屁。」

車拐了個彎,穿過幾條小巷,停了下來。他們到家了。

這兩個人是誰?士燮父子。

整個晉國都在流傳紅甲將軍郤至的英雄事蹟,他不僅為晉軍的勝利出謀劃策,而且英勇作戰,險些活捉楚王。

國家英雄,絕對的國家英雄。要是那時候就有英模事蹟報告團的話,郤至至少要連講八十場。

作為晉國的特使,郤至前往雒邑向周王室獻上戰勝楚國的戰利品和戰俘。在偉大首都,郤至得意洋洋,目中無人,拼命鼓吹自己的巨大貢獻。

「微我,晉不戰矣。戰而勝,是吾力也。若是而知晉國之政,楚越必朝。」(《國語》)郤至把戰勝楚國的功勞全部都算到了自己的頭上,並且公然揚言自己應該當晉國中軍元帥。

太張狂了,前所未有的張狂。

「就是就是,元帥神勇!來來來,祝郤至元帥早日高升,乾杯!」王室的公卿們拍起了馬屁,對於他們來說,拍馬屁是日常工作的主要組成部分,多拍一次無所謂。

郤至喝了不少,昏昏沉沉,被抬回了國賓館。

「郤至很危險了,他在卿裏排最後一位,卻把自己的功勞說成第一位,企圖獨攬大權,這不是明目張膽招致怨恨嗎?他看上去很聰明,實際上很愚蠢啊。」郤至走後,單襄公斷言郤至很快就會遭殃:「以吾觀之,兵在其頸,不可久也。」

「就是就是,老單說的是。來來來,為老單的真知灼見,乾杯!」王室的公卿們還是這一套,拍馬屁的機會他們從來不錯過。

大家都喝多了,公款吃喝嘛,不喝白不喝。

打獵

郤至回到晉國的時候，晉厲公決定組織一場八卿打獵，算是犒勞大家。其實，早就準備打獵的，就是因為晉厲公一定要等郤至，因此推遲了。

照理，打獵是個娛樂專案，重在參與，大家嘻嘻哈哈不要太在乎，到最後把獵物分一分，就算皆大歡喜。所以，大家都把最好的機會留給晉厲公，邊邊角角的留給自己。說白了，不就是陪著國君來玩玩嗎？可是，有一個人例外。誰？不用猜，紅甲將軍。

郤至穿著紅甲去打獵，大家看著都很彆扭，這樣的場合，把自己弄那麼扎眼幹什麼？郤至不管這些，他要的是風頭。

打獵開始之後，厲公的箭法不錯，連連斬獲野兔野羊野雞，大家連連叫好，都很高興。射中獵物第二多的就是郤至，他的箭術比晉厲公要好，只是他的位置靠邊，不太理想。不過令他最不爽的倒不是位置不好，而是除了自家的郤犨和郤錡偶爾喝個彩之外，其他人對他的表演都當沒看見。

正在惱火，突然，一頭野豬被趕了出來，這是今天最大的獵物了。這樣的獵物，大家自然是讓給晉厲公的。

厲公不客氣，拈弓搭箭就射。旁邊郤至也不客氣，也抄起弓來。

厲公的射術雖然不錯，畢竟不是戰將，一箭出去，擦著野豬的屁股過去，正要再抓一支箭，晚了。旁邊郤至的箭已經出去了，不偏不倚，準準地紮在那頭豬的耳朵裏，野豬慘叫一聲，栽倒在地。

所有人都笑了，三郤得意地笑，其餘的五個卿苦笑，晉厲公開心地笑。對於郤至射死野豬，晉厲公並沒有感到不快，相反，他很高興。

可是，不高興的事情隨後發生了。

按規矩，誰射死的獵物，由誰的隨從拿走。郤至射死了野豬，自然是郤至的隨從拿來放在自己的車上，算是郤至的獵物。誰知道厲公有個隨從叫做孟張，大概以為這頭豬是厲公先射的，所以應該歸厲公。於是不等命令，孟張就跑過去搶那頭野豬。

郤至一看，不高興了，心說你這個死太監沒看見野豬是我射死的嗎？就算獻給國君，那也該我獻啊。

想到這裏，郤至又抄起了弓，一箭出去，可憐孟張也是耳朵中箭，然後栽倒在野豬的身邊。

「嘩─」所有人都吃了一驚，為了一頭野豬，郤至竟然射死厲公的隨從。

「來人，把野豬給我扛過來！」郤至臉不變色心不跳，讓自己的隨從把野豬扛了過來。

郤至跳下車，來到厲公的面前，高聲說：「主公，這頭野豬獻給您。」

晉厲公擺了擺手，沒有回答。

「收隊。」厲公下令。他已經沒有心思再打獵了，隨後他輕聲嘟囔了一句：「欺人太甚。」

不歡而散。

晉厲公為什麼要忍下這口氣？因為郤家的實力太強了，即便他對郤至再怎麼不滿意，他也不敢輕舉妄動。

郤家的實力強到什麼地步？三卿五大夫，三位內閣成員，五名政府部長。

回去的路上，郤至談笑自若，毫不在乎。

欒書陰沉著臉，他知道自己應該有所動作了。

有一個人愁眉不展，整天沒有說一句話，沒有發一支箭。誰？士燮。

詛咒

士燮早已經看到了危機，現在則看得更清楚。他很擔心，不是擔心三郤，而是擔心自己會受到連累。

回到家裏，士燮把自己宗族的祝史找來。祝史是幹什麼的？主持宗教儀式的人。

「從今天開始，我要你天天詛咒我，求上天讓我早點死。」士燮給了一個讓祝史大吃一驚的命令，詛咒自己的人還真沒見過。

「搞笑吧？」

「搞你個頭。如今權力鬥爭白熱化，隨時變天，說不定什麼時候就大難臨頭。我要是死了，不僅我躲過去了，而且我們士家也能存在下去。」士燮很嚴肅地說。這也算犧牲自己保全大家吧。

從那之後，士家家族每天都在詛咒士燮，祝他早日實現死的願望。

「老天爺，求求您了，讓士燮早點死吧，早點死吧，早點死吧。」

所以，自我保護有兩種方式：自衛或者自殘。

權力鬥爭金科玉律第二十二條：如果無力自衛，就自殘。

終於，鄢陵之戰第二年的六月九日，士燮的心願實現了。

在臨死之前，士燮和兒子士匄還有一段臨終對話。

士燮：「我的話你記住了嗎？」

士匄：「記住了。」

士燮：「說一遍。」

士匄：「多吃肉，少喝酒；嗓子常發炎，開會少發言。」

士燮閉上了眼睛。

士燮把自己給詛咒死了之後，卿的位置騰出來了一個。現在，誰來接替士燮的中軍佐，誰晉升為卿，是一個人人都關注的事情。

晉厲公把苗賁皇找來了，他很喜歡這個楚國裔晉國人。

「老苗啊，鄢陵之戰你立了大功，我打算讓你當卿。」晉厲公要提拔苗賁皇——破格提拔。

「主公，不行不行。我哪有卿的水準啊？我連晉國普通話都說不好，還是找別人吧。」出乎厲公的意料，苗賁皇竟然拒絕了。

「哎，你就別謙虛了，你有這個實力啊，你一定要當。」

「主公，真不行。咱們明人不說暗話吧。我一個外來戶，除了主公

您，沒誰待見我，好些人盯著這個位置，要是給了我，我真不知道哪天會怎麼死。主公，求求您放過我吧，我爹的教訓還不夠慘痛嗎？我還想多活幾年呢。要是主公一定要我當，我只好跑到齊國去了。」苗賁皇的態度異常堅決，那是想得太明白了。

「唉。」晉厲公歎了一口氣，他有些惱火，又有些無奈。

苗賁皇第二天就回了自己的采邑，遠遠離開了偉大首都這個是非之地。

用句《三國演義》的句式：苗賁皇，聰明人也。

多虧苗賁皇夠聰明，否則百家姓就沒有苗姓了。

有的人遠遠避開，有的人卻在殷殷期盼。

三郤都在等待，而郤至更是瞄準了中軍佐的位置。此外，郤家還有五個大夫，也有望晉升為卿。郤至沒有跑跑關係什麼的？那年頭，還不時興跑官呢。

終於，等到了宣佈的日子。

「經過我和欒元帥反覆商量，現決定，因為暫時沒有合適人選，中軍佐空缺。」晉厲公宣佈。為什麼這個位置空起來？厲公從苗賁皇拒絕出任卿這件事情得出了一個結論：卿的位置不給郤家，郤家不高興；給了郤家，全國人民不高興。所以，乾脆空著。

巧合的是，欒書也是這麼個想法，兩人一拍即合，就這麼決定了。

三郤很鬱悶。

「該死的欒書，一定是他在搞鬼。」三郤一致認定是欒書在整他們。他們猜對了，但是也不全對，因為在這個問題上，晉厲公和欒書的意見高度一致。

不管怎樣，三郤恨死了欒書。

「欒書，讓你牛，看你能牛多久，老子總有一天要當上中軍帥。」郤至公開這樣說。

可是，郤至沒有去想，現在有多少人在說：三郤，讓你們牛，看你們能牛多久？

圈套

欒書不是傻瓜，他很聰明，也很能忍。

事實上，欒書的名聲非常之好，他是個廉潔奉公的人，家裏說不上窮，但是絕對不能說是富足。這麼說吧，一不貪污，二不受賄，三不結黨。

可是，欒書這個好人也覺得不能再忍下去了。

而有的時候，當好人決定反擊的時候，其手段可能更加徹底。這一點，就像當初荀林父收拾先縠一樣。

欒書下定了決心：動手。

晉軍在鄢陵之戰中活捉了楚共王的弟弟公子筏，就關押在欒書的家裏。那時候捉到了高級俘虜，通常都是關押在某個大夫的家裏。

欒書把公子筏叫來了。

「公子，想家嗎？」欒書問。

「想。」

「想回家嗎？」

「想。」

「想老婆嗎？」

「想。」

「想回家見老婆嗎？」

「想。」

欒書囉哩囉唆問些問題，要把公子筏的念頭吊起來。果然，他看見公子筏的眼中放射出人性的光芒。

「照我說的去做，就放你回家，行不行？」

「行，當然行。」

第二天，欒書去找晉厲公了。

「主公，上次我們捉了公子筏，還記得嗎？」欒書問。

「記得，什麼事？」

「這小子想戴罪立功啦，他要檢舉揭發。」

「檢舉揭發什麼？」

「他不肯說，說一定要直接跟主公說，還說事關晉國的存亡。」

「那叫他來。」

於是，欒書把公子筏給弄來了，晉厲公把身邊人都打發開了。

「公子，據說你要戴罪立功，有什麼要檢舉揭發的？」晉厲公問。

「主公，我不是貪生怕死的人。本來，我就準備死在晉國了，可是，主公優待俘虜的政策感動了我，主公的人格魅力打動了我，所以我才決定戴罪立功的。」公子筏先拍了拍馬屁，這是欒書教給他的。

晉厲公聽了，果然有些高興。

「不過，我要主公先答應，要是我確實有立功表現，就放我回家。」公子筏繼續說。這也是欒書教給他的。欒書知道，要求提得越具體，看起來就越是那麼回事。

「好，我答應你。」

「還有，主公一定要為我保密。否則，我肯定活不到回去的那一天。」公子筏還在提要求，看上去，事情真是很嚴重。當然，這也是欒書教的。

「好，你說吧。」晉厲公說。到現在，他已經很迫切要知道公子筏要檢舉揭發什麼了。

公子筏看了晉厲公一眼，又看了欒書一眼，然後咽了咽口水，使勁眨了兩下眼。現在，開始檢舉揭發了。

「主公，鄢陵大戰你知道是誰挑起來的嗎？」公子筏問。

「誰？是我嗎？還是楚王？」這個問題問得晉厲公有點發懵。

「都不是，是郤至。」

「郤至？」

「其實，楚王根本不想跟晉國打仗的，都是郤至派人去勸說的。為什麼郤至要挑起這場戰爭呢？我聽說他跟孫周關係好，想把孫周給弄回來當晉國國君。為什麼想把孫周弄回來當晉國國君呢？因為他想當中軍帥。他派人對楚王說他會策應楚軍擊敗晉國，然後把您殺了，把

孫周弄回來。」公子筏講了一通,中心思想就是說郤至想利用楚國人除掉晉厲公,所以才有了鄢陵之戰。

晉厲公聽完了,狠狠眨了一頓眼,他要把這段話消化一下。仔細想了一陣,發現這段話的邏輯很清晰,很有道理。可是,他還是有些疑問。

「元帥,這個,你看有這個可能嗎?」晉厲公問欒書。

欒書撓了撓頭,假裝思考。

「我覺得吧,公子筏的話可信。您想啊,當時郤犨去齊國和魯國調兵,他故意磨磨蹭蹭,讓兩國軍隊遲遲不到。而郤至呢,在我們的援軍未到的情況下堅持出戰,什麼意思?如果我們戰敗了,他一定趁機把您害了,現在跟我們說話的就不是您了。老天保佑我們勝了,他分明能夠捉住楚王,卻故意放走了他,為什麼?這不是他的風格啊,他喜歡搶功啊。唯一的解釋,他怕捉住了楚王就把自己暴露了。他不僅放了楚王,他還放了鄭侯,為什麼?有陰謀啊。」欒書的這番話,殺傷力更強,更是頭頭是道。

欒書這人,特別擅長火上澆油,當初趙家被滅,也跟他的表態有很大關係。

晉厲公聽得直點頭。不過,他很聰明,他也會懷疑這是不是你們哥倆編好了來忽悠我的。所以,儘管覺得欒書說得有理,晉厲公還是有些將信將疑。

「這樣吧,我知道主公絕不會冤枉一個好人。但是,我們也不能放過一個壞人。我有一個辦法,我們不妨派郤至出使王室,如果他真的跟孫周有勾結,那他一定會跟孫周碰頭。主公您自己派人跟蹤他,到時候不就真相大白了?」欒書想得周到,一步一步引導著晉厲公。

晉厲公點了點頭,這樣的事情,寧可信其有。

第一二二章

郤家的覆滅

一個好的政治家，不僅要會提出問題，重要的是要會解決問題；不僅要忽悠得你產生懷疑，重要的是要忽悠得你按照他的思路去把懷疑變成事實。

其實，欒書是個老實人，就如當初荀林父是個老實人。

老實人狠起來，有的時候確實比壞人還要狠，因為老實人是被逼的。

所以，不要欺負老實人，更不要把老實人逼急了。

孫周

孫周是誰？當初晉襄公的小兒子叫姬捷，又叫桓叔。襄公死的時候姬捷還很小，按照規矩必須離開晉國，於是被帶到了偉大首都雒邑。孫周就是桓叔的孫子。

關於孫周，《國語‧周語下》中有一段叫做「單襄公論晉周」，專門說到了孫周這個人，或者說這個孩子。

話說孫周來到周室，侍奉單襄公。他站不歪身，目不斜視，聽不側耳，言不高聲；談到敬必定連及上天，談到忠必定連及心意，談到信必定連及自身，談到仁必定連及他人，談到義必定連及利益，談到智必定連及處事，談到勇必定連及制約，談到教必定連及明辨，談到孝必定連及神靈，談到惠必定連及和睦，談到讓必定連及同僚；晉國有憂患他總是為之悲戚，有喜慶他總是為之高興。

後來有一次單襄公病重，叫來兒子頃公，囑咐道：「你一定要好好對待公孫周，他將來會成為晉國的國君。」

單襄公講了理由。他歸納了孫周的上述 11 條優點，說這 11 條優點在整個周朝只有周文王有過，如此完美的人，上天會保佑他擁有晉

國的。

單襄公還說了一個理由，說是當年晉成公從偉大首都回晉國繼位的時候，晉國人占了一卦，結果顯示晉國將有三個國君從王室歸國繼位。第一個是成公，那麼第二個一定是孫周。

孫周真的有單襄公所說的那麼了得嗎？他真的能夠回到晉國當國君嗎？

還是先看看郤至的偉大首都之行吧。

鑽進圈套

郤至再次被派往王室，晉厲公給他找了一個可有可無的簡單任務，簡單到都不用提起。

郤至很高興，他喜歡到處去宣傳自己。

到了雒邑，一切都按程式進行，儘管王室的人都不喜歡他，卻也不敢得罪他，假惺惺歡天喜地歡迎他。

辦完了事，照例，周王賜宴，一幫公卿又跟著公款吃喝。

酒過三巡，話就多了，郤至甩開了腮幫子鼓吹自己，好像沒有自己晉國就存在不下去了。大家打著哈哈，習慣性地拍著馬屁，都很高興。

說著說著，就說到了晉國最近的人事變動。

「哎，我聽說欒書的身體不太好，萬一有個三長兩短，不知道誰接任中軍帥？」單襄公故意這麼問。他非常討厭郤至。

「哈哈，我當仁不讓啊。」郤至說得信心十足。

「這個，按規矩不是中軍佐遞補嗎？你的排位太靠後了吧？」單襄公心思很壞，要讓郤至難堪。

「我們晉國歷來是誰有能力誰上啊，當年先軫就是下軍佐直升中軍帥啊，趙盾從沒打過仗，不是也直接當了中軍帥？就是欒書，不也是從下軍破格升了中軍帥？嘿嘿，論能力，晉國還有比我強的嗎？」郤至說得挺好，有理有據。其實，從能力上說，他倒真是晉國最強的。

問題是，他當中軍帥，幾個人同意？

「就是就是。」單襄公奉承起來，舉起杯來，「讓我們預祝郤至元帥早日成為晉國執政！」

一片杯盤碰撞的聲音，郤至的感覺好極了。

郤至萬萬沒有想到，自己已經鑽進了欒書為他設計好的圈套。

單襄公回到家裏的時候，早已經有人在等著他。誰？孫周。

「姥爺，郤至來了嗎？」孫周問。為什麼叫姥爺？因為孫周的父親姬談就是單襄公的女婿，三年前姬談病故，孫周就跟著母親回到姥爺家來住了。

孫周多大歲數？不到十四歲。

「你怎麼知道？」單襄公覺得挺奇怪。這個小外孫非常聰明，他十分喜歡。

「今天欒書派人來找我了，說郤至出使，讓我無論如何要去見見郤至。」

「見郤至？」單襄公的第一反應就是不要去見，不過想想，既然欒書讓去見，不見也不好，所以還是要去見。「孩子，我告訴你，要去見可以，但是千萬不要多說話。」

「為什麼？」

「我告訴你，郤家很可能要遭殃。郤至咄咄逼人，郤錡狂妄自大，郤犨貪財忘命。所以，三郤肯定不得好死。既然欒書讓你去見，那就見見，但是跟他應該保持距離，明白嗎？」單襄公交代得清清楚楚。

當天晚上，單襄公派人送孫周去了國賓館，見了郤至。

兩人見面的內容無非就是互致問候，孫周問了些晉國的事情，郤至則擺起架子，作出一副諄諄教導誨人不倦的樣子。

郤至其實並不喜歡孫周，原因很簡單：來見我，竟然沒帶厚禮來。

因此，除了擺架子講大話之外，臨行的時候，郤至的臉上還帶著冷笑。

「孫周上門拜訪，談話約半個時辰，臨別時，郤至送到院子門口，

面帶神秘微笑。」國賓館門口，一個人在詳細地記錄，這個人，就是晉厲公派來跟蹤郤至的特務。

自己人會議

現在，晉厲公不能不相信郤至確實在勾結孫周了。

「奶奶個熊，老子一向對他不錯啊，什麼好事也沒落下他啊，還準備破格提拔他啊，竟然還要害我。」晉厲公很惱火，他確實很惱火，因為他確實很欣賞郤至。惱火之後，晉厲公決定召開「自己人會議」。

什麼叫自己人？就是自己的一幫哥們。

晉厲公的哥們是些什麼人？胥童、長魚矯、夷陽五等人。還真巧，個個都是三郤的仇人。為什麼三郤的仇人們聚在了一起？因為三郤的仇人太多了。

「各位兄弟，種種跡象表明，郤至正在勾結孫周害我，我想殺了他，可是又沒有確鑿證據，怎麼辦？」晉厲公把事情的來龍去脈簡單講了一遍，最後提出問題。

「哇！」大家首先表達了極度贊成和興奮，然後開始發言。

第一個發言的是胥童，他對郤家的仇恨是深到骨子裏的，要不是當年郤缺忘恩負義，自己早就是卿了，自己的父親也不會死得那麼悲慘。

「主公，不僅郤至該殺，三郤都該殺啊。郤家的勢力太大，隨時威脅到主公啊，不減他們，主公永遠不能安枕啊。」胥童夠狠，他要一次性了結。

胥童開了頭，其餘的兄弟你一言我一語，個個都說不殺三郤不足以平民憤。

晉厲公算了算，外面有變書支持，裏面有兄弟們賣命，而三郤的罪行好像也很確定，既然這樣，還猶豫什麼？

「奶奶個熊，幹他們。老胥，夷陽五，你兩個率領大內衛隊，減了三郤。」晉厲公一咬牙一跺腳一閉眼一拍桌子，下令了。

　　胥童和夷陽五興奮得差點叫出聲來，兩人就要起身。這時候，長魚矯先起來了，兩手按住了兩個人的肩膀：「兩位坐下來，聽我說完再走不遲。主公，我們的大內衛隊有多少人？宮甲八百啊，滿打滿算八百人，這點人馬去了郤家，那就是給人家送菜啊。主公還記得嗎？當年郤克要用自己的家族兵力攻打齊國，想想三郤家的實力吧。要這麼莽撞行事，三郤沒死，咱們先死了。」

　　眾人一聽，都傻眼了。掰手指頭算算，好像自從楚國鬥家被滅之後，郤家就可稱得上世界第一家族了。

　　胥童和夷陽五一人一屁股，兩屁股坐了下來。

　　「那，那怎麼辦？」胥童急了，原以為大仇就要報了，誰知道沒那麼容易。

　　「是，是啊。」夷陽五很沮喪。

　　所有人都盯著長魚矯，看他有什麼主意。事實上長魚矯在這幫人中最有頭腦，換了是三國以後，直接就要被稱為「小諸葛」了。

　　「對於三郤，只能智取，不能力敵。辦法我已經想好了，只要清沸魋（音退）跟我走一趟就行了。」長魚矯說。清沸魋也是他們的一個兄弟，十分勇猛。

　　大家一聽，長魚矯也太牛了，兩個人就能搞定三郤？

　　「你忽悠我們吧？你有什麼好辦法？」夷陽五忍不住問。

　　「忽悠？我這辦法不能告訴大家，洩露了就不靈了，我回頭告訴主公一個人就行了。」長魚矯夠謹慎，不肯透露。他轉頭又對晉厲公說：「主公，據我所知，欒書和三郤有私怨，這事情保不定就是欒書栽贓陷害。不過這我們不管了，反正三郤死有餘辜。但是主公別忘了，三郤固然實力強橫，欒家和荀家的勢頭也很猛啊。依我看，一頭羊也是放，一群羊也是趕，咱們一不做二不休，不如趁這個機會，把欒書和荀偃也幹了，這樣咱們才能安枕啊。」

　　長魚矯的話音一落，現場就炸了鍋，想想看，人家欒書和荀偃沒幹過壞事啊，是好人啊，這不是牽連無辜嗎？

　　辯論開始，你一言我一語，不過最終大家基本達成共識：殺。

殺的理由有兩個，胥童給出來的理由是：什麼好人壞人，當初我爹我爺爺不是好人嗎？夷陽五給出來的理由是：一個蘿蔔一個坑，拔掉五個蘿蔔不就騰出五個坑？兄弟們當卿的機會不就增加了一倍？

厲公是不願意殺欒書和荀偃的，一來人家沒有罪，二來一口氣殺這麼多卿，國家很容易動亂啊。不過在兄弟們的忽悠下，厲公勉強同意了。

「好，長魚矯和清沸魋負責三郤，胥童率領大內衛隊捉拿欒書和荀偃。大家各去準備，等候動手命令。」晉厲公作了最後的佈置。

權力鬥爭，是不分好人壞人的。

要命的生意

晉厲公七年（前574年）十二月二十六日，當然，這裏所說的都是周曆。所有姓郤的人都應該記住這一天，這是郤家的受難日。當然，如今姓郤的人已經不多了。

按照晉國的規矩，晉國的訴訟由八卿輪流掌管。說白了，大家輪流值班擔任法官。從前六卿的時候，兩人一組共分為三組，每組十天，一個月一輪。如今八卿了，依然分為三組，中軍帥欒書搭配一個人，其餘都是三人一組。

這一天，輪到了三郤這一組。為什麼三郤恰好成了一組呢？原來，當初分組的時候，三郤要求分在一組，而且別人也不願意跟他們一組，所以，他們就自己一組了。

當初夷陽五和長魚矯的土地被三郤搶走，就是這個法庭判決的。既當運動員，又當裁判員，說的就是三郤這樣的。

通常，這叔侄三人往這裏一坐，打官司的都不來了，走到門口看見是三郤，仇人也要立即擁抱假裝主動和解，然後過十天再來。人人都知道三郤的法庭是雁過拔毛，只要來了，不死也要掉層皮。特別是郤犨，恨不能把人榨乾了賣油的那種。

除了他們自己徇私枉法之外，別人值班的時候，他們也通過各種

方法去干預。

這一天叔侄三人往這裏一坐，反正也沒人來打官司，就開始聊天。聊著聊著，聊到了最近的傳聞，說是晉厲公好像對三郤不滿，頻頻召開「自己人會議」，似乎有要採取某種行動的跡象。

「喂喂喂，你們自己找地方涼快去，不叫你們不要進來。」郤錡把法庭裏的法警們都給趕出去了，事關機密，不能讓他們聽見。法警，也就是衙役。

人都走了，法警們也知道沒人來打官司，既然三郤下了命令，正好出去轉轉。於是大家出去逛街的逛街，泡妞的泡妞，法庭裏只剩下三郤。

「兩位，最近風聲不對啊，我聽說主公要對我們動手，好像胥童這狗東西最近挺活躍的，還喜氣洋洋，我們要小心啊。」郤錡的消息比較靈通，他比另外兩人的警惕性要高些。

「啊，真有這事？」郤犨吃了一驚，他平時只顧掙錢，對政治倒沒有什麼敏感度。

「我也覺得最近的氣氛不對，八卿會議的時候都感覺有些怪怪的味道，欒書對我們比從前客氣多了，這倒讓我感到不安。難道，大家都看出什麼來了？」郤至也感覺到了什麼。

「那，我們怎麼辦？」郤犨怕得要命，他沒有主意。

郤錡瞪了他一眼，沒理他的話，對郤至說：「我看，先下手為強，後下手遭殃，不如咱們先下手，幹掉主公，順便把胥童那幫人也收拾了，然後把孫周迎回來。」郤錡夠狠，準備用最激烈的方式來解決這個問題。

郤至搖了搖頭，他自命清高，還要追求完美人生，殺國君的事情他覺得不能做。

「不行，對抗國君那可是大罪啊，不能這樣。」郤至反對。他還說了一句很有良心的話：「受君之祿，是以聚黨。有黨而爭命，罪孰大焉？」

什麼意思？那時候就有黨了？不然。這裏的意思是：受君之祿，

因此才有了自己的人馬。如果用自己的人馬去對抗國君，還有比這更大的罪過嗎？

黨，就是自己的人馬。

「難道我們等死？」郤錡堅持。

「我們可以想別的辦法。」郤至還是反對。

「什麼辦法？」

「我想想。」

「你們快想辦法啊。」

就在三郤爭論還沒有結果的時候，法庭外面傳來爭吵聲，並且越來越近。

奇怪，竟然有人來打官司了。

「嘿嘿，生意來了。」聽見有人來打官司，郤犫來了精神。

生意確實來了，要命的生意。

兩個人互相扭抓著走了進來，手上還拿著長戟。簡單判斷，這兩個人在決鬥。決鬥未果，於是傻乎乎來找三郤判決。

兩個人一邊扭打，還一邊罵著。

「該死的，勾引我老婆，我宰了你！」一個說。

「是你老婆勾引我，你個臭烏龜！」另一個說。

等到兩人走到近前，郤犫看清楚了其中一個人，忍不住笑了出來：「哈哈哈哈，我說是誰？原來是長魚矯啊。怎麼？你老婆又跟別人跑了？哈哈哈哈，笑死我了。」

郤錡臉色大變，心想就算全世界的人都來這裏打官司，長魚矯也不可能來啊。

「衛士！衛士！」郤錡大聲喊了起來。哪裡還有衛士？都逛街泡妞去了。

郤錡是打過仗的人，見勢不妙，急忙起身，從腰間拔劍。

說時遲那時快，剛才還扭在一起的兩個人猛然間分開了，兩條長戟分刺郤犫和郤錡。郤犫毫無準備，還在那裏幸災樂禍，長魚矯的大

戟就到了，直接刺透了脖子。郤錡已經站了起來，劍拔到一半，還沒有站穩，清沸魋的大戟也到了，郤錡躲無可躲，只聽「噗」的一聲，大戟穿透了肚子，血濺法庭。

也就在一瞬之間，三郤就死了二郤。

郤至是要風度的人，原本還想要呵斥兩人，讓他們懾服於自己紅甲將軍的威嚴。現在一看形勢不對，也顧不得紅甲將軍的風度了，與風度相比，命似乎還是重要一些。當時怪叫一聲，起身就跑。後面長魚矯和清沸魋自然不會放過他，提著大戟追來。郤至跑出了法庭，來到後院，看見自己的車在院子裏，一縱身上去，大喊：「快走快走！」

跑暈了，郤至是跑暈了，他完全沒有注意到御者根本不在車上，不知道去哪裡泡妞了。等到郤至發現自己犯了錯誤之後再跳下車來逃命，長魚矯和清沸魋已經追了上來，清沸魋大戟先到，郤至也不白給，用劍格開。與此同時，長魚矯的大戟直奔後心而來，郤至再也躲不開，被長魚矯刺了一個透心涼，屍橫當場。

三郤就這樣完了，曾經不可一世的三郤就這麼簡單地被幹掉了。在世界第一大家族若敖氏被消滅之後，世界第二大家族郤家也遭受了同樣的命運。

人，不能太張揚。

第一二三章

殺人要果斷

兩支大戟，三條人命。

權傾天下、橫行中原的三郤如此戲劇性地被消滅了。這樣說來，任何兩個亡命之徒都可以置他們於死地。大戟穿過身體的時候，它所感受到的無非就是血和肉，最多還有骨頭。卿或者屁民，紅甲將軍或者爛衣乞丐並沒有區別。

任何人，看似強大，實際上都很脆弱。任何家族，看似不可動搖，實際上卻可能因為一件小事而崩潰。

權力場上，其實人人都很危險，危險度取決於有多少人仇恨你。

臨時變卦

三郤被殺，厲公的特使和衛隊立即趕到，當場宣佈三郤謀反被誅，隨後將三郤的屍體拉到朝廷外示眾。

消息以最快的速度傳播到了首都的各個角落，各族人民歡欣鼓舞，大家紛紛說「在晉侯的英明領導下，一舉粉碎了三郤叛國集團」。

欒書和荀偃立即趕往朝廷，一來要撇清跟三郤的關係，二來要祝賀晉厲公的英明決策，三來還要討論一下接下來的工作。兩人高高興興，結伴而來。

來到朝廷門口，只見裏三層外三層，數不清的不明真相的群眾在圍觀三郤的屍體。

「開水來了，開水來了。」欒書和荀偃從人群中穿過，終於進了朝廷。

朝廷裏，晉厲公已經正襟危坐，等待卿們前來。

「主公，破獲了三郤賣國集團，恭喜恭喜啊。」欒書和荀偃急忙上前祝賀。

晉厲公張張嘴，沒說話。

晉厲公沒說話，旁邊有人說話了。

「拿下。」是胥童的喝令。

大內衛士們一擁而上，將欒書和荀偃拿下了。

「這，這，這怎麼回事？」欒書大吃一驚，弄了半天，怎麼自己也成清洗物件了？

沒人理他，衛士們直接將兩個人押出去涼快去了。

「主公，殺了他們。」長魚矯建議。

「唉，算了，我們已經殺了三個卿了，再殺兩個，那就真是濫殺無辜了，放過他們吧。」原來，晉厲公實在是不忍心下手，他臨時變卦了。

「主公，你不忍心殺他們，只怕他們忍心殺你啊。」長魚矯說。

「你不要勸我了，我已經決定了。來人，去把欒書和荀偃放了，讓他們領軍討伐三郤家族。」晉厲公下令。

其實，晉厲公說得也有道理，郤家、欒家和荀家是晉國最大的三個家族，要是一併給殺了，連去抄家的部隊都湊不夠，如果三家聯合造反，只怕自己的腦袋也要搬家。

問題是，早知如此，何必要抓他們呢？不抓，和抓了再放，絕對是兩回事。

長魚矯搖了搖頭，沒再說話。

第二天，長魚矯帶領全家出走，移民北狄去了。

權力鬥爭金科玉律第二十三條：要麼不做，要麼做到底。

三郤家族儘管家大業大實力大，但是三郤一死，群龍無首，亂成一團，隨後欒書率領大軍前來滅門，老百姓們紛紛聲援或者幸災樂禍，於是郤家死的死，逃的逃。用個《水滸傳》裏常用的詞：作鳥獸散。

郤家後人四散而逃，紛紛改姓，後來的郤姓就出於郤姓，還有些人改成了谷姓和溫姓。

基本上，郤家的滅亡是大快人心的。所以，社會並沒有動亂。

八卿空出來三個位置，怎麼填補？

胥童被任命為卿，還有兩個卿的位置空著。

「爺爺，爹，我給你們報仇了。」胥童在家廟禱告，將好消息告訴了爺爺和爹。之後，昂首參加八卿會議去了。

看起來，胥家要復興了。

匠麗氏事變

幹掉了三郤，欒書本來應該心情愉快，可是想到自己險些被清洗，他就高興不起來。特別是看到胥童，感覺就更糟糕。如果滅了三郤僅僅是為晉厲公的「自己人」掃清道路，對自己來說是好事還是壞事？

「小荀，咱們要商量商量了，從前三郤在，有壞處也有好處，壞處是他們太驕橫跋扈，好處是他們是大家的關注點。如今他們完蛋了，好像大家的眼光就都在咱們兩家身上了。主公除掉三郤，說白了是忌諱他們勢力太大。如今他們完蛋了，下一個目標會不會就是咱們兩家了？」欒書悄悄找來荀偃，商討當前的形勢。

「元帥啊，你不找我，我還想找你呢。主公肯定是有心要除掉我們的，否則當初也不會抓我們。還有啊，胥童現在是主公最信任的人了，他跟郤家有仇，跟咱們兩家也不是朋友啊，想當初神經病事件的時候，你爹和我爺爺也沒為他爹主持公道啊，保不定他也恨我們呢。」荀偃跟欒書一個想法，都愁著呢。

「是啊，據說主公正準備把他那幫吃喝玩樂的隨從們都任命為卿呢，咱們難道能夠跟這些人共事？」

「元帥，咱們怎麼辦呢？」

既然大家有共同的憂慮，事情就好辦了，誰也不用說服誰，直接就討論對策了。

兩個人都是聰明人，很快就達成共識：要想活得安生，就要幹掉

晉厲公的那幫「自己人」。要幹掉那幫「自己人」，首先就要幹掉晉
厲公。

以兩家的實力，只要想做，就一定能做到。

長魚矯，真是個絕頂聰明的人。可惜，再也沒有他的下落。

過了一個月，十二月二十六日。

十二月二十六日不是早就過了嗎？很巧，那一年是閏十二月，兩
個十二月。

這一天晉厲公心情很好，於是出了城，來到了寵臣匠麗氏在郊外
的別墅遊玩。

欒書和荀偃一直在等待這樣的機會出現，他們絕不會像當初趙穿
一樣明目張膽攻擊國君。接到線報之後，兩家各自出兵五百，包圍了
匠麗氏的家，然後扣押了晉厲公。

這件事，簡稱為「匠麗氏事變」。

沒有人去救晉厲公嗎？宮甲一共才八百，怎麼去救？以欒家和荀
家的實力相加，誰是對手？

晉厲公的「自己人」們本身實力就有限，如今長魚矯跑了，其餘
人都沒有主意。別說別人，連胥童都裝孫子了。

找人動手

扣押了晉厲公，欒書和荀偃發現又來了一個問題，誰來下手殺
人？兩人你推我推你，誰也不肯。那年頭還挺注重名聲，誰也不願
意承擔弒君的壞名聲。

怎麼辦？兩人一商量，乾脆，忽悠別人動手吧。

春秋的時候通常是這樣的，如果要滅哪一個家族，就要忽悠所有
的其他家族並肩而上，算是大家合夥幹的，今後誰也別說誰。滅先家、
趙家和三郤的時候，都是這樣做的。如今要殺國君了，也是這個路子。

欒書和荀偃兩人算了算，三郤被滅了之後，現在，晉國的大家族
就只剩下欒家、荀家、士家和韓家了。

「忽悠士匄吧，這小子年輕氣盛，說不定一衝動就幹了。」欒書和荀偃一商量，覺得這個主意挺好。

於是，荀偃去找士匄了。

「小士啊，這個，欒元帥和我把那個昏君給捉起來了。你知道，這個昏君寵任小人，荒淫無道，還想把我們都給害死。這麼說吧，他是惡貫滿盈了。我們決定處死他，欒元帥跟我一商量，看你前途無量，人又正直，這個光榮而艱巨的任務一定要交給你。小士，你可不要推辭啊。」荀偃開始忽悠。

士匄一聽，好嘛，黃鼠狼給雞拜年，沒安好心啊。

「這個，按理說，這樣光榮而艱巨的任務我應該去完成。可是，我爹去世還沒滿三年呢，三年之內，別說殺人，殺個雞都犯忌諱啊。老荀，謝謝你，另請高明吧。」士匄說得挺客氣，就是不上當。

士匄沒有忽悠住，沒辦法，只好去忽悠韓厥。忽悠韓厥這個老滑頭，欒書和荀偃都覺得很困難。可是事到如今，也只好死馬當做活馬醫。

「老韓，你看，我們把那個昏君給捉起來了。您知道，這個昏君寵任小人，荒淫無道，還想把我們都給害死。這麼說吧，他是惡貫滿盈了。我們決定處死他，可是我們資歷不夠啊，算來算去，就算您是個元老了，除了您，別人誰也不配啊。老韓啊，您可不要推辭啊。」基本還是這個套路，欒書和荀偃一起來忽悠韓厥。

韓厥笑了，心說老子忽悠人的時候你們還不知道在哪裡呢，忽悠我？你們還嫩點。

「兩位，別忽悠了。我從小在趙家長大，當初滅趙家的時候，只有我沒有出兵。俗話說：宰殺老牛，無人做主。家裏的老牛養時間長了，還不忍心殺死它呢，何況殺死自己的君主呢？兩位，這份榮耀還是留給你們自己吧。」韓厥一口回絕，倒把那兩人弄得個大紅臉。

誰也不是傻傻鳥。

從韓厥那裏出來，荀偃很惱火。

「元帥，韓厥這個老油條太可恨了，要不，先辦了他？」荀偃有點

氣糊塗了，要殺韓厥。

「別急，咱們找人動手不就是怕壞了自己的名聲嗎？這要是無緣無故把韓厥給殺了，那不也是壞名聲？這老油條人緣好著呢，咱們還是想別的辦法吧。」欒書當即否決了，骨子裏，他是個不願意濫殺無辜的人。

胥童的命運

背黑鍋這個事情，做不好，就是替罪羊；做好了，就是見義勇為。

俗話說：當小弟的最高境界，就是為老大背黑鍋。

這個黑鍋，有人不願意背，有人卻要搶著背。

「元帥，讓我去吧。」程滑，一個比下大夫還低一級的小官主動請纓了。他看到了機會，因此不在乎背黑鍋。

欒書有些猶豫，有人願意背黑鍋是好事，可是，這麼重的黑鍋，程滑實際上是背不起來的。倘若是韓厥殺了厲公，史官的記載是「韓厥弒厲公」，如果是程滑殺厲公，史官的記載將會是「欒書、韓偃弒厲公」或者「欒書、韓偃使程滑弒厲公」。

「程滑願意去，可是他級別太低了，現在提拔又來不及，你看怎麼辦？」欒書找荀偃來商量。

「是啊，他不行。」果然，荀偃也覺得不合適。

「可是，除了他，別人也不願意幹啊。要不，咱們乾脆把主公給放了，跟他訂立一個不秋後算賬的盟約。」欒書有點動搖了。

「元帥，千萬別。要不就別抓，抓了就別放，放了就等於等死啊。要實在不行，程滑就程滑吧。」在這個問題上，荀偃比欒書要堅定。

商量半天，似乎也沒有更好的辦法，讓程滑去殺，總比自己動手強些。

「那就他吧。胥童呢？要不要也順便辦了？」欒書問。

「元帥您覺得呢？」荀偃把球踢回來，他不是一個喜歡負責任的人。

欒書沒有說話，只是點了點頭。

欒書和荀偃召開了一個八卿會議。當然，實際上只有五卿。

「各位，今天，我們討論一下胥童的問題。」欒書開門見山，其實沒什麼好討論的，什麼都定了。

「我的問題？我有什麼問題？我沒有問題啊。」胥童很害怕，自從厲公被扣押，他就一直很害怕。不過，他顯然沒有長魚矯的膽略，還心存僥倖。

「你害死了三郤，雖然他們有錯，但是罪不至死，都是你在挑撥離間，公報私仇。」欒書很嚴肅地說。想來想去，也只有這頂帽子能扣到胥童的頭上。

「開玩笑吧？郤至裏通外國不是你揭發的嗎？」

「開什麼玩笑？我是據實揭發，你是挑撥離間，事是同一個事，動機完全不同。」欒書一拍桌子，站了起來。

動機這東西說起來，誰說得清楚？

「你，你血口噴人！」

「胥童，你不僅害了三郤，還要害欒元帥和我，你罪大惡極，還要狡辯？」荀偃也站了起來。

韓厥沒有說話，他回想起當年趙盾驅逐胥甲以及郤缺把胥克打成神經病的那兩次會議，這簡直就是那兩次的翻版。

「同樣的事情竟然發生在祖孫三代的身上，真是不可思議。」韓厥暗想，他救不了胥童，也沒有準備救胥童。

但是，胥童的命運比他父親和爺爺還要糟糕一些。

「來人，將亂臣胥童拿下，斬首示眾。」欒書高聲下令，衛士們一擁而上。

胥童傻眼了，在這一瞬間，他思緒萬千，心中久久不能平靜。他也許很坦然，因為他報了仇；他也許很後悔，明知道權力場兇險，還要混進來；他也許很懊惱，當初捉住欒書和荀偃的時候就該兩刀砍死，不然自己怎麼會有今天的下場？

坦然也好，後悔也好，懊惱也好，一切都已經晚了。

十二月二十九日，胥童被殺，族滅。

回想當初隨同晉文公流亡的重臣，狐家、先家、趙家、胥家先後覆滅。還剩下哪一家？魏家。當初魏犨還因為不受重用而心懷不滿，如今看來，真是因禍得福了。

數一數狐先趙郤四大家族，哪一家的富貴超過了三代？

俗話說：富不過三代。

這句俗話應當是來自春秋。

誰來接任？

六天之後，也就是轉年的一月五日，程滑殺了晉厲公。厲公被草草埋在翼城東門之外，規格相當於下大夫。按照常規，晉國國君薨後，應當埋葬在曲沃祖墳。

史官果然沒客氣，這樣記載：「欒書、荀偃使程滑弒厲公。」（《左傳》）

厲公諡號厲，也是個很糟糕的諡號。

這裏順便簡單介紹一下諡號的知識。

古代帝王、諸侯、卿大夫、高官大臣等死後，朝廷或者家族根據他們的生平行為給予一種稱號以褒貶善惡，稱為諡或諡號。具體方式就是用一兩個字對一個人的一生作一個概括的評價，算是蓋棺定論。

諡號制度之形成，傳統說法是西周早期，即《逸周書·諡法解》中提到的周公制諡。諡號是周朝開始有的，但周文王、周武王不是諡號，是自稱，昭王、穆王開始才是諡號。

諡號中，像文、武、明、睿、康、景、莊、宣、桓、穆、成等都是好字眼，悼有懷念、惋惜的意思，惠是沒什麼能力的，厲、靈、幽、煬、懿都含有否定的意思，而且基本上都是死於非命的那種，哀、思也不是好詞，但還有點同情的意味。

大家可以回顧一下，各國的靈公、厲公、幽公、煬公、懿公都是

被殺死的。

很多人在死前會留下一個願望，要求後世給自己一個怎樣的諡號。

《左傳》記載，楚成王死後，楚國先給他的諡號是靈，誰知成王死不瞑目，後來改成了成，這才滿意地閉上了眼睛。

而《國語》記載，楚共王臨死前嚴重反省了一下，要求自己諡號靈或者厲，因為自己當王的時候先後被晉國人和吳國人打敗了。到他薨了之後，大臣們認為諡號首先應該考慮的是功勞，之後才考慮過錯。共王雖然打了敗仗，但是也打了不少勝仗，楚國在他的領導下還是蓬勃發展的，而且他是個大度有為、善於反思的君主，並且不是死於非命，怎麼說也不能叫靈王或者厲王，於是，為他諡號共，他就成了楚共王。

殺了厲公，誰來接任？

厲公還沒有孩子，就算有孩子也不能繼任，厲公的兄弟呢？

欒書不傻，厲公的兄弟都已經是成人了，不好忽悠了。

「我看，把孫周接回來吧，聽說他名聲很好。」欒書想起孫周來，弄來弄去，自己成了繼承郤至的遺志了。

荀偃舉雙手贊成。

於是，全體通過。

為什麼要把孫周弄回來？因為孫周只有十四歲。十四歲的孩子，好忽悠。

欒書一定沒有認真學習過歷史，欒書一定不知道鄭莊公的故事。

十三歲的孩子都那麼厲害，十四歲的難道就不行？

如果欒書見過孫周的話，打死他也不會去迎孫周了。

不管怎樣，欒書派出荀罃和士會的二兒子也就是士燮的弟弟士魴兩人前往偉大首都，迎請孫周回來繼位。在這一點上，欒書是講規矩的，迎請國君，應該是下卿級別的官員前往。

郤至沒有殺害厲公把孫周弄回來，卻是欒書殺害了厲公，把孫周弄回來了。

來說是非者，必是是非人。往往來揭發別人要做什麼的人，其實就是他自己想要做什麼。

第一二四章

小孩很生猛

　　荀罃和士魴來到了偉大首都，前去迎請孫周回國繼任國君。

　　到了單襄公家裏，說明來意，孫周和單襄公連忙請兩位就座詳談。荀罃把晉國最近發生的事情介紹了一遍，說是國家無主，欒書元帥特派兩人前來，希望孫周為了國家的前途，勇挑重擔，回國登基。

　　「兩位大夫，感謝欒書元帥，也辛苦你們了。不過，這件事情是國家大事，不是我一個人的事。如果我能做而不做，那是我對不起祖國；如果我做不了而非要做，那同樣對不起祖國。所以我要慎重一點，兩位稍坐，我跟姥爺商量一下。」孫周跟單襄公交換了眼色，然後很鎮定地說。

　　十四歲的小孩，說話如此直率簡潔而且直達要害，荀罃和士魴都不免心中一驚，看來，這個小孩名不虛傳。

回　國

　　「姥爺，我能不能回去？」回到單襄公的房間裏，孫周問單襄公。

　　「你先說說自己的看法。」

　　「當初趙盾派趙穿來接成公，我聽說成公在路上險些被殺，回國之後也是裝了一輩子孫子。如果欒書也像趙盾一樣，我寧可不回去。」

　　「冷靜。」單襄公忍不住讚歎，對於別的人來說，當國君是日思夜想，死也要上的事情，可是這麼個十四歲的小孩，在這個時候竟然還能夠如此冷靜地思考問題，確實令人稱奇。「孩子，你有這樣的想法，我也就放心了。我來給你分析一下。當初趙盾殺靈公，是因為他要獨掌大權；而欒書殺厲公，是因為自己的安全受到威脅。當初趙穿來迎請成公，級別是不夠的，之所以派他來，是趙盾準備隨時剷除成公，好在成公一路上忍氣吞聲裝孫子，這才活著回到了晉國；如今欒書派

來的人級別夠而且不是他的親信，而這兩個人都是君子，所以，欒書是有誠意迎請你回去的。」

一番分析，頭頭是道，孫周豁然開朗。

「姥爺，那我就回去了。」

「孩子，去吧，你一定能重振晉國的霸業的。」

「姥爺，回去之前，給我些教誨吧。」

「《太誓》曰：民之所欲，天必從之。《書》曰：民可近也，而不可上也。《詩》曰：愷悌君子，求福不回。故王天下者必先諸民，然後庇焉，則能長利。」（《國語》）單襄公的意思，要順從民意，不要試圖淩駕於民意之上，為老百姓著想，實際上也就是為了自己的長遠利益著想。

盟誓

孫周隨著兩位大夫回國，來到清原這個地方，晉國的卿大夫們就已經在這裏迎接了。這個時候，孫周還不是國君，在級別上與卿相當。所以，大家基本上也就平起平坐，開了個懇談會。

欒書先來了一段開場白，說了一頓什麼「歷史的重任歷史性地落在了公孫周的身上」等套話，最後歡迎孫周發表講話。

十四歲的小孩要說話了。通常，十四歲的小孩在這個場合連話都說不出來，可是，孫周不是通常的小孩，他是孫周。

「各位，我從來沒有想到過我還能回到自己的祖國。現在既然到了這一步，只能說是上天的安排。人們之所以擁立國君，就是為了讓他發號施令。如果立了國君而又不聽他的，那要這個國君還有什麼用呢？如果我當了國君卻沒有什麼成就，那是我不夠材料；如果立了我而又不聽我的，那就是各位的過錯了。立我還是不立我，取決於在座各位。如果你們認為我不行，那我立馬就走；如果認為我還行，那今後就要聽我的。是扶立一個好國君以延續晉國的霸業，還是任由這個國家衰落下去，都在今天了。現在，各位作決定吧。」

孫周話音落下，整整三分鐘沒人說話。

誰能相信，這樣一段話出自一個十四歲的小孩子之口？什麼叫不卑不亢？！什麼叫從容不迫？！什麼叫怡然淡然？！什麼叫胸有成竹？！

「您就是我們翹首以盼的國君啊，我們都聽您的。」卿大夫們異口同聲。他們服了。

「那好，我們對天盟誓。」孫周趁熱打鐵。

於是，孫周與卿大夫們歃血為盟。歃什麼血？諸侯用牛耳，卿大夫用雞。《史記》記載：「刑雞與大夫盟而立之。」

孫周隨後前往曲沃朝拜祖廟，然後到新絳登基。

孫周，現在是晉悼公。

「主公，夷陽五等人是屬公餘黨，心懷不滿，恐怕不利於主公，建議滅了他們。」欒書提出建議，想要借此表示忠心。

「不必了，還沒登基就殺人，容易人心不穩。這樣吧，把他們趕走算了，你看怎樣？」孫周拒絕了欒書的建議，不過給了他一個臺階。

就這樣，晉悼公趕走了夷陽五等七人，既表現出寬容仁慈，又剷除了潛在威脅，還沒有得罪欒書。

晉悼公為什麼如此之聰明睿智？有一個說法，如果家中有兄弟的話，一個特別聰明，則另一個通常特別傻。晉悼公就是這樣，他家中還有一個哥哥，極傻，連豆子和麥子都分不清。

新政

二月一日，晉悼公正式登基。

「各位，自從襄公去世之後，晉國就黨爭不斷，大臣們為了權力和家族利益而互相攻擊、互相拆臺，導致國家混亂，國力衰微，國際形象損毀。曾經為國家作出突出貢獻的狐家、先家、趙家、胥家和郤家先後成為權力鬥爭的犧牲品。其餘家族雖然依然存在，但是也都生活在膽戰心驚、朝不保夕之中。我宣佈，從現在開始，重新任命百官，

推出一系列振興措施。至於過去的事情，既往不咎，今後大家齊心合力，共同為建設一個和諧強盛的晉國而努力。如果還有誰搞幫派、搞權力鬥爭，嚴懲不息。」晉悼公的就職宣言鏗鏘有力，直抵要害。很顯然，他早就有自己的想法，而且非常系統。

欒書以下，一個個都有些戰戰兢兢。自己的那些小算盤，看來今後都不好使了。

晉悼公隨後宣佈了自己的新政。什麼樣的新政？按《左傳》記載，新政如下：救濟貧困，援助災難，嚴禁邪惡，減少稅賦，赦免輕罪，免除百姓債務；照顧鰥夫寡婦，起用被廢黜和屈居下位的賢人。節省政府開支，該賞沒有賞的要補上，該罰沒有罰的要處罰。恰當地使用百姓人力，決不能違背農時。

新政公佈之後，悼公開始宣佈人員任免。

八卿現在只剩下了四卿，空出來的四個位置需要填補。悼公心中暗暗高興，這簡直就是老天爺給自己的重新佈局人事的大好時機。

「我宣佈新的八卿組成，中軍帥欒書不變，荀偃遞補為中軍佐；上軍帥和上軍佐分別由韓厥和荀罃遞補。當初魏錡在兩次晉楚大戰中表現英勇，射傷了楚王，最終為國捐軀。這樣的英雄一定要表彰，因此，魏錡的兒子魏相為下軍帥；趙家對晉國的貢獻那是有目共睹的，因此，趙武為下軍佐；士家從士會到士燮都是國家的重臣，士會的二兒子士魴忠正賢能，特任命他為士家的族長，出任新軍主帥；魏顆擊敗秦國人，活捉杜回，一舉震懾秦國，現任命魏顆的兒子魏頡為新軍佐。」晉悼公宣佈了八卿人選，大大出乎人們的意料。

八卿中，既有欒荀韓士四大家族，又增加了魏家和趙家，這樣，權力被分散，而且，讓更多的小家族看到了希望。

緊接著，悼公繼續更多的人事安排。由於欒荀韓三家在八卿安排中沒有得到好處，晉悼公把四個公族大夫的名額全部給了他們，具體是：荀家、荀會、欒黶（欒書長子）、韓無忌（韓厥長子）。

如果說以上的安排有分豬肉的成分在內，那麼，對於一些職能部門的人事安排就完全是唯賢是舉了。

士渥濁為太傅，負責國家規章制度的完善；右行辛為司空，掌管國家建設的規範；欒糾為悼公的御者，所有御者歸他管理；荀賓為悼公的車右，所有車右都歸他管。各軍帥佐沒有固定的御者，由軍官統一進行管理分配。祁奚為中軍尉，羊舌職為他的副手，魏顆的另一個兒子魏絳為中軍司馬，解張為侯奄。鐸遏冠為上軍尉，籍偃為上軍司馬。

值得注意的是，右行辛被起用。他是什麼人呢？當初晉文公設置三個步兵軍，分為中行、右行和左行，荀林父為中行大夫，因此後人為中行氏，以中行為姓。那麼，右行辛就應該是右行大夫的後代。右行大夫是誰？按《史記》記載，右行大夫是先縠，右行辛就應當是先家後人。（魯宣西元年有先辛，受胥甲牽連，奔齊。）

解張字張侯，公族，似乎應該是解揚的兒子，他也是張姓始祖之一。

除了趙家、先家後人得到起用之外，晉悼公還計畫起用狐家後人，只可惜沒有找到。而郤家和胥家被滅的時間太短，滅他們的人都還在，所以不便起用。

晉悼公登基第一天，一切都佈置得妥妥帖帖。

韓厥執政

權力鬥爭讓每個人的神經就像一根拉滿的弓弦，隨時要繃得緊緊的。

如今，晉悼公強勢君臨，權力鬥爭這套東西沒法玩下去了。於是，大家的神經得以放鬆下來。按理，這是一件好事，終於可以享受生活了。可是，對於一些人來說，長期繃著的神經已經失去了彈性，一旦鬆下來，就會斷裂、粉碎。

欒書就是這樣的，從晉景公二年（前598年）成為卿之後，到現在整整25年了。25年來緊緊繃著的一根神經，一旦放鬆下來，真不知道自己該怎麼活下去，真是覺得人生沒有什麼樂趣了。

晉悼公登基僅僅兩個月之後，欒書就鞠躬盡瘁了。

欒書的一生，可以說是歷經風浪屹立不倒的一生。25年間，他經歷了先家、趙家和郤家的毀滅，而自己一步步熬到了中軍帥，可以說是步步驚險，十分不容易。總的來說，欒書是個很謹慎的人，也是個很聰明的人，甚至也可以說是個很正直的人。兩次對楚戰爭和一次對齊戰爭，欒書都表現出了卓越的軍事才能。在治理國家方面，也是奉公守法，不斂私財。對於欒書，晉國歷史上的評價是相當高的。

《國語》上有一段叔向對欒書的評價，很有代表性：從前欒書沒有百頃的田產，家裏置備不齊祭祀的禮器，可是他能宣揚德行，遵循法制，使名聲傳播到各諸侯國，諸侯親近他，戎、狄歸附他，依靠這點治好了晉國，執行法令沒有弊病，所以避免了災難。

欒書去世，八卿面臨調整。按照欒書的意思和慣例，應當是荀偃遞補。可是，悼公不準備按照慣例做，他知道誰才是恰當的中軍帥人選。

「韓厥接任中軍帥。」悼公下令，隨後又對八卿作了調整。

現在，晉國八卿的情況是這樣的：中軍帥韓厥、中軍佐荀罃、上軍帥荀偃、上軍佐士匄、下軍帥欒黶、下軍佐士魴、新軍帥魏頡、新軍佐趙武。

從晉靈公六年（前615年）出任司馬開始，韓厥經過42年的奮鬥，終於成了中軍帥。

當一個長期超然於權力鬥爭之外、堅持做人原則的人成為中軍帥的時候，意味著什麼？意味著權力鬥爭已經不再是主流，老老實實幹活才是正道。

君能臣賢

下面來看看晉悼公繼位之後的幾件事情，從中就能看到晉悼公的見識、魄力和人格魅力。

晉悼公登基當年六月，魯成公親自前往晉國朝見。悼公熱情接

待，禮節周到，令魯成公有些受寵若驚的感覺。等到魯成公回國之後，晉國的士匃隨後也就到了，答謝魯成公對晉國的訪問。這下把魯國的大夫們驚喜壞了，跟晉國打交道這麼多年了，晉國人始終像對待一個跟班那樣對魯國不屑一顧，如今卻按照平等禮節來對待魯國，大家能不感動嗎？

當年十一月，楚國令尹子重侵犯宋國，宋國急忙向晉國求救。

「主公，如果想得到諸侯的擁護，就要保護他們。晉國要重振霸業，請從救援宋國開始。」韓厥的態度很清楚，救。

登基不到一年，要不要跟楚國人交鋒？換了別人，會猶豫。可是悼公決不猶豫：「正合我意，不要耽擱，立即出兵。」

晉軍火速出動，趕往宋國。子重得知晉軍果斷出兵之後，自己主動撤軍了。

「晉國人不忽悠人了。」天下諸侯驚呼。

晉悼公三年，祁奚告老退休。

「祁老，您退了，誰接任呢？」悼公有點捨不得。

「解狐最合適。」祁奚說。

「解狐？你們不是仇人嗎？」悼公有點吃驚。

「您問的是誰適合接任我，沒問我誰是我的仇人。」祁奚說。

悼公很感動，祁奚這是什麼精神啊？

第二天，悼公派人去召解狐來接任祁奚的中軍尉，誰知解狐沒這個命，竟然在前一晚心肌梗塞身亡。

於是，悼公又請祁奚來。

「老爺子，解狐突然病故了，您再給推薦一個吧。」

「那，祁午可以。」

「祁午？那不是您兒子嗎？」

「你問的是誰接任合適，沒問我誰是我兒子。」

「那，羊舌職也病危了，誰接替他比較好？」

「他兒子羊舌赤最合適。」

後來，祁午和羊舌赤都幹得很出色。

這段故事就是祁奚「一舉不避仇，二舉不避親」的故事，千古以來傳為美談，也是「舉賢不避親」這句話的來歷。

悼公很敬佩祁奚，不過其實他更應該敬佩自己，首先他重用了祁奚這個人才，其次他創造了一種民主公正的氣氛，祁奚才有可能以如此無私的立場推薦人才。試想，如果國君就是個昏君，這個國家恐怕就不是「舉賢不避親」，而是任人唯親了。

對此，《左傳》裏的「君子」給了祁奚極高的評價，並且引用了《商書》和《詩經》裏的句子。《商書》寫道：「無偏無黨，王道蕩蕩。」意思是「既不結黨又不營私，這才是堂堂正正的王道」。《詩經》寫道：「惟其有之，是以似之。」意思是「只有自己有才能，被舉薦者才像他一樣」。

所以，一個君主的偉大人格，是可以帶動臣子們的人格也變得高尚的。而如果一個國家到處都是結黨營私，任人唯親，尸位素餐，恐怕君主首先要反省自己的能力和品德。

一代雄主

晉悼公在晉國的歷史上又是一代雄主，有人認為他比晉文公還要厲害。的確，從他的表現來看，我們只能用兩個字來形容：完美。

晉悼公自從十四歲登基之後，迅速穩定了國內形勢，壓制了多年來不斷的內部權力鬥爭。由於晉悼公的英明睿智和慧眼識才，晉國在悼公時代湧現出大量能臣，大臣們安分守業，各展所長而且懂得謙讓。至於有哪些能人賢人，以及有哪些讓賢薦賢的例子，隨後慢慢道來。

內部的和諧和發展，使得悼公有資本也有信心對外強硬。在整個春秋歷史上，大概沒有任何一個君主能夠像悼公那樣對外強硬。也正因為有了強橫的實力，晉悼公對於盟友可以體現出大度，表現得有禮。

儘管此前的三次晉楚大戰中晉國二比一領先，但是兩國之間從來沒有真正讓對方服氣過。而晉悼公時期，晉國儘管沒有再次取得城濮大戰那樣的勝利，卻讓楚國口服心服。

很奇怪晉悼公這樣的君主竟然沒有能夠入圍春秋五霸,而事實上,他很可能是整個春秋最應該被稱為霸主的人。因此,在這裏,我們將晉悼公命名為春秋第四霸。

如果以國君的個人能力來說,大概整個春秋也只有楚莊王能夠和晉悼公相提並論了。

為什麼在晉悼公剛剛出來的時候就給他下結論?因為他並沒有驚天動地的事蹟給人們去回味。換言之,他震懾你,他讓你還沒有跟他交手就已經心悅誠服。

晉國和諧了,但是世界依然很混亂。在簡單介紹了晉悼公的光輝事蹟之後,我們把眼光投向全世界,看看世界人民是怎樣生活的。

第一二五章
國際形勢

大國要爭霸，小國也要生存。

爭霸之道固然精彩紛呈，求存之路也充滿智慧和趣味。

在晉國和楚國強勢爭霸的同時，中等國家、小國是如何定位的？這一點非常重要。定位準確，就能活得滋潤一些；定位錯誤，就活得艱難甚至生不如死。

有了定位，還要站隊。站隊不是簡單的站隊，是死心塌地站一個隊，還是隨時準備換隊？這就是每個國家不同的外交政策了。

現在，我們來看超級大國陰影下的世界各國的求存之道。

為了更直接更感性地理解當時的國際形勢，我們借用當代的國際形勢來作比較。

國際形勢

國際形勢是這樣的。

晉國，無論在國力還是在文化上都居於世界之首，而且手中擁有聯合國，行政體制為國君領導下的內閣責任制。從各種意義上說，今天的美國就相當於當時的晉國。

楚國，唯一可以與晉國相抗衡的國家，在軍事實力上雙方不相上下，國土面積上楚國更大一些，但是在文化上有一定差距，政體為國君掌握一切大權的獨裁統治。後來楚國在瘋狂的軍備競賽中被拖垮，這一點與蘇聯驚人地相似。因此，蘇聯就是現代版的楚國。

超級大國確定了，跟班各國的地位隨即確定。

齊國，一個大國，一個曾經最強大的國家。可是，實力的衰退使得他們不得不對晉國和楚國低聲下氣，心不甘情不願地充當二流的角色。在文化上，齊國並不弱于晉國甚至有一定的優越感，齊國人時刻

懷念當霸主的美好時光。而從地理上說，齊國並不與兩個超級大國相鄰。因此，一有機會，齊國就會試圖脫離兩個超級大國的控制，在鄰近的小國身上找回失去的自尊。可是，每次他們挑起事端，就會引來晉國或者楚國的干預，進而導致兵戎相見。遺憾的是，驕傲的齊國人每一次都是戰敗者。當羊投靠了老虎，最困惑的一定是狼，而齊國就是這隻狼。我們說，上世紀上半段的德國就是齊國的最好寫照。

魯國呢？這個周朝初期最為榮耀最具地位的國家徹底淪落為二流半的國家。他們不再具有實力，唯一剩下的是他們的貴族血統、紳士風度和所謂的周禮文化。基於血緣上的關係和地緣政治學，魯國成了同宗同源的晉國的最堅定的跟班，而晉國對魯國的支持也最為堅決。如果美國是晉國，誰跟美國最好？不用說了，英國就是現代版的魯國。曾經輝煌，如今沒落，靠著販賣文化度日，英國和魯國何其相似！

宋國，宋國是一個很有意思的國家。儘管打仗不行，宋國人還是很驕傲，他們總是認為自己在全世界的地位僅僅落後於周王室，高人一等。用他們自己的說法：「我們是周朝的客人。」所以，他們總想具有獨立的地位，總想牽頭在全世界搞些新意思。他們的戰車製造技術一流，但是戰鬥力三流。每一次戰爭，他們都是挨打和求救的角色。這麼說吧，實力一般，自我感覺超好。當然，實際上，還是要跟著晉國混。當今世界有這樣的國家嗎？法國，法國就是天然的現代版宋國。

衛國是個特點很簡單的國家，緊挨著晉國使得他們根本不用有什麼想法，晉國讓幹啥就幹啥，就沒錯。衛國，給個現代標籤：加拿大。

鄭國是一個複雜的國家，在兩個超級大國的夾縫中生存，今天你來，明天他來，誰來管誰叫爺，偶爾雄起一把呢，卻往往站錯了隊。但是，鄭國人並不是軟柿子，鄭莊公的後代們時不時表現出超人的膽氣。他們的生存條件最為困難，但是他們頑強地生存著。如今世界誰比較像鄭國？中東？東歐？還是越南？還是伊拉克或者阿富汗？都有點像，但又都不完全像。

至於陳國、蔡國、許國這樣的小國，他們只能在楚國的羽翼下苟且偷生，國家有名無實，隨時等待被滅的結局。難道波羅的海三國的

前身就是這三個小國家？

　　還有一個重要的國家被忽略，那就是秦國。一個游離於國際主流之外，對世界充滿懷疑和警惕的國家。這個國家地處偏僻，易守難攻，他們渴望加入主流社會，渴望改變自己的文化。終於有一天，他們改變了一切。可是，那已經是戰國了。在春秋時期，他們似乎只為了一個目標而存在：打晉國。可憐的秦國人！哪個國家是現實世界中的秦國？看看再說吧。

　　現在，我們先從魯國說起。

臧文仲執政

　　隨著齊楚晉的先後崛起，魯國完全落後了。

　　齊桓公的時代，季友殺死慶父之後開始執掌魯國國政，那時世界形勢還不複雜，魯國只用一門心思跟著齊國走就行了。到後來季友去世，臧文仲成為魯國正卿。

　　臧文仲，魯國公族，魯孝公的後人。順便介紹臧姓的起源，魯孝公的兒子名驅，字子臧，被封在臧地（今山東省境內），後代就以「臧」為姓。魯惠公（孝公子）之子名欣，字臧，其子孫以其字作為自己的姓氏，也稱為臧氏。所以，臧姓實際都來自魯孝公，出於周公，姬姓。

　　記住，在魯國，如果不是根正苗紅的公族，基本上就不會有前途；會認字之後先看看自己家的戶口本，如果在姓一欄不是一個姬字，那你就老老實實當勞動人民吧，想也不要想混入上流社會。

　　臧文仲在魯國的歷史上算是個響噹噹的人物，屬於魯國的改革派代表。眼看齊國的自由市場經濟獲得巨大成功，臧文仲下令魯國改革開放。怎麼改革開放？實行自由通關，免除關稅。由於魯國歷來是個重農輕商的國家，他這一舉動受到許多人的質疑。直到臧文仲去世之後，孔子還在說臧文仲的「三不仁」，其中的一條就是「廢六關」，也就是免除關稅。

臧文仲是個很實際的人，而且是個很有辦法的人。

那一年魯國大旱，按過往的規矩，這個時候要燒死巫師和一種凸胸仰面的畸形人來祭祀老天，請求天賜雨水，因為人們認為老天爺就是對他們不滿才不肯下雨的。

臧文仲沒有這樣做，他決定廢除這種方式。

「殺了這兩種人有什麼用？老天爺如果要殺他們，那就根本不會讓他們出生。要是他們能造成大旱，殺他們不是激起他們的怨恨，引發更大的旱情？這麼說吧，要抗旱救災，不靠天，不靠地，靠自己。」臧文仲說到做到，當年魯國政府壓縮各項活動，減少各類開支，全力支援農業。到年末的時候，收成雖然不好，但是還過得去，國家並沒有發生糧食危機。

魯僖公年間，有一年魯國發生饑荒，於是臧文仲來找魯僖公商討對策。

「主公，我們跟鄰國搞好關係，互相嫁娶，為什麼？不就是為了國家有難的時候，遠親近鄰什麼的能幫個忙嗎？我們鑄造鐘鼎寶器，貯藏珠玉財物，為了什麼？不就是為了災荒的時候救助老百姓嗎？如果國家遇到了困難，卻不把這些東西拿出來用，這些東西不就等於沒有價值了嗎？依我看，把鐘鼎寶器抵押給齊國，向他們借糧。」

「你這話有道理，那派誰去借糧呢？」魯僖公一聽，覺得很對。

「自古以來，國家遇到饑荒都是由卿去求購糧食。我現在是卿，派我去吧。」臧文仲主動請纓，於是魯僖公派遣臧文仲去齊國借糧。

臧文仲為什麼要主動請纓？想吃回扣？那年頭還沒有發明回扣呢。那是為什麼呢？臧文仲的家臣就問了他這個問題，看看臧文仲怎麼回答。

「賢者急病而讓夷，居官者當事不避難，在位者恤民之患，是以國家無違。今我不如齊，非急病也。在上不恤下，居官而惰，非事君也。」（《國語》）什麼意思？賢明的人應該把困難留給自己，把方便讓給別人。當官的應該不避危難擔當責任，領導人應該體恤百姓的憂患，這樣才能治理好國家。如果我不去齊國，就是逃避責任。管理國家卻

不體恤百姓，當了官而又懶于理事，這樣事奉國君是不合格的。

「急病讓夷」這個成語就來自這裏，意思是把困難留給自己，把方便讓給別人。

臧文仲到齊國後，用鬯圭和玉磬向齊國求購糧食。這個時候，齊國還是齊桓公和管仲時期，他們被臧文仲的誠意所打動，於是沒有收下魯國的寶器，把糧食借給了魯國。

輕貨重民，臧文仲這種思想尤其寶貴。

那麼，臧文仲為魯國制定的是什麼樣的外交政策呢？

齊桓公稱霸時代，臧文仲的外交政策繼承了季友的「親齊」方針。但是，隨著管仲的去世，齊魯之間的關係降溫。在齊桓公去世之後，齊魯兩國之間的關係進一步降溫。到了這個時候，魯國就必須調整外交政策了。

到魯僖公二十六年（前 634 年），齊國入侵魯國。於是，魯國一面派人求和，一面向楚國求救。

「齊國人靠不住了，當今世界，最強的無過於楚國，我們不如借助楚國抗衡齊國。」臧文仲向魯僖公建議，於是，魯國歷史上第一次派人出使楚國。

對於魯國主動前來投靠，楚成王非常高興，因為魯國是周朝諸侯國中最德高望重的國家，魯國都來投靠了，那不是證明楚國的感召力已經超過了周王室？

於是，楚國迅速派兵幫助魯國攻打齊國，並且打得齊國沒話可說。作為楚國的盟國，魯國也派公子買領兵到楚國另一個盟國衛國那裏，幫助衛國協防齊國人。

為了進一步拉近與楚國的關係，魯僖公為自己的太子向楚國求婚，於是楚成王的女兒嫁到魯國，就是後來魯文公的夫人、魯宣公的母親頃熊。

冤死的公子買

　　魯國人投靠楚國的時間並不長，第三年，也就是魯僖公二十八年（前634年），晉文公率領晉國軍隊為了救宋國而討伐衛國，一舉攻佔五鹿。魯國軍隊見晉軍實力強大，根本不敢增援衛國軍隊。

　　「請貴國駐守衛國軍隊抵擋晉軍，等待楚軍增援。」楚國來了最高指示，要讓魯軍對抗晉軍。

　　「怎、怎麼辦？」魯僖公有點傻眼，聽楚國人的話去對抗晉國人吧，那絕對是雞蛋碰石頭。可是不去吧，難保楚國人不會秋後算賬。

　　要說，還是臧文仲聰明。

　　「不要急，這已經不僅僅是出不出兵的問題了，我們要先分析一下國際形勢。」臧文仲心中是有譜的，他知道靠別人是靠不住的，只能靠自己。「看得出來，晉國和楚國這次是要決一雌雄了。如果楚國勝，那我們這時候就該去打晉國；如果晉國勝，那我們就無論如何不能去。可是，誰知道誰能勝啊？誰也不知道。」

　　「說來說去，都是廢話啊。」魯僖公有點不滿意了。這個道理誰不懂？

　　「所以，誰也不能得罪。」

　　「說起來容易，怎麼做啊？」

　　「這樣，把我們在衛國的部隊撤回來，這樣就不得罪晉國人了。」

　　「是不得罪晉國人了，可是得罪楚國人了，不行吧？」魯僖公搖搖頭，心說老臧你老糊塗了吧。

　　「聽我說完啊。等到撤軍回來，咱們就把公子買殺了，然後告訴楚國人說公子買擅自撤軍，咱們已經把他殺了。撤軍是公子買的個人行為，殺掉他這個叛徒是我們的國家行為，咱們為了魯楚友誼連國君的弟弟都給殺了，楚國人還有什麼話說？」臧文仲的主意雖然有點缺德，但是真的可行。

　　魯僖公想想，心說弄來弄去要殺我弟弟，早知當初派你弟弟去了。雖然有點不願意，但確實沒有比這更好的辦法了。

「好，就這麼辦了。」魯僖公接受了。

就這樣，臧文仲悄悄令公子買從衛國撤軍。公子買也挺高興，好久沒見到老婆了，這下終於可以親熱親熱了。

於是，魯軍從衛國撤軍了。

「哎，你怎麼就回來了？」魯僖公驚詫地問公子買，正好楚國使者又來了，就在旁邊站著。

「主公，不是你讓我回來的嗎？」公子買吃了一驚。

「我叫你回來？搞錯了吧？」魯僖公當然不認賬。

「那，那就是老臧讓我回來的。」公子買有點糊塗了。那年頭撤軍就憑使者一句話而已，還真沒注意究竟誰派去的。

「哎，我可不知道啊。」臧文仲推得乾乾淨淨。

「哎？」公子買傻眼了。

楚國使者費了半天勁，終於弄明白公子買是把魯國在衛國的部隊給帶回來了。弄明白之後，他可就說話了。

「主公，你看，你們請我們攻打齊國的時候，我們二話沒說就出兵了。如今我們請你們抵抗晉國，你們怎麼就撤軍了呢？」楚國使者不幹了，當場指責。

臧文仲不說話，他擺出一副看熱鬧的架勢來。

「兄弟，我也知道你想老婆了。可是，你擅自撤軍事小，如今搞得友邦驚詫事大。你說我們跟楚國關係這麼鐵，你這麼做，叫我怎麼辦？」魯僖公把臉色沉了下來，為了增強效果，還特地在臉上擦了點薑水。

「我，我，我真不是自己回來的啊。難道，難道是晉國人假冒我們的使者？」公子買也算機靈，給自己找個臺階。

「別說那些了，後果已經造成了，你說怎麼辦吧？啊，你說怎麼辦？」魯僖公假裝很生氣，然後對楚國特使說，「特使啊，你說怎麼處置他吧，我聽你的。」

楚國特使低頭想想，說了句：「你們自己看著辦吧。」

「自己看著辦」這句偉大的常用語就出自楚國特使這裏，之後沿用

了幾千年。

看著辦是怎麼辦？魯僖公當然知道怎麼辦。

「啪！」拍桌子的聲音，之後是魯僖公的聲音：「公子買擅自撤軍，導致友邦驚詫，後果十分嚴重。為了給楚國人民一個說法，我也只好大義滅親了，來人，斬首。」

就這樣，公子買被砍了。臨死，他也沒弄明白究竟是誰要了他的命。

「復上楚王，我們已經殺了擅自撤軍的公子買，近期可望再派部隊前往衛國抵禦晉國。那個什麼，要不，這個腦袋你帶去給楚王看看？」魯僖公給楚國特使送了不少禮品，其中包括公子買的腦袋。

楚國特使高高興興走了，走在半路上把那個腦袋扔掉了，誰願意帶個腦袋走路啊？

為了國家的利益，公子買就這樣做了冤死鬼。

換句話說，國家利益常常建立在許多人冤死的基礎上。

臧文仲的策略是成功的。

當年的城濮大戰，晉國人戰勝了楚國人。

「老臧，怎麼辦？」魯僖公又找來臧文仲商量，慶倖當初沒有貿然去跟晉國人作對。

「晉國，武王的後代；咱們魯國，周公的後代，咱們是兄弟國家啊。從前投靠楚國，那是沒辦法的辦法，如今晉國戰勝了楚國，咱們還有什麼好猶豫的，投靠晉國啊。」臧文仲眉頭都沒皺一下，決定魯國重新站隊。

牆頭草，隨風倒。

當天，魯僖公和臧文仲出發前往城濮。

作為第一個前來祝賀的諸侯，魯僖公受到了晉文公熱情的接待。兩國君主就當前的國際形勢進行了會談，重溫了300多年前的親兄弟情誼。最後，魯僖公表示，從今以後，魯國要在晉國的領導下，緊密團結在周王室的周圍，為了世界的和諧美好而共同奮鬥。

魯國參加了隨後的一系列會盟活動，以實際行動表明魯國將成為

晉國最堅定的盟友。

晉國曾一度決定滅掉曹國，將曹國分給各國諸侯，魯國分到的最多。儘管最後大家都把分到的土地還給了曹國，但是晉國與魯國之間的緊密關係已經顯露無遺。

俗話說：疾風知勁草。可是，再勁，也不過是根草，要那麼勁幹什麼？

只有隨風倒的牆頭草才能生存下去。

魯國真的是禮儀之邦嗎？真的是。

不過，既然禮崩樂壞已經是大勢所趨，魯國就能獨善其身嗎？

泥沙俱下的時候，誰也不能獨善其身。

在魯國，普通百姓對於煩瑣的周禮早已經不耐煩，而士們也很討厭各種各樣的等級制度。其實，不僅僅社會中下層對周禮越來越不感興趣，就是卿大夫乃至國君，對於周禮也並不嚴格遵守。

《左傳》及《國語》中都記載了魯國君臣的一些「違禮」之舉，如隱公到棠地觀漁，桓公取郜大鼎於宋而置於太廟，桓公與夫人姜氏一道到齊國去，莊公到齊國觀社，莊公丹桓宮之楹而刻其桷，等等。

對於禮儀之邦來說，關起門來守不守禮其實都無所謂，可是，在外人面前一定要擺出一副知禮守禮的架勢來，要不，怎麼販賣文化？就像如今的英國人，在國內怎樣酗酒怎樣裸奔不要緊，在外國人面前一定要擺出一副英國紳士的架勢來。

問題是，時間久了，魯國人連在外國人面前做做樣子的功夫也不願意做了。

禮儀之邦

俗話說：周禮盡在魯矣。

現在來說說周禮。概括講來，周禮的內容應該包括禮義、禮儀或禮節、禮俗三個層面。禮義是抽象的禮的道德準則。禮儀或禮節是具體的禮樂制度，可大致分為吉、凶、軍、賓、嘉五大方面。細分之，有所謂「經禮三百，曲禮三千」之說，真可謂「繁文縟禮」，大而至於政治、軍事，小而至於衣冠、陳設，無不有義。這些禮儀都是本著忠、孝、信、義等準則推衍而來，目的是為了「明貴賤，辨等列，順

少長」。禮俗即周人的社會風俗與道德習慣，它較禮節更細且繁，只是並無硬性規定。就主次而言，禮儀、禮節、禮俗是從屬於禮義的，因為禮的根本目標是維護等級制度，這才是其本質所在。

在所有諸侯國中，魯國是「周禮之父」周公的封國。因此，魯國初封時不僅受賜豐厚，而且還得到了不少特權。《禮記·明堂位元》記載說：「凡四代之器、服、官，魯兼用之。是故，魯，王禮也，天下傳之久矣。」周成王明確規定，周公的祭祀享受王的待遇，魯國可以「郊祭周公」。

因此，魯國天然就是周禮的模範國家。即便是王室，在經歷了西周變東周的動盪之後，在周禮上也已經不如魯國這麼齊備了。再加上魯國不僅有天子之禮，而且有諸侯之禮，對於諸侯更具有示範作用。

「周禮盡在魯矣。」這是當時全世界對魯國的評價，似乎也是事實。

禮儀之邦，絕對的禮儀之邦。

正因為魯國是禮儀之邦，各國諸侯要瞭解周禮也往往到魯國學習。從前是中原諸侯國家，如今，就連秦國和楚國也派人來學習，他們也想早日甩掉蠻族的帽子，玩一玩文明牌。

魯國有專門的機構對外國人進行周禮培訓，靠這個每年能掙到大筆的收入。

看看如今的大英帝國靠文化輸出、文化旅遊來維持經濟，靠老祖宗留下的那點遺跡來支撐門面，這一點與當年的魯國是何其相似。

販賣文化，魯國人在販賣文化。

丟人現眼

轉眼間，魯僖公鞠躬盡瘁了，於是魯文公繼位。而臧文仲年歲漸高，執政一職就交給了魯僖公的弟弟公子遂，因為他的封邑在曲阜東門之外，又叫做東門襄仲，是東門這個姓的得姓始祖。

與臧文仲相比，東門襄仲的學問可就差得太遠了。

魯文公四年（前 623 年），衛國的寧俞來魯國聘問。按照魯國的習

慣，同姓國家來的客人都是兄弟，接待標準要高於異姓國家。當然，齊國雖然是異姓國家，可是那是姥姥家，接待規格與同姓國家相同。所以，寧俞來到，接待規格很高。

魯文公親自請客，六卿作陪。不過，臧文仲請了例假。為什麼說是例假？因為老爺子年歲太大，身體不好，這種迎來送往的事情照例就不參加了。後來不知道為了什麼，例假成了月經的代名詞。

國君請客，那可不是胡吃海喝，那是有講究的，吃什麼喝什麼奏什麼音樂都不是亂來的，都是按照周禮來的，一來表示鄭重，二來也是文化展銷。這一次，按照東門襄仲的佈置，伴奏音樂是《湛露》和《彤弓》兩首詩。按照規矩，寧俞就應該在席間答謝或者吟詩作答。可是沒想到寧俞只管吃，什麼話都沒說。

「哎，寧俞據說很聰明啊，怎麼這麼不懂規矩？來到禮儀之邦，一點禮也不講啊。」魯文公有點不高興，不過他覺得一定有什麼原因。

於是，散了席，文公就派東門襄仲去問問寧俞究竟是怎麼回事。

東門襄仲不去，因為他自己心裏沒底，他把這活改派給了司馬公孫敖，公孫敖是誰？慶父的兒子。

「老寧啊，我家主公讓我問你呢。怎麼吃飯的時候我們奏了音樂，你沒什麼反應呢？是我們什麼地方失禮了嗎？」公孫敖來問寧俞。他這人大大咧咧，也沒有拐彎抹角。

「你不知道嗎？」寧俞反問。

「我知道什麼？我知道還來問你？」公孫敖有點丈二和尚摸不著頭腦了。

「我問你，你們奏的是什麼音樂？」

「什、什麼音樂？我也不知道啊。」公孫敖說，他是真不知道。對於周禮這套東西，他根本沒興趣。

「你不知道？怎麼會？魯國不是禮儀之邦嗎？你怎麼這都不知道？」寧俞吃了一驚，傳說中的魯國不是人人懂禮的嗎？魯國的卿怎麼會連這個音樂都不懂？

「嗨。」公孫敖笑了，「什麼狗屁禮儀之邦啊，那只是個傳說，那套

東西早過時了。哈哈哈哈……」

「啊，我聽說各國都派人來魯國學禮啊，那不是什麼都學不到？」寧俞不敢相信。

「那也不是，我們專門有人接待各國留學生啊，他們學到的都是正宗的周禮。嘿嘿，掙點文化錢嘛。」公孫敖說的都是實話。

「唉。」寧俞嘆了一口氣，無話可說了。

「老寧啊，別光嘆氣，說正事啊。」看見寧俞嘆氣，公孫敖有點尷尬，要不是魯文公一再叮囑要問清楚，他都不好意思再問下去。

「我告訴你吧，那兩首音樂一首叫做《湛露》，是天子宴請諸侯的，另一首叫做《彤弓》，是天子獎勵功臣的。魯侯不是天子，我也不是諸侯，奏這樣的音樂，我怎麼有資格答謝呢？所以，我只好裝作沒聽見。」寧俞說完，公孫敖這才恍然大悟。

說來說去，音樂選錯了，該唱《辣妹子辣》的時候，放了《好日子》。

（《湛露》和《彤弓》均見於《詩經·小雅》）

公孫敖回去把事情一彙報，大夥都很尷尬。魯文公滿臉通紅，他覺得太丟人了。

「嗨，沒想到，沒忽悠住他。」公孫敖沒當回事，還挺高興。

所有人都瞪了他一眼，雖然人人都知道魯國的禮樂不過是在忽悠全世界，可是在家門口出錯無論如何也是件丟人的事情。再說，事情要是傳出去，今後還怎麼忽悠？

「不對啊，記得上次吃飯的時候，咱們還用過這兩首曲子啊，還是臧老定的啊。咱們能用，怎麼寧俞來了就不能用？臧老弄錯了？」東門襄仲有點不服氣，感覺寧俞是少見多怪。

第二天，東門襄仲前去臧文仲家中討教這個事情。

「唉，人家寧俞是對的，可是我也沒錯。」臧老爺子說了。

「那，那就是我錯了？」

「就是，咱們魯國可以用天子之禮，所以，關起門來，用天子招待諸侯的音樂是沒有問題的。可是，外國人來了，咱們的音樂就得降一

級了，否則客人的級別就不對了，知道不？」臧文仲解釋。原來，學問在這裏。

「唉，看來，我們必須要擺正位置了，忽悠老外也不能用忽悠的態度了，必須有點技術含量了。」東門襄仲感慨，他對此感到有些羞愧。

「對於周禮，還是那句話：認認真真抓形式，扎扎實實走過場。」臧文仲教導。

東門襄仲走了，臧文仲嘆了一口氣，自言自語：「唉，看來，東門襄仲這一輩都是些廢材，魯國在他們手上好不了。魯國要有起色，恐怕要等到季孫行父掌權了。」

季孫行父是誰？季友的孫子，又叫季文子。

老婆死了

臧文仲說的東門襄仲這一輩實際上就是指東門襄仲和公孫敖，這兩位是堂兄弟。相比于東門襄仲的不學無術，公孫敖則更加不思進取，撞鐘混日。

寧俞走後日子不長，公孫敖家裏出大事了。什麼大事？老婆死了。

別人的老婆死了也就死了，不算小事但是也算不上特大的事情。可是公孫敖不一樣，他對他老婆愛得死去活來。所以老婆死了，跟天塌了一樣。他老婆是誰？

當初，公孫敖從莒國娶了一個老婆回來，名叫戴己；戴己的妹妹隨嫁過來，名叫聲己。兩人各自為公孫敖生了一個兒子，大的叫孟孫谷，又叫孟文子，小的叫孟孫叔難，又叫孟孫惠叔。公孫敖很喜歡大老婆，對二老婆沒什麼感覺。如今大老婆戴己死了，把他傷心得夠餿。

「我，我老婆死了，我活著還有什麼意思啊，我不想活了，老婆啊，你慢些走啊，嗚嗚嗚嗚……」公孫敖哭得挺傷心，真哭，不是裝的。

「叔，人死不能復活，節哀順變吧。」季文子安慰他。

「你小屁孩懂個屁，這麼好的老婆，哪裡再去找第二個啊，嗚嗚嗚

嗚……」公孫敖罵了一句，弄得季文子不敢再說話了。

「算了，誰沒有老婆啊？誰老婆不死啊？至於這樣嗎？我老婆前些天也死了，我也沒這樣啊。」東門襄仲的勸法跟季文子自然不一樣，他一向就有些瞧不起公孫敖。

「兄弟，你老婆怎麼跟我老婆比啊？」公孫敖悲傷過度，說話就有些過分。

東門襄仲聽了，那叫一個惱火。不過仔細想想，好像還真是這樣，公孫敖的老婆那確實是兄弟們的夢中情人。

勸是勸不住了，大家大眼瞪小眼，也不好意思走，只好看著他哭。

公孫敖大概哭了半個時辰，也哭累了，抹抹鼻涕，不哭了。大家一看，好嘛，敢情不用勸就不哭了。早知這樣，剛才勸他幹什麼？

既然已經不哭了，大家還待著幹什麼？眾人正要走，就聽見公孫敖說出來一句雷倒大家的話。

「不行，我還要娶一個老婆。」公孫敖很堅定地說。

大家都笑了，剛才還以為他是個情種，誰知是個多情種。

「一個跟戴己一樣的老婆。」公孫敖接著說。

大家都不笑了，大家在思考，跟戴己一樣的老婆去哪裡找？

「我要去莒國求親，讓他們再給我一個像戴己的女人。」公孫敖繼續說，像是自言自語，又像是在告訴大家。

公孫敖為什麼不把聲己扶正呢？因為他死活看不上聲己，他哭的時候還喊：「老婆啊，怎麼死的是你，不是你妹妹呢？」

所以，聲己恨死了公孫敖。

大家陸陸續續都走了，到了門口，東門襄仲突然說：「各位先走，我還是再去勸勸他，省得他殉情什麼的。」

看起來，東門襄仲真是很夠兄弟情分。

說完，東門襄仲轉回身來，回到了公孫敖那裏。

「大哥，你看，我老婆也死了，你去莒國，順便幫我也聘個老婆回來，行不？」東門襄仲對公孫敖說。敢情是幹這個來了。

這回，輪到公孫敖笑了。

俗話說：誰也不比誰高尚多少。

幫人幫到底

公孫敖幹別的不行，幹這個還是很有效率的。

老婆下葬之後第二天，公孫敖就派人去了莒國，向莒國國君求親。

戴己和聲己都是莒國國君的侄女，像公孫敖這樣的魯國的卿，至少也要娶莒國的公族女子的。

「我家公孫的要求是，一定要娶個跟戴己一樣的。」公孫敖派去的人提出這樣的要求。

「什麼？」莒國國君當時就不高興了，一口拒絕，「戴己死了，就該把聲己扶正了，周禮不是這樣嗎？魯國還禮儀之邦呢，哼！」

得，一點面子也沒給，還挺講原則。為啥這樣？因為莒國國君就喜歡聲己，他就替聲己抱不平。

「那，那公子遂也死了老婆，也想向貴國求婚，行不？」來人說話沒什麼底氣了，估計這個也沒戲。

「沒問題，我給挑一個好的。」沒想到的是，莒國國君眼皮子都沒眨一下，同意了，也不說什麼周禮不周禮了。

自古以來就經常發生這樣的事情，自己的事情沒辦成，反而把順便幫別人辦的事情辦成了。

轉眼到了當年的冬天，徐國不知道為了什麼攻打莒國，於是莒國來魯國請求結盟並求援。

「公孫敖，你去趟莒國吧，順便看望一下丈母娘。」魯文公同意了莒國的請求，決定派公孫敖去莒國結盟。

公孫敖其實不想去，他還在生莒國國君的氣呢，不過最高指示下來了，不去也得去了。

「大哥，順便幫個忙，把我老婆給帶回來。」東門襄仲拜託了他這件事，連聘禮也交給了他。

就這樣，公孫敖帶著兩個任務去了莒國，結盟儀式完畢，就去接東門襄仲的老婆了。

「哇噻！」第一眼看見東門襄仲老婆的時候，公孫敖的眼珠子都快蹦出來了，「哎呀媽呀，這比戴己還要迷人呀。」

強忍著口水，公孫敖把聘禮的事情給辦了，東門襄仲新老婆一家把女兒交給公孫敖，送出了莒國。

到了魯國境內，公孫敖的口水可就再也忍不住了。

「兄弟，我對不住你了。」公孫敖經過並不激烈的思想鬥爭，下定了決心。

於是，公孫敖幫人幫到底，幫東門襄仲把入洞房的事也給辦了。

所托非人哪。東西可以托人帶，損壞了還可以再買；老婆千萬不要托人帶，就是兄弟也不行。

回到曲阜，公孫敖兜了個大圈子，繞到西門進了城。他不敢去見東門襄仲，乾脆躲在家裏哪裡也不去。

東門襄仲家裏刷牆掃地，晾被曬褥，就等著這個新老婆進門呢。誰知道公孫敖一回來就躲起來了，也不說把老婆給送過來，怎麼回事？派人去問，這才知道，老婆被公孫敖給截胡了。

「據說，這個女子比戴己還迷人啊。」派去的人回來添油加醋。

東門襄仲沒有說話，他本來就很生氣，現在更生氣。

「據說，公孫敖整天跟她膩在屋子裏，連門都不出。」派去的人繪聲繪色。

東門襄仲的臉色氣得鐵青，眼睛則有點發紅。

「公孫敖說了，他願意把聘禮還給你。」派去的人繼續說。

「還，還，還他個頭。不行，老子要討個公道回、回來。」東門襄仲氣得說話都有些結巴了。

說完，東門襄仲氣哼哼地找魯文公了。

「大侄子，你可要給我做主啊。」東門襄仲來到朝廷，恰好魯文公在。

「叔，什麼事？」魯文公一看東門襄仲著急上火的樣子，不知道出了什麼大事，上次在衛國人面前丟人也沒見他這麼急過。

「什麼事？！老婆被人搶了。」東門襄仲脫口而出。

「什麼？」魯文公有點不相信自己的耳朵，在魯國還有人敢搶東門襄仲的老婆？膽肥了。

東門襄仲把事情的前前後後詳詳細細說了一遍，最後說了：「是可忍孰不可忍？我堅決要求出兵攻打公孫敖。」

魯文公皺了皺眉頭，想了想說：「搶房子搶地，不能搶老婆啊。這不是搶老婆啊，這是偷老婆啊。搶老婆還算是好漢行為，偷老婆算是什麼？通姦加強姦啊。咱們禮儀之邦怎麼能容忍這樣的事！叔，我支持你。」

按魯文公的說法，就算是同意出動軍隊討伐公孫敖了。幫著親叔打堂叔，倒也是親疏有別。

為了一個女人，魯國兄弟之間眼看就要動傢伙了。

第一二七章
魯國三桓

回顧一下往事。

當初，在季友逼死兩個哥哥慶父和叔牙，扶立魯僖公之後，將二哥慶父的兒子公孫敖（又叫孟穆伯）封在成，級別為卿，就是後來的孟孫氏；三哥叔牙的兒子公孫茲（又叫叔孫戴伯）封在郈，級別為卿，就是後來的叔孫氏；季友的采邑在費，又加封了汶陽，後來成為季孫氏。

等到公孫敖和公孫茲長大之後，公孫敖出任司馬，公孫茲出任司空，再加上季友擔任司徒，三家因為都是魯桓公的後人，合稱「三桓」。魯國六卿，三桓占去一半。

如果換了現在，就該叫他們「三駕馬車」了，可是那時候馬車通常是四駕的，說「三駕馬車」那就是文盲了。

以上這一段見於第一部第四十章。

家長會

當下的形勢是這樣的。

孟孫家族，公孫敖為家長，有兩個兒子孟孫谷和孟孫叔難。

叔孫家族，公孫茲已經去世，兒子叔孫得臣（即叔孫莊叔）為家長。此外，公孫茲的弟弟武仲休已經另立門戶，成為叔仲氏，武仲休已死，兒子叔仲惠伯接任家長

季孫家族，季友的兒子齊仲無佚早已經去世，孫子季孫行父（即季文子）為家長。

三桓與臧文仲和東門襄仲同執國政，不過排位略靠後。

難道公孫敖和公孫茲忘了季友的殺父之仇？當然忘了。想想看，季友殺他們父親的時候，他們還穿開襠褲呢，狗屁不懂的年齡。後來每三天去季友叔叔家裏接受再教育——現在的說法叫洗腦。季友叔叔

對他們也不錯，給他們講文化講歷史，講國際形勢和國內形勢，講團結的力量。漸漸地，哥倆自己都覺得自己的父親不是好人，要不是季友叔叔大義滅親，如今大家還不知道在哪裡喝西北風呢。

總之，三桓的關係都不錯。

三家有一個規矩，那就是每半個月開一次例會，也就是三家家長在一起開的「家長會」，探討當前國內外的形勢，以及三家如何共同應對可能發生的麻煩。

「家長會」被緊急提前了。

根據宮內臥底的線報，因為老婆被公孫敖強佔，東門襄仲已經和魯文公達成一致，要攻打孟孫家族。

在得知這一緊急情況之後，家長會緊急召開了。

這一次的家長會，顯然是一次臨時的緊急家長會。

與會人員如下：孟孫家族家長公孫敖，叔孫家族家長叔孫得臣，季孫家族家長季文子。此外，叔仲惠伯也列席。

於是，三桓家長會共有四人出席，即所謂的「三加一」模式。

其中，公孫敖為長輩，其餘三人為同輩。

按規矩，家長會由尊長主持，也就是由公孫敖主持。

「大侄子，二侄子，三侄子，三個大侄子。」公孫敖已經有些亂了陣腳，說出話來也有些混亂。「那個什麼，啊，那個什麼——」

公孫敖一來是有些緊張，二來，這事情說出來很丟人，不知道該怎麼說才好。哼哼唧唧說不出來。

一旁叔仲惠伯看著難受，於是主動為他解圍：「大伯，您要是不好說，讓我來說吧。」

叔仲惠伯雖說在這裏地位最低並且僅僅是列席資格，但是他為人豪爽，善於交際，因此交遊極廣，大家都很喜歡他。而這次從宮裏傳出來的消息，首先就到了他這裏。

「那行，那你來吧。」公孫敖自然巴不得這樣。

其實，事情一點也不複雜，叔仲惠伯三言兩語，把事情說得清清

楚楚。

「如今，襄仲叔叔不幹了，已經和主公商量好了，要攻打孟孫家族。大概的情況就是這樣，我說完了。」最後叔仲惠伯這樣說。說起來，其實東門襄仲跟大家的親戚程度與公孫敖是一樣的，大家都是桓公的後代。

大家都沒說話，公孫敖是沒有主意，叔孫得臣和季文子都知道這完全是公孫敖的過錯，好漢做事好漢當，他就應該承擔責任。而叔仲惠伯本身就是列席，介紹情況可以，發表意見就不太合適了。

眼看著沒人說話，公孫敖忍不住了，他急眼了。

「大侄子們，你們不能見死不救啊，啊？季友叔叔經常教導我們說要互相扶助，要同舟共濟。如今伯父我遇上難題了，你們都不說話了，啊？我們魯國的傳統美德都哪兒去了？」公孫敖發火了，他輩分高，有發火的資格。

公孫敖發火了，大家就不能繼續裝傻了。按年齡，該是叔孫得臣發言。

「伯父，這個事情我們是愛莫能助啊。這件事情，說到天上去都是您老人家理虧啊，唉。」叔孫得臣表態，基本上就是不管。

公孫敖狠狠地瞪了他一眼，又看季文子。

季文子發言了：「伯父，按說我們三桓是應該互相扶持，可是，這事情我們還真是難辦啊。」

公孫敖的表情很失望，他原以為季文子能伸出援手呢。

「唉，看來你們真是見死不救了，我，我怎麼辦啊？嗚嗚嗚嗚……」公孫敖說著，哭了。他是一個感情比較脆弱的人。

公孫敖哭了，三個晚輩看著，倒真有些不好意思起來。

「伯父，兩位哥哥，我說幾句話行嗎？」叔仲惠伯說話了。三個人看看他，都點點頭。於是，叔仲惠伯說了下去：「我記得季友爺爺活著的時候經常把我們這些晚輩叫到一起，給我們講道理。有一次季友爺爺讓我們看一個三足鼎，對我們說：你們看，這個三足鼎如果少了一個腳，就根本立不住；如果多了一個腳呢？又會立不穩。只有這個三

足鼎，放在哪裡，不論地平不平，都能立穩。這就像我們三桓的三個家族，我們只有互相提攜，互相幫助，才能長盛不衰。」

叔仲惠伯說到這裏，停頓了一陣，他要給大家一些思考的時間。

果然，聽了叔仲惠伯的話，每個人都開始思考。

季文子當然記得叔仲惠伯所說的那段故事，事實上他還記得更多爺爺說過的話，因為很多話爺爺只對他說過。

爺爺對他說過齊國國家和高家的事情：「孩子，從周朝開始到現在，三百多年過去了，有過多少公子公孫？可是，有幾個公子公孫如今還能家道不衰的？按常規，公子是卿的待遇，公孫是大夫的待遇，之後待遇遞減，到五世親絕之後，也就是平頭老百姓了。可是，為什麼齊國的高家和國家能夠世世為上卿？不是因為他們的祖上是周王任命的上卿，而是因為這兩家互相提攜，共同進退。為什麼當初慶父和叔牙犯罪而死，我還要讓他們的兒子做卿？因為我們都是桓公的後代，只要我們三家像國家和高家一樣同舟共濟，互相提攜，我們三家就也能世世為卿，子孫後代，永世昌盛。」

想到這裏，季文子說話了：「是啊，爺爺說過，我們三家，如果滅亡了一家，另外兩家也不能存在下去。伯父，我們一定要想辦法。我們三個晚輩一塊去找襄仲叔叔為伯父求情，不知有沒有用？」

聽了季文子的話，公孫敖的眼中又放射出希望的光芒。

「沒那麼簡單啊，襄仲叔叔這個人一向是個不吃虧的人，單單去求情沒用的。我看，除非伯父把小孀子還給襄仲叔叔，否則說什麼也沒用。」叔孫得臣說。他的態度也有了變化，這也算在提建議。

「那，那還不如殺了我。」公孫敖斬釘截鐵地拒絕了。見色忘命，說的就是他這樣的人。

那哥三個一聽，哭笑不得。

叔仲惠伯想了想，又說話了：「伯父，我有一個建議。其實，襄仲叔叔現在也未必就是真想要小孀子了，不過面子他是要的。所以，一邊向襄仲叔叔賠禮道歉，一邊把小孀子給送回去，誰也別要了，這樣，襄仲叔叔倒也可能接受。這可是底線了，如果伯父還是不同意的話，

對不起，我是無能為力了，我先告辭了。」

說完，叔仲惠伯起身，就要走。叔孫得臣和季文子也都起身，也準備走。

公孫敖一看這架勢，自己要是再堅持，恐怕真要掉腦袋了，急忙攔住三人：「喂喂喂，大侄子們，我，我接受還不行嗎？」

現在，算是達成一致。大家認為，叔仲惠伯跟東門襄仲關係最好，又只是三桓的旁支，因此派他去向東門襄仲說和最合適。叔仲惠伯也沒推辭，一口應承下來。

「大侄子，全靠你了。啊，這個忙你幫我，我以後也給你在莒國找個美女做老婆。」公孫敖對叔仲惠伯說。

「嘿嘿。」叔仲惠伯沒接話，心說找誰做媒也不能找你啊。

妥協

東門襄仲一邊派手下組織家兵，聯絡公室的隊伍，準備攻打公孫敖。一邊，東門襄仲心裏也有些打鼓。一來，為了個女人就這樣兄弟相殘，傳出去名聲一定不好聽，何況就算滅了公孫敖，出了這口氣，還能把那個女人娶回來嗎？公孫敖都過了一水了，自己還好意思娶嗎？二來，公孫敖家裏也不是白給的，如果叔孫和季孫兩家與公孫敖聯合起來，那鹿死誰手還真是難說呢。

可是，如果不攻打公孫敖，一來一口惡氣出不來，二來，話已經說出去了，總不能就這麼收回吧？

正在煩悶，叔仲惠伯來了。

「叔，聽說您要攻打公孫敖伯父啊？」叔仲惠伯進來就問。

「啊，對，對啊。他搶了我老婆，不，是偷了。大侄子你說，做這樣沒屁眼的事，是不是該打？」東門襄仲說。他一向喜歡叔仲惠伯。

「叔，聽我說好吧？據我所知，對內用兵叫作亂，對外用兵叫做寇。對外用兵呢，怎麼說大家都有傷亡；對內用兵呢，死的可就都是自家人了。手心手背都是肉啊，血濃於水啊，一筆寫不出兩個姬字啊。

兩千多年以後要是有人把這段故事寫下來，說是魯國為什麼內亂了，結果是因為一個女人，你說咱們丟不丟人？咱們內亂了，外面的敵人可就有機會來侵略我們了。我看，和平萬歲吧。」叔仲惠伯雖然輩分低，可是人家的話說得有理。

「可是這事情不怪我啊，都是他自己招的不是嗎？」

「叔啊，地球人都知道這事情是公孫敖伯父不對，這不，昨天開家長會大家還都批評了他，說大家都是兄弟，這樣做太不厚道了，他也認了錯。叔啊，公孫敖伯父那些毛病您還不知道嗎？沒什麼愛好，就是好個色。看在大家都是桓公後代的分上，就別跟他計較了。」叔仲惠伯這話軟硬兼施，等於告訴東門襄仲三桓已經在一塊商量過對策了。

「那，那我老婆就白白歸他了？」東門襄仲還是想不通。換了誰，誰也想不通。

「我這麼想啊：你說那個女人如果就給了公孫敖伯父呢，可是那是襄仲叔叔的老婆；如果襄仲叔叔要回來呢，可是她又跟公孫敖伯父上過床了。我看這樣行不，叔叔也別娶她了，我去勸勸公孫敖伯父，讓他把那女人送回莒國，再讓他把聘禮給您送回來，再賠個罪。這樣，咱們就當沒發生過這件事情，今後還是一家人，怎樣？」叔仲惠伯不說這是他們跟公孫敖商量好的，只說是自己的建議。

「那，好吧。」東門襄仲同意了。

事到如今，也只能這樣了。

就這樣，叔仲惠伯把兩邊都擺平了，一場家族危機順利渡過。

這也是三桓家族的第一次同舟共濟，三家第一次感受到了互相幫助的力量。

卷款私奔

事情是過去了，但是後遺症留下來了。

公孫敖的名聲本來就說不上好，現在更差勁了。

在朝廷，每次看見東門襄仲都很尷尬。

在家裏，聲已對他沒什麼好臉色，這麼多年感情了，現在姐姐死了，還不給自己轉正，待遇提不上去在其次，關鍵是傷自尊心啊。兩個兒子也陰陽怪氣的，見了他跟看見怪物一樣。

還有，公孫敖總覺得自己吃了大虧，為什麼呢？因為當初東門襄仲的聘禮是送到女方家去了，也不能要回來。所以，賠給東門襄仲的聘禮是自己這裏搭進去的。想想看，聘禮出了不少，結果才爽了幾天，就把人給送回去了，虧不虧？

公孫敖就覺得這日子越過越沒勁，這心情越來越煩，看什麼都不順眼，看誰都不是好人。這簡直就不是在過日子，簡直就是熬月份。

「我哪裏是公孫敖啊，我是公孫敖掉水裏了，我叫公孫熬算了。」

從此，公孫敖私下裏給自己改了個名字：公孫熬。

越是這樣，公孫熬就越是想念那個被自己送回莒國的美女。

轉眼第二年秋天到了，周襄王崩了。

周襄王崩了，魯國自然應該派人前去弔唁。臧文仲已經老得門牙都管不住口水了，自然不能去；東門襄仲剛剛出了幾趟差，也不想動了。輪下來，輪到了公孫熬。

「爹，去吧，就當散散心。」兩個兒子勉勵他。其實，爹能不能散心不重要，重要的是，爹走了，大家都能散散心。

就這樣，公孫熬帶著喪禮上路了。

一路上，公孫熬沒心思去想周王的事情，他只是懷念莒女。

「活人還想不過來呢，還想死人？」公孫熬對自己說。看見喪禮，又想起聘禮來，心情更糟糕。

眼看走到了偉大首都雒邑，遠遠地已經看到了雒邑城。

「走，往回走。」公孫熬給御者下令。

「怎麼往回走？」御者很驚奇，問了一句。

「去莒國。」

公孫熬作出了一個曠古以來沒有過的決定，他決定放棄去周王室弔唁的任務，到莒國去尋找莒女，追求自己的愛情。

第一二七章 魯國三桓

071

天哪，偉大的愛情故事啊。

天哪，為了心愛女人拋家捨業啊。

天哪，為了一個女人，置國家的利益於不顧啊。

不管怎樣，公孫敖捲款潛逃到莒國去了。

也不知道是有情人終成眷屬還是公孫敖精誠所至金石為開，總之，公孫敖到莒國找到了莒女，並且莒國參照政治避難國際規則給了他大夫的待遇。從此，公孫敖跟小老婆就在莒國過上了非人的生活。

非人的生活，也就是神仙一般的生活。

捲款潛逃並在國外包二奶的祖師爺就是公孫敖了。

公孫敖事件成為當時的國際事件，同時也成為民間街談巷議的主要話題。

公孫敖私奔之後，魯文公不得不緊急派人前往周王室弔唁並解釋，這個人選毫無疑問只能是東門襄仲。東門襄仲很不願意，他很憤怒：「該死的公孫敖，幹什麼都讓我給他擦屁股。」

東門襄仲到了雒邑，立即發現周襄王的駕崩不是新聞，公孫敖攜款私奔才是新聞，很多人都來向他打聽：「喂，有什麼內幕？透露一下。」「公孫敖私奔，你有什麼感想？」「那個女人真的有那麼騷嗎？」

自古以來，八卦都是人們感興趣的東西。

「該死的公孫敖，老子要沒收你家的封邑，讓你老婆孩子去喝西北風。」東門襄仲咬牙切齒地發誓。

可是，東門襄仲不知道的是，就在他在偉大首都發誓的時候，三桓又召開了一次緊急家長會。之後，三桓找到魯文公，一通成功的忽悠，於是公孫敖的大兒子孟孫谷接替孟孫家家長職位，同時繼承了公孫敖的封邑和司馬職務。

三桓，依然鼎立在魯國權力場中。等東門襄仲回到魯國，黃花菜都涼了，只得接受現實。

在魯國國內，公孫敖的事蹟家喻戶曉，很多人都說：「看人家公孫敖，那麼大個家業都可以捨棄，我們還有什麼捨不得的呢？」

從那之後，私奔在魯國成為一種時尚。

幾千年以後，英國溫莎公爵放棄爵位，與美國寡婦私奔西班牙，真可謂公孫敖轉世。

第一二八章

緋聞引發的謀殺案

　　公孫敖的愛情故事就這樣結束了嗎？我們索性把公孫敖的故事說完。

　　魯文公八年（前619年）公孫敖私奔，到了魯文公十年（前617年），公孫敖在莒國待了兩年，生了兩個兒子。這時候，他想回魯國了。可是，走容易，回來可就難了。往輕裏說，公孫敖算是私奔；往重裏說，他就算叛逃，而且是捲款叛逃。如今要回來，不走走路子，疏通疏通關係，那是絕對不行的。

　　來看看公孫敖是怎麼折騰的。

生命在於折騰

　　公孫敖把想回魯國的事情派人告訴了兒子孟孫谷，孟孫谷雖然對老爹也有意見，但是那畢竟是老爹啊，這總在外面漂著也不是個辦法。於是，孟孫谷去找叔仲惠伯去了。

　　叫上了叔仲惠伯，兩人去找東門襄仲去了。為什麼要找東門襄仲？冤有頭，債有主，只要東門襄仲不反對，誰還得罪這個人？

　　「叔，你看，公孫敖伯父想葉落歸根，可是，沒有您的批准，他不敢回來。您看，就讓他回來吧。」叔仲惠伯向東門襄仲請求。

　　「什麼，他還有臉回來？莒國不是挺好嗎？回來幹什麼？」東門襄仲聽說是公孫敖的事情，勃然大怒，他算是恨死公孫敖了。

　　「叔啊，公孫敖伯父是做得不對，可是再不對，他也是您的堂哥啊。再說了，祖上怎麼教導咱們？親親上恩啊。不就是為了一個女人嗎？公孫敖伯父沒什麼志氣，您不能也跟他一般見識啊。為了一個女人而壞了兄弟情感，這樣的事情您怎麼會做呢？」別說，叔仲惠伯還真有兩把刷子，連說大道理帶拍馬屁，說得東門襄仲直點頭。

「那，女人的事情就算了，捲款潛逃的事情怎麼說？」東門襄仲有點鬆口。

「嗨，不就一點公款嗎？咱們關起門來說話，誰還沒貪污過公款啊？」

「那行吧，讓他回來吧。不過說好了，回來之後只能在家裏老老實實待著，朝廷上沒他的事。」東門襄仲同意了，不過提了個條件：在家養老，官職沒有。

就這樣，公孫敖帶著三奶和兩個小兒子，從莒國回到了偉大祖國。

公孫敖在魯國家裏待了三年，這三年哪裡也沒有去，就在家裏待著了。三年之後，公孫敖又懷念莒國的生活了。某一天早上，公孫敖拾掇拾掇，帶著三奶和兩個小兒子，出門上路。

「爹，你去哪裡？」孟孫谷連忙過來問。

「去莒國。」

「去莒國？為什麼去莒國？」

「我願意。」

「你要想清楚啊。」

「沒什麼好想的。」

就這樣，公孫敖又帶著三奶和兩個孩子移民莒國了。

故事結束了？還差一點。

正所謂生命不息，折騰不止。

如果說第一次移民莒國是叛逃，那麼公孫敖第二次移民莒國就完全是合法的。可問題是，第一次固然是叛逃，那時候公孫敖是魯國的卿，按照政治避難國際規則，他理所當然在莒國享受大夫待遇，有房有車有地。可是第二次不一樣了，他這次的身份就是魯國老百姓，連離休老幹部都不算，這樣的身份到了莒國，那是什麼都沒有，不算你非法移民就算給面子了。

好在公孫敖還有積蓄。但靠著這點積蓄在莒國過日子，那叫一個

不爽。

也就過了一年，公孫敖坐吃山空，眼看著生活水準從豪華奔向小康，再這麼下去，很快就該從小康奔初級階段了。怎麼辦？還能怎麼辦？

公孫敖毅然決然決定回到偉大祖國的懷抱，而偉大祖國張開了偉大的懷抱，東門襄仲再一次同意公孫敖回來。

（伴奏音樂：歸來吧，歸來呦，浪跡天涯的遊子。）

落葉歸根

可是，公孫敖卻再也看不見祖國的油菜花了。就在他準備回國的時候，突發急病死在了齊國。他不是在莒國嗎？怎麼死在了齊國？原來，儘管魯國與莒國相鄰，但是從曲阜到莒國的道路難行，所以通常都要走北線從齊國繞行。

不知道為什麼，聽說公孫敖死了，東門襄仲變卦了，他決定禁止公孫敖的遺體回國。

俗話常說：走著出去，躺著回來。這下可好，躺著回不來了。

古人對死人是很講究的，一個人活著，在哪裡無所謂。但是死了之後一定要千方百計落葉歸根，否則就成了孤魂野鬼，沒有人供奉，就是餓鬼。

人生最痛苦的事情是什麼？人老了，老婆死了。

人生最最痛苦的事情是什麼？人老了，孩子死了。

人生最最最痛苦的事情是什麼？人死了，老婆還年輕，孩子還小。

公孫敖的孤兒寡母守著公孫敖的屍體，痛哭流涕，不知道該怎麼辦。

有人覺得他們可憐，給他們出主意：你們啊，把公孫敖的棺材放到齊魯交界的堂阜去，魯國人一定會把棺材弄回去的。

好主意。

當個人問題搞成國際問題之後，問題往往就容易解決了。

公孫敖的棺材就這樣放在了齊魯邊界。

齊國人在看熱鬧，於是魯國人受不了了。

這個時候，公孫敖的大兒子孟孫谷已經走在了公孫敖的前面，因為孟孫谷的兒子還小，孟家的家長就由公孫敖的二兒子孟孫難接任了。孟孫難的母親就是聲己，聲己恨死了公孫敖，因此孟孫難一開始對父親屍體落葉歸根的事情也睜隻眼閉隻眼。可是，如今父親的屍體成了國際笑話，孟孫難受不了了，於是來到朝廷請求把父親的屍體運回來。東門襄仲一開始不同意，孟孫難就跟他玩坐地泡，你不同意，我就靜坐示威。不僅我一個人靜坐示威，還要讓我全家都來靜坐示威。

眼看事情要鬧成群體性事件了，東門襄仲害怕了。

「去去去吧，怎麼說你爹也是咱們一家人，去把棺材接回來吧。」東門襄仲鬆了口。

當個人事件搞成群體性事件之後，事情往往就容易解決了。

就這樣，公孫敖總算落葉歸根了。基本上，根據「活人的面子可以不給，死人的面子一定要給」的原則，公孫敖的葬禮享受卿一級的待遇。

聲己不肯去見公孫敖的棺材，就在停屍房外面哭了幾嗓子算是敷衍了事。東門襄仲原來也不準備去哭喪，被叔仲惠伯忽悠了一陣，還是去了。

公孫敖的小老婆和兩個小兒子現在就住在了魯國。說起來，魯國人對親情還是很看重，孟孫難對這兩個小弟弟挺關照，很喜歡他們。

多年以後，孟孫難去世，孟孫谷的兒子孟獻子接任家長，對兩個小叔叔也很不錯。但是，後來有謠言說公孫敖的兩個小兒子要害死孟獻子，孟獻子沒有在意，反而兩個小叔叔覺得很不安，於是搬出孟家，當了守門人，後來先後戰死。說起來，公孫敖的兩個小兒子都挺有骨氣。

東門襄仲

在公孫敖死的那一年，齊國發生了大事。什麼大事？齊昭公死了。

昭公死了，就該兒子公子舍繼位。可是，昭公的弟弟公子商人下了毒手，把公子舍給殺了，然後自己當了齊國國君，就是齊懿公。

齊國發生的事情，跟魯國有什麼關係嗎？

通常，齊國發生的事情都跟魯國有關係，因為他們是近鄰加近親。

這一次，跟魯國有什麼關係？

公子舍的老媽子叔姬是魯國人，具體來說，是襄仲的妹妹。

魯國人是比較重親情的，通常，嫁出去的女兒如果死了老公或者老無所養，都會想辦法給接回娘家。現在，子叔姬的老公死了，兒子也被殺了，一個人在齊國孤苦伶仃，怪可憐的。襄仲於是派人去了齊國，請求把子叔姬送回魯國。

齊懿公拒絕了魯國人的請求。

沒辦法，襄仲派人前往王室，請周王出面幫忙。於是，周王派了單伯去齊國協調，誰知道齊懿公動了驢脾氣，把單伯給扣留了，還把子叔姬給抓起來了。

到第二年，齊懿公不知道哪根筋動了，那一天一高興，把單伯給放了，又派人把子叔姬送回了魯國。

子叔姬是弄回來了，可是魯國從此得罪了齊懿公。此後兩年，齊懿公兩次出兵討伐魯國。魯國不是齊國的對手，急忙向晉國求救，那時晉國恰好是趙盾執政，對外政策就是忽悠二字，根本不肯救援魯國。沒辦法，兩次被入侵，魯國都是向齊國賠款了事。

「該死的晉國人，真不是東西。」襄仲大罵晉國人，罵歸罵，也沒有什麼辦法。

「該死的齊國人，真不是東西。」襄仲接著大罵齊國人，他決定要報復齊國人。

機會很快就到了。

魯文公十八年（前 605 年），魯文公薨了。

　　魯文公的太子是公子惡，公子惡還有一個同母弟弟叫公子視。

　　襄仲把叔仲惠伯請來，商量繼承人的事情。為什麼找叔仲惠伯，一來，兩人關係不錯，二來，也能通過叔仲惠伯側面刺探三桓的態度。

　　「叔啊，有什麼好商量？公子惡是嫡長子，他繼位有什麼問題嗎？」叔仲惠伯直接表態，他沒弄懂襄仲是什麼意思。

　　「理是這麼個理，可是事不是這麼個事。你說你姑姑生的那不是嫡長子嗎？啊？憑什麼啊？你姑姑在齊國受到不公平待遇，咱們就該忍氣吞聲嗎？啊？」襄仲的嗓門越來越大，好像還很生氣。

　　「叔啊，我沒弄明白啊。咱們一碼歸一碼行嗎？你說的這兩件事情有什麼聯繫呢？」叔仲惠伯越弄越糊塗了。

　　「你怎麼這麼糊塗呢？我還以為你是最明白的呢。你說，齊國人欺負咱們魯國人，咱們不應該欺負齊國人嗎？」

　　「那，這事情跟齊國人有什麼關係？」

　　「怎麼沒關係？咱們魯國人在齊國生的嫡長子被齊國人殺了，齊國人在魯國生的嫡長子是不是也應該被殺掉？」

　　「噢。」叔仲惠伯恍然大悟，原來，公子惡的母親就是齊國人，說起來，還是齊懿公的姪女。襄仲的意思很明顯，要殺掉公子惡，讓他老娘也承受跟子叔姬同樣的痛苦。「叔啊，這不行啊。齊國人不仁義，咱們不能不仁義啊。再說了，公子惡的老娘是齊國人，公子惡是魯國人啊，咱們這不是殺自己人嗎？」

　　「啊，公子舍不是齊國人嗎？齊國人殺他，我們為什麼不能殺公子惡？」襄仲的邏輯有點怪，可是他就堅持這個邏輯，好像也歪說歪有理。

　　「叔啊，你殺了公子惡，準備讓誰當國君啊？」

　　「公子倭啊。」

　　「噢。」叔仲惠伯現在算是第二次恍然大悟了，他脫口而出：「難道，那個傳說是真的？」

　　什麼傳說？原來，在很多年前，就有一條八卦新聞，說是魯僖公

為自己的兒子向楚國求婚，於是楚成王的女兒嫁到魯國，而派去迎親的就是東門襄仲。楚成王的女兒漂亮得一塌糊塗，東門襄仲又風流倜儻得無堅不摧。於是，兩人在路上就先爽上了，算是東門襄仲替侄子先把了一道關。後來到了魯國，楚成王的女兒就成了魯文公的夫人，可是跟東門襄仲還時不時重溫舊夢。

而這個夫人，就是公子倭的母親頃熊。

說來說去，歸根結底，東門襄仲是要借著給子叔姬報仇的民族情緒，來為自己情婦的兒子謀利益。

民族情緒，歷來就是這樣被利用的。

「原來如此，既然這樣，這是你的家務事，找我商量什麼？」叔仲惠伯說完，拍拍屁股，走了。

緋聞引發的謀殺案

在為了女人而奮不顧身這一點上，東門襄仲並不比公孫敖遜色多少。所以，即便沒人支持，東門襄仲也決定要去做了。

襄仲按照自己的計畫下手了，一切順利。襄仲下手夠狠，一口氣把公子惡和公子視都給殺了，立公子倭為國君，就是魯宣公。

「你回娘家吧，魯國人民不歡迎你。」襄仲也不等齊國來要人，實際上他知道齊國也不會來要人，直接把公子惡的老娘給趕回齊國了。

「該死的東門襄仲，殺了太子立了庶子，真不是個東西啊，我做鬼也不會放過你啊，你八輩祖宗的，嗚嗚嗚嗚……」公子惡的老娘一路哭，一路罵，絕望地回到了齊國。

魯國人很同情公子惡的老娘，稱她為「哀姜」。

立了魯宣公，又趕走了哀姜，東門襄仲的心情是相當的好。

可是，流言起來了，或者說緋聞起來了，緋聞的大致內容就是：東門襄仲跟宣公的老娘搞婚外戀，宣公可能就是他們的私生子。

東門襄仲並不知道這是地球人都知道的事情，他認定了這是叔仲

惠伯散佈出去的。

「該死的叔仲惠伯，我那些事他都清楚，要是四處給我散播，我的名聲不就都毀了？不行，我要想辦法。」東門襄仲很惱火，魯國人是很在乎面子和名聲的。

想什麼辦法？自古以來，有兩個字是總被用到的：滅口。

所以，很多事情，知道得越少越好。

東門襄仲派人去請叔仲惠伯，說是宣公有事情找他商量。

叔仲惠伯想都沒想，接受了邀請，可是，家裏的總管公冉務人來勸他了：「惠伯啊，我看不能去。最近關於東門襄仲和太后之間的緋聞很多，我聽說東門襄仲認定都是你散佈的，這次無緣無故來請你，我看危險。」

「不會吧？是國君請我啊。」惠伯不以為意。他絲毫不懷疑東門襄仲，怎麼說，大家都是親戚啊，而且平時關係也不錯。

「如果真是國君請你，不去也得去了。可是，這分明不是國君請你啊。」

「這個，你太多疑了。」

叔仲惠伯最終還是去了宮裏。

襄仲在宮裏殺死了叔仲惠伯，然後把他的屍體藏在馬糞裏運出宮去。

第二天，叔仲惠伯的屍體被發現。當天，公冉務人帶著叔仲惠伯一家老小逃往蔡國避難。

三桓的反擊

三桓家長會再次召開，還是緊急會議。

與會者是孟孫難、叔孫得臣和季文子，家長會的議題只有一個：叔仲惠伯被害，我們怎麼辦？

「兩位兄弟，惠伯無辜被害，全家逃亡。我們身為他的兄長，不能

坐視不管。據我所知，惠伯是在宮中被害的，害他的就是東門襄仲。惠伯被害，就是在向我們三桓挑戰。兩位，我們該怎麼辦？」孟孫叔難率先開口，這裏他的歲數最大。

「我看，我們三家聯合出兵討伐東門襄仲。」叔孫得臣與叔仲惠伯的關係最近，因此也最激進。

「行父，你看呢？」孟孫難問季文子。他本來是個謹慎的人，不過在父親的事情上，與東門襄仲之間有些積怨。

季文子想了想，說：「兩位哥哥，這件事情我看不要魯莽。惠伯在宮中被害，顯然不是東門襄仲一個人能做到的，必然牽涉到國君。貿然出兵，情理上說不過去。我看，我們一面加強戒備，料東門襄仲也沒有膽量對抗我們三家。另一方面，把惠伯一家接回來，看東門襄仲有什麼動作，再作決定。」

現在，在共同對付東門襄仲這件事情上，三桓高度一致。不過在策略上，季文子要謹慎一些。

「好，照你說的辦。」孟孫難決定。

叔仲惠伯一家從蔡國被接了回來，非常高調地接了回來。三桓就是要給東門襄仲看看，要想對著幹，放馬過來。

東門襄仲怎麼辦？老實了。通過公孫敖的事情，再通過這一次三桓的堅決迅速的反應，他看清楚了，三桓是異常團結的。

東門襄仲親自前往叔仲惠伯家中，代表魯宣公進行慰問，同時宣佈叔仲惠伯的兒子繼承父親的一切待遇。

「孩子，我們一定會查處兇手，給你爹一個說法的。」襄仲假惺惺地表示。其實，人人都知道兇手就是他。

東門襄仲服了軟，三桓家族算是放過了他。但是，三桓家族間的關係變得更加緊密起來，與東門襄仲甚至魯宣公之間的對立公開化了。

「只要東門襄仲和魯宣公支援的，就是我們反對的。」三桓確定了這樣的鬥爭原則。

第一二九章
賣國者東門襄仲

　　魯宣公登基的當年，魯國的鄰國莒國發生了政變。原來，莒紀公已經有了太子公子僕，後來又想廢掉公子僕而立公子季佗。結果公子僕殺了父親，帶著莒國的財寶前來魯國投靠，把財寶都獻給了魯宣公。

　　魯宣公非常高興，無緣無故得到這麼多財寶，誰不高興？他決定給公子僕大夫的待遇。

　　「給公子僕一個城邑，今天就給他。」魯宣公向季文子下了命令。這事情屬於季文子的工作範圍。

　　季文子也沒回答，扭頭走了。

　　回到家裏，季文子把司寇叫來了。司寇是幹什麼的？最高法院院長。

　　「去，把公子僕驅逐出境，立即執行。」季文子下令。

　　當天，公子僕被驅逐出境。

　　「流氓啊，流氓國家啊。收了我的財寶，還把我趕走，什麼東西啊。該死的魯宣公，我問候你八輩祖宗。」公子僕一路哭，一路罵，把賬都算在了魯宣公身上。

三桓的報復

　　魯宣公很惱火，太沒面子了。被罵是其次，關鍵是自己的命令被當成了放屁。

　　惱火歸惱火，宣公不敢來硬的，於是，派人去責問季文子為什麼公然與他作對。

　　「太史公啊，麻煩你去幫我解釋一下。」季文子都懶得去見魯宣公，把魯國太史里革給派去了。

　　看看，太史都成了三桓的人，魯宣公還怎麼混？

於是，太史里革就代表季文子來解釋這件事情了。

里革是魯國最有學問的人了，一旦開口，嘴裏的聖賢語錄就像長江之水滔滔不絕。

「先大夫臧文仲教行父事君之禮……今行父雖未獲一吉人，去一凶矣……」里革的嘴皮子一動，兩個時辰過去了。

首先，里革告訴魯宣公，季文子的做法都是臧文仲當年教的。隨後，引經據典，從堯舜說到周公，說明公子僕罪有應得，影射魯宣公包庇罪犯。最後表揚季文子「雖然沒有獲得什麼賢人，但是至少驅逐了一個壞人」。

兩個時辰過去，魯宣公的臉一陣紅一陣白。本來是要給季文子難看，如今反而被訓斥一通。

「叔啊，打住吧，我知道錯了。下回再有這種事情，財寶不要給我，直接給季孫家送去，看他怎麼辦吧，唉。」魯宣公服了，他知道季文子是在報復自己，可是自己沒有辦法。

下馬威。魯宣公剛剛登上寶座，就被季文子來了一個下馬威。

這一段故事見於《左傳》，《國語》中也有，名叫「里革更書」，不過兩段故事不盡相同。

三桓，從這個時候開始，已經可以公然對抗公室了。

這一年，是魯文公十八年，也就是西元前 609 年。

事實證明，襄仲在權力鬥爭這方面並不高明。他殺了叔仲惠伯，從而引起公憤，讓政敵們更加緊密地團結在了一起。

在這一點上，東門襄仲殺叔仲惠伯很像當年郤家害死伯宗一樣。

賣國

眼看著三桓咄咄逼人，越來越不把自己和魯宣公放在眼裏，東門襄仲坐不住了。要跟三桓徹底翻臉，自己還沒這個底氣；可是就這麼忍著，也不是個事。怎麼辦？東門襄仲苦思冥想，終於想到了一個辦法，於是來找魯宣公商量。

「主公，三桓是越來越囂張了，咱們怎麼對付他們呢？」東門襄仲先提出問題。

「那，是啊，怎、怎麼對付他們？」魯宣公也正愁呢。

「我倒有個主意……」東門襄仲開始解答問題。

「說說。」

「就憑咱們，要對付三桓確實有點難，可是，咱們可以找外援啊，咱們只要有齊國撐腰，還怕他們嗎？」原來，東門襄仲想借助齊國的力量。

「那，那怕是不行吧，咱們殺了我哥哥，不是得罪了他們？」

「怕什麼？俗話說，有錢能使鬼推磨啊。咱們把濟水之西的土地割讓給他們，還怕他們不支持咱們？」

「那，那不成了賣國了？」

「賣國怕什麼，該賣的時候就得賣啊。」

「可，可是那是我的土地啊。」

「這不是廢話嗎？別人的土地你也賣不了啊。賣國也是要講資格的，不是人人都賣得了的。」

「那，那，那沒有別的辦法了嗎？」

「賣國，你還能安心當你的國君；不賣國，說不清哪天就當不成國君了，就亡國了。要麼賣國，要麼亡國，你選哪個？」

「那，那還是賣國吧。」魯宣公權衡利弊，同意了。

歷來，賣國都是有理由的。

歷來，賣國也都是不需要理由的。需要什麼？資格。

又要賣國，又不能引起三桓的警覺，怎麼辦？東門襄仲想了一個辦法。

他首先派人去齊國求親，然後堂而皇之地去齊國迎親，這樣，三桓就不會認為他到齊國去是為了賣國了。這招也虧東門襄仲想得出來，一個五六十歲的老頭了，還要去求親。

東門襄仲的辦法很順利地實行了，魯宣西元年春天，東門襄仲親

自前往齊國迎親，新夫人是齊國公族。

到了齊國，東門襄仲沒有直接去老丈人家迎親，而是奔向了高家。他知道，眼下高固在齊國最有權勢，找他比找齊惠公要好。

兩人相見，寒暄之後，東門襄仲直接進入正題。首先說明國內三桓橫行，國君危殆，希望能夠得到齊國的支持；之後表示，可以把濟水之西的土地無償割讓給齊國。

高固原本還想說說哀姜的事情，敲詐東門襄仲點什麼，如今不用他說，東門襄仲自己給送了大禮。高固心裏高興，不過，不能表現出來。既然東門襄仲自己伸脖子上來挨宰，不宰白不宰。

「嘿嘿，東門兄啊，你說的事情我一定給你全力去辦。可是，你知道，這年頭好人難做啊。這件事情就算我沒有得好處，人家也會說我從中吃回扣了。所以啊，不如真的弄點好處。你說濟水之西的土地給齊國，可是我得不到啊。唉，說實在的，我能得點什麼？」高固也沒客氣，直截了當要索賄。

「這個，這個……」東門襄仲當時有點傻眼，他就沒想到賣國也沒這麼簡單。他是帶了點財寶過來，可是那是給老丈人準備的，要給高固，他還真捨不得。

好在高固看中的也不是他的財寶。

「你看，讓你這麼為難，那算了吧，濟西的土地我們也不要了，該幫的忙我還照幫，好不好？那什麼，我今天挺忙——」高固說著話，似乎要送客了。

「別急別急，我正想呢。你看，我就帶了些迎親的彩禮。要不，都給你？」東門襄仲豁出去了。

「那，那怎麼行？那你在老丈人面前不是很丟人？況且，我也不缺錢呢。」高固拒絕。

「那，那你要什麼，直說吧。」

「我聽說貴國國君的妹妹非常漂亮，正好我老婆死了，嘿嘿，咱們再結一門親事怎樣？」高固笑嘻嘻地說。原來他看上了魯宣公的妹妹。

「可是，她歲數還小啊。」

「沒關係，我等啊。」

「那好，成交。」

別以為賣國就容易，賣國通常都要搭上賄賂，財產的或者性的。

隨後不久，魯宣公前往齊國拜會齊惠公，正式割讓濟水以西。

「該死的賣國賊！」三桓氣得牙癢癢，魯國人民也都很氣憤。

打擊賣國者

有了齊國撐腰，魯宣公和東門襄仲的腰杆子硬了許多，不僅在三桓面前底氣足了，就是對盟主晉國也怠慢起來。

到宣公三年夏天的時候，晉靈公被趙盾所殺，晉成公繼位。按理，盟主國的君主繼位，如果魯國不是國君親自前往祝賀的話，也要派人前往。可是，魯宣公自己不肯去，因為自己上任之後就沒跟晉國打過交道，晉國對自己肯定很惱火，到時候去了被扣押了怎麼辦？

魯宣公不去，按理就該東門襄仲去，東門襄仲更不敢去，他知道趙盾心黑手狠，自己去了能不能活著回來還是個問題。

魯宣公和東門襄仲不都敢去，那麼就該三桓去了。問題是，魯宣公和東門襄仲又擔心三桓去了跟晉國人達成聯盟，那不是更糟糕？

「誰也不去了！」魯宣公最後下令。

三桓本身就對魯宣公和東門襄仲跟齊國人勾搭不滿，如今該去晉國也不去，三桓都感到很憤怒。他們看出來了，魯宣公和東門襄仲是在處心積慮對付他們。

「看來不給他們點顏色看是不行了。」三桓商量，他們決定要有所表示了。

魯宣公喜歡吃魚，常常派人出去打魚。這一天打魚的人哭喪著臉就回來了。

「魚呢？」魯莊公問。

「別提了，魚沒打著，連漁網也沒了。」

「啊？遇上鱷魚了？」

「不是，漁網被人剪爛了。」

「敢剪我的漁網！膽兒肥了？遇上強盜了？」

「不是，是季文子的人剪的。」

「又是這個王八蛋，欺人太甚！」魯宣公氣得差點吐血，一拍桌子站起來，就想出兵攻打季文子，可是想了想，還是坐了下來。

「來人，把季文子給我找來，我要當面質問他。」

季文子來了嗎？

季文子又把里革派來了。

「主公，漁網的事是嗎？這事啊，不怪季文子，怪您啊。」里革沒等魯宣公提問，先說了。

魯宣公一看又是這位老先生，當時就軟了。為什麼？里革是太史，自己惹不起。而且里革說出話來一套一套，道理不道理無所謂，聽也把你聽暈了。

果不其然，里革開始長篇大論，從上古時期開始說起，縱論打魚與季節的關係，說來說去，最後的結論就是：這個季節正是母魚懷孕產卵的季節，你卻屠殺孕婦，斷了魚的後代，你缺德不缺德？

魯宣公聽得一愣一愣，好不容易里革說完了，魯宣公連忙說了：「吾過而里革匡我，不亦善乎！是良罟也，為我得法。使有司藏之，使吾無忘諗。」（《國語》）什麼意思？即您老人家是在幫我改正錯誤啊，那漁網剪得好，剪得及時，讓我懂得很多道理，我要派人去把爛漁網收回來，收藏起來，讓我時刻警醒。

得，低頭認錯了。

這一段，見於《國語·魯語·里革斷罟匡君》。

到這個時候，魯宣公和東門襄仲感覺恐慌了。弄來弄去，還是幹不過三桓。怎麼辦？進一步鞏固與齊國的關係。

魯宣公五年春，魯宣公在東門襄仲的陪同下再次訪問齊國，高固趁機求親，獲得魯宣公的認可。

到了秋天，高固親自來到魯國迎親，算是給魯宣公撐面子。冬

季，高固再次來到魯國，將當初老婆出嫁時候所用的娘家的馬匹車輛送回來，這叫「反馬之禮」。

別說，魯宣公的一系列動作很奏效，三桓老實了很多。魯宣公特地從齊國進口了新漁網去打魚，季文子也不剪網了，里革也不來說「你缺德不缺德」了。

賣國者之死

可是，好日子總是很容易到頭的，就如壞日子總是望不到頭。

魯宣公和東門襄仲僅僅過了一年多的舒心日子，好日子就到頭了。

魯宣公七年冬天，晉國召開盟會。

從前裝聾作啞還行，盟會來了，邀請函送到了，再裝聾作啞可就不行了。怎麼辦？魯宣公硬著頭皮，去了晉國。叫東門襄仲陪同，東門襄仲說痔瘡犯了，走一步就滿屁股血，哪也不能去。叫三桓陪同，三桓說了，「早年我們要求去，不讓我們去；如今讓我們去，嘿嘿，沒門」。

沒辦法，魯宣公就這麼去了。

這時候，正好是郤缺剛上任。

「魯國人來了？當初我們國君登基，他們連個屁都沒有，好意思來？別參加盟會了。」郤缺夠狠，不僅不讓魯宣公參加盟會，還給軟禁起來了。

魯宣公被扣，魯國國內可就熱鬧了。三桓趁機發起反擊，四處散佈「這是魯國外交政策的全面失敗」，「東門襄仲必須為此承擔全部責任」一類的言論。

一時之間，東門襄仲成了過街老鼠。魯國人說誰沒有頭腦都不說笨或者傻了，直接說「你這人真東門襄仲」。

魯宣公直到第二年的春天才被放回來，回到魯國。魯宣公鬆了一口氣，但是回到宮裏的時候，他大吃一驚，因為人們都穿著喪服。

「啊,誰死了?」魯宣公忙問。

「嗚嗚……太后昨天薨了。嗚嗚……」原來,宣公的老娘沒了。

「啊,這,快請東門襄仲來。」魯宣公有點沒主意,趕緊請東門襄仲。

「東門襄仲也卒了,跟太后一天。」

得,一天之內,魯宣公失去了最信任的東門襄仲和最親的老娘。

東門襄仲是怎麼死的?

一種說法是鬱悶而死,另一種說法是東門襄仲和太后在偷情的時候屋裏燒著火,但是由於柴太濕以至於煙霧太多,於是兩人被雙雙熏死。

這樣說來,由於偷情而被熏死的祖師爺就是東門襄仲和魯宣公的老娘了。

不管怎樣,東門襄仲死了。

於是,東門襄仲的兒子公孫歸父接替了父親的職位。

繼續鬥爭

現在,鬥爭從上一代傳到了下一代。

基本上,現在魯國分為兩派。魯宣公和公孫歸父是親齊派,三桓是親晉派。

魯宣公十年,魯宣公前往齊國進行國事訪問。齊國這時候正想要跟晉國爭奪北方的領導權,因此齊惠公特地作個姿態,將濟西的土地還給了魯國。正因為有了這個成果,三桓這次無話可說。

魯宣公十二年,晉楚第二場大戰,也就是邲之戰爆發,晉國大敗。

公孫歸父從中看到了機會,什麼機會?剷除三桓。

宣公十四年,公孫歸父前往齊國訪問。

在齊國,公孫歸父先後會見了齊頃公(惠公已經鞠躬盡瘁)和大夫晏弱,很遺憾高固這段時間得了腸炎,上吐下瀉而且總是不好,因此,公孫歸父始終沒有見到高固,自己的計畫也就無從向高固談起。

無功而返。

三桓不是傻瓜。公孫歸父聯絡齊國人去了，而晉國新敗，無法指望，怎麼辦？三桓一商量，楚軍正在圍攻宋國，乾脆跟楚國人拉拉關係。

此時，孟孫難和叔孫得臣都已經鞠躬盡瘁，孟孫谷的兒子孟獻子和叔孫得臣的兒子叔孫僑如（就是宣伯）接掌兩家。

「叔，咱們怎麼辦？」孟獻子和宣伯向季文子請示。

「怎麼辦？他們找外援，咱們也找外援。」季文子說得很堅決。

「找哪個國家？」

「楚國。楚王正在宋國呢，我們可以去見見他。」

於是，孟獻子來找魯宣公了。

「主公，我聽說小國要免於被大國問罪，就要主動去朝見他們，賄賂他們。如果等到他們來問罪，那時候再獻寶可就來不及了。如今楚國在進攻宋國，屁股歪一歪就能歪到魯國來，咱們還是趕緊主動去朝見吧。」孟獻子提出來要去朝見楚莊王。

「好啊好啊，說得對啊。」魯宣公很高興，他也覺得這個主意很正。

接下來，按照規矩，誰出的主意，就派誰去。孟獻子就等著魯宣公給分派任務了，可是魯宣公不傻，他知道三桓在打什麼算盤。

「好主意啊，我這就派公孫歸父走一趟。」魯宣公說。

孟獻子有些傻眼，費了半天功夫，合著是為別人做了嫁衣裳。

結果，公孫歸父去了宋國朝見楚莊王，楚莊王當然很客氣。回到魯國，公孫歸父大肆渲染，說楚莊王盛情接待，請求與魯國結成戰略合作夥伴關係，並且會派人來學習周禮，等等。總之，反正沒人看見，可以盡情地忽悠。三桓聽得後背冒汗，不知道公孫歸父究竟得到了楚莊王什麼樣的支持。

這下，魯宣公和公孫歸父更牛了，底氣更足了。

第一三〇章
三桓的勝利

「該死的三桓，咱們現在要加大打擊力度了。」有了齊國和楚國的支持，公孫歸父自信滿滿，他要為自己的父親出一口惡氣。

「怎麼整？」魯宣公也覺得可以羞辱三桓一把，也把心頭的惡氣出一出。

公孫歸父早已經有了一套成熟的想法，而他不知道的是，他的這套想法會衍生成歷史上的一個重大事件，並且改變歷史的進程。

「主公，三桓占了魯國一大半的土地。這還不說，他們還有大量的私田，這些私田他們是不上稅的，結果他們現在比主公還有錢了。我看，咱們要頒佈法令，管他私田公田，咱們按田收稅。」這就是公孫歸父的主意。

不要小看了這個主意。

初稅畝

按照周朝的規矩，土地是國有制的，也就是所有土地都歸周王。後來事實上諸侯的土地都歸了諸侯，成了集體所有制。但是現在產生了兩個問題。

第一個問題，按照周朝的規定，公田裏每十畝中就有一畝的收成要上繳國庫，這一畝的位置是固定的，其餘的部分屬於擁有這些土地的大夫和他們所雇的農民。問題是，要上繳國庫的這畝地越種越差，產量遠遠低於其他的地塊。直接結果就是，公室的糧食收入越來越少。

第二個問題，除了公田，還有大量的新開墾的農田屬於私田，這些私田大部分屬於貴族們，根本不用交稅。

三桓家族就擁有大量的私田，這些田沒有稅收給國家，但是三桓收租。其實不僅魯國，各國都存在這樣的情況。其結果就是國家越來

越窮，卿大夫們越來越富。

「這，這個——如果這樣的話，豈不是公田和私田一樣了？豈不是等於承認了私田的合法地位？」魯宣公有點猶豫，祖上留下來的規矩，不敢說改就改啊。

「主公，管那些幹什麼？只要打擊了三桓，主公您有好處，為什麼不做呢？」公孫歸父倒是個實用主義者。

「好，幹！」魯宣公下定了決心。

《左傳》記載：魯宣公十五年（前594年），初稅畝。

魯國農業稅收改革，不再劃分公田私田，所有土地一律按十分之一的份額交稅。

按現在的解釋，初稅畝等於宣佈了土地私有化。這究竟是不是土地私有化的象徵且不去說，但是有一點可以肯定，在魯國初稅畝之後，各國諸侯紛紛效仿。

公孫歸父的陰謀

三桓最近的日子有些鬱悶，除了剪了魯宣公的一張漁網之外，其餘任何實惠都沒有，反而被「初稅畝」了，眼睜睜看著魯宣公從自己這裏搶走大筆的稅收。

怎麼辦？三桓再次召開家長會，最後得出一個結論：忍。

人家魯宣公和公孫歸父現在有齊國和楚國做後盾，惹不起啊，不忍怎麼辦？

三桓沒脾氣了，魯宣公和公孫歸父的脾氣就越來越大了。

魯宣公十八年，公孫歸父覺得動手的機會到了。

「主公，依我看，現在是機會下手了。」

「什麼機會？」

「剷除三桓。」

「啊，剷除？咱實力不夠啊。別看你說的跟齊國楚國關係怎麼樣，那都是虛的啊。別人不知道，咱自己不知道嗎？忽悠別人行了，別把

自己也忽悠了啊。」魯宣公苦笑著說。雖然這一段時間有點揚眉吐氣的感覺，可是心裏還是發虛。

「怕什麼？我去聯絡楚國人，讓楚國人幫忙。」

「楚國人？不行不行，引狼入室啊。三桓固然可惡，可是還是一家人啊，楚國人要是來了，咱們亡國的可能都有啊，不行不行不行。」魯宣公當即否決。

「別啊，主公你是不瞭解楚莊王，莊王這個人很厚道。你看看，陳國本來都亡國了，人家都給恢復了，再看看宋國和鄭國，人家楚王不也都原諒了？主公你放一百個心吧。」

魯宣公一聽，再一想，別說，公孫歸父說得很對，楚國是個可以信賴的國家。

「那，那你要是去楚國，三桓肯定起疑心，說不定等你回來，我都變遺體了。」

「主公不要擔心，我們就說是聯絡楚國人進攻齊國，騙過三桓。」

「那好，就這麼定了。」

三桓，危在旦夕。

謀事在人，成事在天。

這是一句偉大的格言，因為它很正確。

魯宣公十八年夏天，公孫歸父來到楚國，朝見楚莊王之後就開始忽悠，基本上就是控訴三桓如何在魯宣公的腦袋上拉屎，三桓就是三個鬥越椒，魯宣公想學習楚莊王的忍的精神，可是忍了這麼多年，由於沒有莊王的膽略，至今還在被三桓欺負，因此請求楚莊王主持正義，替魯國剷除三桓。

楚莊王原本對於戰爭已經沒有興趣，不過還是被公孫歸父忽悠得雲裏霧裏。

「既然如此，我們在秋收之後出兵。」楚莊王答應了。

東門家族

魯宣公和公孫歸父開始做準備了，隱隱然，魯宣公覺得自己就是魯國的楚莊王了。

三桓聽到了一些風聲，他們很恐懼。有什麼辦法嗎？什麼辦法也沒有。季文子召集了幾次家長會，也是沒有結果。

從夏天到秋天是很快的，到了秋天，從楚國傳來一個消息。好消息，也是壞消息，看對於誰來說。

「楚莊王死了。」全世界都知道了這個消息。

三桓設宴三天，大肆慶祝。

魯宣公和公孫歸父哭了三天，好像自己的父母死了一樣。

「傻眼了吧？哈哈哈哈。」三桓在慶祝之餘，開始謀劃反擊了。

「怎麼辦？」魯宣公和公孫歸父也開始討論對策。他們知道這個時候已經沒有退路了。討論的結果就是：請晉國人幫忙。

「咱們跟晉國人的關係一般般啊，晉國人會幫忙嗎？」魯宣公很擔心，還有一句話他沒說，那就是自己跟楚國人眉來眼去，晉國人恐怕很生氣吧。

「沒辦法了，死馬當做活馬醫吧。」公孫歸父也只能這樣回答了。

秋收還沒有結束，公孫歸父上路去了晉國。

晉國這時候誰掌權？郤克。

郤克與士會的最大區別是：士會說話很客氣，就算拒絕你，也會很委婉；郤克說話很不客氣，如果拒絕你，一定會用最嚴厲的口氣。

「你還好意思來？楚國人不是對你很好嗎？啊？你來幹什麼？替楚國人刺探情報？告訴你，晉國不歡迎你，晉國人民不歡迎你。趁我還沒有想清楚是不是要扣留你之前，給我消失掉。」郤克看見公孫歸父就氣不打一處來，一通臭罵，把公孫歸父罵了出來。

公孫歸父灰溜溜地從晉國回國，走到宋國的時候，傳來了一個噩耗：魯宣公薨了。

「壞事了。」公孫歸父暗自叫苦，這個節骨眼上，魯宣公薨了，自

己又在外面，魯國不是成了三桓的天下？

確實壞事了。

自從公孫歸父去了晉國，三桓就開始行動了，世界上沒有人會坐以待斃。

魯宣公膽戰心驚，從前還有公孫歸父給壯膽，如今公孫歸父也不在，自己隨時可能被三桓幹掉。另一方面，魯宣公對公孫歸父去晉國不抱希望，本來晉國人就不喜歡他們，再加上現在是郤克執政，這個刻薄的傢伙是最記仇的，他能給公孫歸父什麼好臉？

魯宣公天天晚上做噩夢，幾天時間瘦了十幾斤。終於，在一個沒有月亮的晚上，薨了。

三桓彈冠相慶，相約來到朝廷。

按規矩，由六卿決定誰來繼位，公孫歸父不在，於是三桓和臧宣叔、子叔聲伯（公孫嬰齊，宣公的侄子）一道宣佈太子繼位，就是魯成公。

大事商量妥當，三桓就開始發難了。

「各位，當年東門襄仲廢嫡立庶，結果導致諸侯都瞧不起我們，晉國人因此與我們疏遠，這些都是東門襄仲的責任。之後，東門襄仲還賣國求榮，把汶西的土地割給了齊國人。再後來，公孫歸父千方百計挑撥我們和宣公的關係，跟楚國打得火熱。各位，新賬老賬要算個總賬，大家說怎麼辦吧？」季文子輩分高資格老，說話也沒客氣。

孟獻子和宣伯雙雙響應，要求嚴懲東門家族；聲伯沒話可說，他也不喜歡公孫歸父，可是也不願意落井下石。

「老臧，你的意見呢？」宣伯問。有些威逼的味道。

「哼，既然你們要剷除他們，我還有什麼好說？把他們全家驅逐出境就是了。」臧宣叔說。他為公孫歸父不平，但是他也知道驅逐東門家族總比滅門要好。

當天，司寇臧宣叔宣佈：東門家族為不受歡迎的家族，立即驅逐出境。

東門家族被驅逐到了齊國。

公孫歸父在路上得知噩耗，痛哭一場，前往齊國避難去了。

機關算盡，最終落得個流落異鄉。

在這場生死存亡的鬥爭中，三桓取得了最後的勝利。

兩面討好

公孫歸父的逃走，意味著魯國的政治格局重新劃分。

聲伯接替了公孫歸父的位置，實際上代表公室。三桓的地位進一步鞏固，季文子在朝廷中的作用進一步加大。魯成公儘管也對三桓存有戒心，但是看見父親和公孫歸父的下場，他決定還是以和為貴。

親晉派的三桓得勢之後，魯國外交政策必然地進行了修正，從魯宣公時期的投齊聯楚修正為全面投靠晉國。魯成西元年，魯國派出臧宣叔前往晉國，修復與晉國的關係，與晉國結盟。

魯國外交政策的變化直接導致齊國和楚國對魯國的不滿，之後，齊國進攻魯國並奪取汶陽，魯國向晉國求援，晉國郤克領軍出兵援魯抗齊，於是就有了晉齊鞌之戰（見第三部第一一三章），魯國奪回汶陽。

當世界上有兩個老大的時候，世界人民就很難有安生日子過了。

投靠了晉老大，楚老大就很生氣。

鞌之戰剛剛結束，晉軍收兵回朝抱老婆去了，這邊楚老大出動了，子重領軍。根據老大儘量不打老大的國際事務原則，楚軍先是攻打衛國，隨後屁股歪一歪，移師魯國的蜀地，要找魯國出氣。

晉老大走了，楚老大來了，魯國人慌了。

緊急內閣會議。

「各位，怎麼辦？怎麼辦？」魯成公沒主意。

「趕緊找晉老大來幫忙吧。」臧宣叔建議。聽口氣，就帶著嘲諷，他是親齊派，很討厭晉國人。

「老臧，你太不耿直了，明知道晉國人剛走，不可能來救我們。」

宣伯回了一句。他知道晉國人的德行，所以隨後加了一句：「超級大國都是紙老虎。」

晉老大很顯然是靠不住的，那麼就只剩下一條路可走了：向楚國人求和。

「宣叔啊，要不，您辛苦一趟，走一趟楚軍大營？」魯成公也看清了形勢。

「別急，楚國人已經出來很久了，我們不去他們也要撤軍了。如今讓我去輕而易舉得到這個功勞，嘿嘿，我可不敢。」臧宣叔剛才被宣伯搶白，此時翻翻白眼，拒絕接受這個任務。

魯成公乾瞪眼，這裏人人都能不尿他。

說起來，孟獻子這個人很實在，看魯成公下不來台，臧宣叔和宣伯又互不買賬，他挺身而出了。

「這樣，我去吧，算我撿個功勞。不過，楚國人是很貪的，我不能空手而去。」孟獻子主動提出要去楚軍大營。

就這樣，孟獻子去了楚軍大營求和。

其實，楚國人也並不一定要打魯國，他們是要這個面子，你晉國打了我的盟友齊國，我就打你的盟國。

孟獻子帶著玉器珠寶前去求和，子重很爽快地答應了，不僅答應了，而且不收珠寶。楚國人高風亮節？才不是。

「珠寶你們拿回去，我們不缺這個，你們給我們木工、裁縫、織工各一百人就行了。另外，派個公子去我們那裏做人質。」子重看重的是人，技術工人，楚國最需要的就是技術工人。

無可奈何，第二天，魯國如數送上楚國要求的技術工人以及魯成公的弟弟公子公衡作為人質。

這就行了？不行。

楚國人隨後在蜀地召開盟會，楚國子重、齊國晏弱、宋國華元、衛國孫良夫、鄭國的公子去疾、陳國的公孫寧、蔡景公、許靈公參加盟會。因為是在魯國的地盤上，魯成公只得親自出席。

可以說，除了晉國，全世界都參加了這次盟會，而晉國睜隻眼閉隻眼，假裝不知道。

新外交政策

魯國現在開始檢討自己的外交政策，既然晉國靠不住，是不是應該投靠楚國呢？

內閣會議。

「該死的晉國人靠不住，是不是我們乾脆投靠該死的楚國人？」魯成公開門見山，提出議案。

「切！」所有人反對。魯成公弄個大紅臉。

對於魯國人來說，對於周公的後代們來說，如果不是萬不得已，他們甚至都不願意跟楚國人打交道，當然更不可能投靠他們。

「晉國人靠不住，楚國人就能靠得住？」孟獻子反問了一句。

「不怕殺錯人，就怕站錯隊啊，各位，要好好商量一下。」季文子說話了。他輩分最高，適合於總結發言。

臧宣叔咳嗽了兩聲，發言了：「我認為，我們應該採取平衡政策，在齊國、晉國和楚國之間保持相同的距離。這樣，就誰都不得罪。」

「我反對，誰也不得罪就是誰都得罪。」宣伯表態了。所有人中，他是最死硬的親晉派。

「我也反對，我們是弱國，不是我們想不站隊就能不站隊。」孟獻子發言。他比較厚道。

三桓中的兩桓都表示了反對，不過把總結性表態留給了季文子。

於是，季文子說話了：「制定外交政策，首先要弄明白誰是我們的敵人，然後才能確定誰是我們的朋友。楚國和晉國雖然強大，雖然蠻橫，可是他們離我們都很遠，都不接壤，他們並不是我們的敵人。我們的敵人是誰？俗話說：遠親不如近鄰，近鄰才是敵人。我們的鄰國之中，齊國比我們強，動不動找我們練兵，動不動來搶地搶人。這麼說吧，亡我之心不死。毫無疑問，齊國才是我們的敵人。」

說到這裏，季文子特地看了臧宣叔一眼，意思是你連誰是敵人都沒弄明白，瞎發言幹什麼？

喝了一口水，季文子繼續說。

「下面看看我們該站在哪個隊。如果站在楚國這個隊的話，一旦齊國人入侵我國，我們就要向楚國求援，可是楚國並不挨著齊國，他們無法攻擊齊國。如果要攻擊齊國，就勢必穿過我國，與齊國交手。夥計們，讓楚國人出入我國腹心，是不是等於引狼入室？啊？再來看看晉國，一旦齊國人入侵我國，我們向晉國人求援，晉國軍隊很快就能穿過衛國進攻齊國，一來距離近，二來不會穿越我國，我們不必承擔風險。鞍之戰，就是現成的例子。夥計們，站哪個隊，我就不說了，大家看吧。」

季文子的一番分析入情入理，無可辯駁，就連臧宣叔也頻頻點頭。

大家還看什麼？什麼也不用看了。

「好，投靠晉國人，散會。」魯成公宣佈。

魯國人的新外交政策確定了。

關於季文子，這裏順便說說。

季文子是個很謙恭很溫和的人，考慮事情也很周到。人們都說，季文子身上有他爺爺季友的影子。

季文子第一次出使是去晉國，那時候他只有二十歲，沒有經驗。在出使之前，季文子狠狠地學了一段時間，各種禮儀都學完了，以免在國外出醜。

臨行前，他又特地向主管喪禮的官員打聽諸侯喪禮的規矩。

「問這幹什麼？」官員問他。

「萬一用上了呢，到時候再學可就來不及了。」季文子回答。原來，他聽說晉襄公身體不太好。

正因為季文子在出發前做了準備，在他抵達晉國之後，恰好趕上晉襄公去世。結果，季文子的表現十分規矩，連晉國人都要向他討教。

季文子表面上很傷心，心裏很高興，為自己的先見之明而高興。

後來，魯文公又派了東門襄仲來晉國，與季文子一起參加了晉襄公的葬禮。

　　「嗨，魯國人，不愧是禮儀之邦啊。」晉國人感慨，卻不知道魯國人其實也是現學現用的。

第一三一章

擦掉一切陪你睡

外交政策確定之後，相應的行動就都順理成章了。

魯成公三年（前 588 年），魯國參加晉國組織的聯軍進攻鄭國；隨後，魯成公前往晉國，對於晉國幫助他們奪回汶陽表示感謝。年底，晉國的下軍佐荀庚到魯國訪問，同時衛國的上卿孫林父也來魯國訪問。於是，面臨一個問題：誰排位在前？

「荀庚是晉國的下卿，孫林父是衛國的上卿，誰該在前面行禮呢？」魯成公問大家。這不僅僅是個禮儀的問題。

「大國、次國、小國，三種國家的級別是分別差一級的。晉國是大國，衛國是小國，所以衛國的上卿也就相當於晉國的下卿。再加上晉國是盟主，所以，應該是荀庚在前面行禮。」臧宣叔給了個答案。其實，這就是自己給自己找臺階，能讓晉國人排在衛國人的後面嗎？

於是，魯成公先接見了荀庚，第二天才接見孫林父。

非我族類

第二年，也就是魯成公四年（前 587 年），魯成公在季文子的陪同下對晉國進行了國事訪問，以確定與晉國之間的緊密型合作關係。

令魯成公失望的是，這一次他在晉國受到輕視。這時候正是郤克執政，根本不把魯國人放在眼裏，不僅處處以恩公自詡，而且總是諷刺魯國人跟楚國人結盟。沒辦法，在人家的地盤上，也只能忍氣吞聲。

好不容易等到晉景公接見，晉景公也很不禮貌，一副我是老大你是跟班的架勢，弄得魯成公十分惱火。

夏天去的，秋天才回到魯國。路上，季文子還寬慰魯成公：「晉景公真不是個東西，不得好死。他們稱霸要依靠諸侯，卻這樣不把諸侯放在眼裏，什麼東西？」

魯成公窩著一肚子火回到了曲阜，又召開內閣會議。

「夥計們，晉國人太無禮了，咱們投靠楚國算了。」魯成公要改變外交政策。想想也是，滿腹希望去投靠組織，滿以為組織上能給點特別的優待，誰知道熱臉貼上冷屁股，能不惱火嗎？

別人沒說話，季文子第一個發言了。季文子第一個發言意味著什麼？意味著這個問題就別討論了。

「不可。晉雖無道，未可叛也。國大、臣睦，而邇于我，諸侯聽焉，未可以貳。史佚之志有之曰：『非我族類，其心必異。』楚雖大，非吾族也，其肯字我乎？」(《左傳》)什麼意思？季文子是說晉國雖然讓人失望，但是還是要跟他們混。晉國是超級大國，大夫之間和睦相處，離我們又近，諸侯都聽從他們的，我們不能背叛他們。《志》中說道：不是同族，必然不能同心同德。楚國雖然幅員遼闊，但不是我們的同族，怎麼能真心幫助我們呢？

「非我族類，其心必異」即來源於此。

季文子的話把道理都說明白了，魯成公也知道，可是他還是難解心頭之氣。臧宣叔見魯成公沒表態，他發言了。

「主公，國家弱小，就必然被人輕慢，這就是弱國無外交啊。想想看，就算您去了楚國，恐怕待遇還不如去晉國呢。這年頭，別為了一點個人屈辱就不考慮國家的利益吧。季文子說得對，咱們啊，就算死皮賴臉，也只能跟著晉國混了。」

魯成公這下徹底沒脾氣了，他認了。

從此之後，魯國確定了一個一百年不變的外交方針：打死也要跟晉國混。

伴奏主題曲：香水有毒

我曾經愛過這樣一個男人，他說我是世上最美的女人，我為他保留著那一份天真，關上愛別人的門。也是這個被我深愛的男人，把我變成世上最笨的女人，他說的每句話我都會當真，他說最愛我的唇。

我的要求並不高，待我像從前一樣好，可是有一天你說了同樣的話，把別人擁入懷抱。你身上有她的香水味，是我鼻子犯的罪，不該嗅到她的美，擦掉一切陪你睡。你身上有她的香水味，是你賜給的自卑，你要的愛太完美，我永遠都學不會。

擦掉一切陪你睡

百年大計確定了，行動起來就更加堅決了。

魯成公八年（前583年），晉國為了討好齊國，晉景公派韓穿到魯國，要求魯國把汶陽給齊國。怎麼辦？擦掉一切陪你睡。

魯國雖然不願意，還是乖乖地把汶陽交割給了齊國。其實，汶陽的土地一直是魯國的，後來被齊國搶走，再後來晉齊鞍之戰，魯國重新拿了回來。如今，又給了齊國。

在送韓穿回晉國的時候，季文子終於忍不住還是抱怨了一通，儘管是抱怨，也是偷偷摸摸小聲對韓穿說的，生怕沒面子。

「大國制義，以為盟主，是以諸侯懷德畏討，無有貳心。謂汶陽之田，敝邑之舊也，而用師于齊，使歸諸敝邑。今有二命曰：『歸諸齊。』信以行義，義以成命，小國所望而懷也。信不可知，義無所立，四方諸侯，其誰不解體？《詩》曰：『女也不爽，士貳其行。士也罔極，二三其德。』七年之中，一與一奪，二三孰甚焉？士之二三，猶喪妃耦，而況霸主？霸主將德是以，而二三之，其何以長有諸侯乎？《詩》曰：『猶之未遠，是用大簡。』行父懼晉之不遠猶而失諸侯也，是以敢私言之。」（《左傳》）季文子這段話說得有理有據，可惜，馬後炮沒意義。這段話什麼意思呢？

大國處事要公平合理，才能當盟主。大家心存敬畏，才會忠心耿耿。汶陽這地方，本是我們的地盤，仰仗貴國的力量奪了回來，而如今又奪走給齊國，你們這不是不講信義嗎？誰還願意跟你們混？七年當中，先給我們，然後又奪走，什麼玩意？男人說話不算數，女人就會離開他。霸主如果朝令夕改，大家怎麼能長期擁護他呢？咱們老交

情了，所以我才敢私下對你說。

韓穿聽完，確實有些尷尬，哼哼唧唧沒說什麼。

其中，「女也不爽，士貳其行」「士也罔極，二三其德」這幾句詩頗有意味，我們來看看出處。

氓之蚩蚩，抱布貿絲。匪來貿絲，來即我謀。送子涉淇，至於頓丘。匪我愆（音千）期，子無良媒。將（音槍）子無怒，秋以為期。

乘彼垝（音鬼）垣，以望復關。不見復關，泣涕漣漣。既見復關，載笑載言。爾卜爾筮（音士），體無咎言。以爾車來，以我賄遷。

桑之未落，其葉沃若。于嗟鳩兮，無食桑葚！于嗟女兮，無與士耽！士之耽兮，猶可說也；女之耽兮，不可說也。

桑之落矣，其黃而隕。自我徂爾，三歲食貧。淇水湯湯（音商），漸車帷裳。女也不爽，士貳其行（音杭）。士也罔極，二三其德。

三歲為婦，靡室勞矣。夙興夜寐，靡有朝矣。言既遂矣，至於暴矣。兄弟不知，咥（音細）其笑矣。靜言思之，躬自悼矣。

及爾偕老，老使我怨。淇則有岸，隰則有泮。總角之宴，言笑晏晏。信誓旦旦，不思其反。反是不思，亦已焉哉！

——《詩經·衛風·氓》

「女也不爽，士貳其行。士也罔極，二三其德。」這幾句是什麼意思呢？有人譯成「女的不爽，男的就走人。男的想不通，就去外面包二奶」。典型的望文生義。真正的意思是「女人沒做錯什麼，全是男人在外面拈花惹草。男人三心二意，喪盡天良」。

此詩編入如今的高中課本，因為比較有趣，順便帶出。

這首詩的大意是一個妙齡少女被一個男人誘惑，然後嫁給了他。誰知婚後生活並不如意，男人又在外面拈花惹草，女人抱怨自己生活艱辛，做牛做馬，追悔莫及。發誓總有一天要衝出樊籠，與男人分道揚鑣。這首詩正告天下的女人：男人沒有好東西，山盟海誓都是騙人的，嫁給他們真是倒了八輩子大楣了。

隆重建議，剩女怨婦們全文背誦。

新魯國愛情故事

魯成公八年（前 583 年），晉國人要討伐鄰國，派士燮來要求魯國出兵。魯成公有些不大願意，因為魯鄰兩國也算得上世親。所以，季文子找了幾個亂七八糟的理由，請求暫緩出兵。結果士燮一點面子也不給，直接說了：「別人都按時出兵，你們憑什麼暫緩？要是你們不出兵，嘿嘿，別怪我們翻臉不認人。」

怎麼辦？還能怎麼辦？擦掉一切陪你睡。

魯成公派宣伯出兵了。

魯成公十年（前 581 年）秋天，魯成公親自前往晉國訪問。那一年正好是晉景公掉糞坑裏淹死了，結果晉國把魯成公強留下來參加葬禮，直到冬天才把魯成公放回來。

魯成公很惱火，魯國人民很氣憤。

但是，又能怎麼樣？擦掉一切陪你睡。

說說聲伯的故事。

聲伯的父親是魯宣公的哥哥公子肸（音希），公子肸年輕的時候認識了一個美麗的姑娘，兩個人一見鍾情，再見就發生了一夜情。

山盟海誓之後，兩個人就住在了一起。可是，那個姑娘出身貧寒，與公子肸門不當戶不對，因此不能明媒正娶進來。

「親愛的，雖然我不能正式娶你，可是我決不再娶別人，你就是我的唯一。」公子肸發誓。

「我不在乎，只要有你，我什麼都不在乎。我，我，我擦掉一切陪你睡。」姑娘也很動情。

還好，父親魯文公挺開明，並沒有棒打鴛鴦，而是睜隻眼閉隻眼，默認了這個兒媳婦。

這原本是一段完美的愛情故事，是魯國版的灰姑娘故事。可是，

動人的故事通常都會以不動人的結局結束，這一次也不例外。

不久，魯宣公成親了，他從齊國娶回了穆姜做夫人。穆姜早就聽說了公子肸的愛情故事，她很嫉妒，所以來到魯國之後就發了話：「我不能忍受讓一個野女人做我的嫂子，這不僅對魯國是個恥辱，對齊國也是個侮辱。」

得，穆姜把事情上升到國際問題的高度了。

沒辦法，魯宣公來勸告哥哥休掉他心愛的女人。公子肸在壓力之下只得忍痛割愛，他擔心自己的女人在魯國會被穆姜殺害，因此將她送到了齊國，並且把她嫁給了自己的朋友管于奚。

公子肸從此抑鬱終日，他再也沒有找過女人，不久就離開了人世。

聲伯，就是公子肸和那個姑娘的愛情結晶。

聲伯的母親在齊國又生了兩個孩子，之後管于奚也去世了，聲伯的母親成了寡婦。於是，聲伯把母親和兩個異父的弟弟妹妹接到了魯國，讓弟弟做了大夫，妹妹長大之後嫁給了施孝叔。後來，郤犨來求親，聲伯又把妹妹改嫁給了郤犨。（見第三部第一一八章）

聲伯的妹妹繼承了她母親的所有優點，漂亮而且個性十足。在得知哥哥把自己改嫁給郤犨之後，她曾經問施孝叔：「動物都不想失去配偶，你準備怎麼辦？」

「我，我也沒辦法，我可不想因為這個被殺或者逃亡。」施孝叔的回答很不男人，聲伯的妹妹大失所望，她決定跟郤犨走。

到後來三郤被滅，郤家崩潰，晉國人把聲伯的妹妹和她跟郤犨的兩個兒子送回魯國，施孝叔非常高興，在黃河邊上迎接自己的前妻。

「親愛的，想死我了，你終於回來了。」施孝叔確實很想前妻，不僅因為前妻美麗賢慧，更因為這是一條不錯的裙帶。

「啊，你來接我了？」聲伯的妹妹一時有些感動，撲到了施孝叔的懷裏。

兩人抱頭痛哭。

哭完了，聲伯的妹妹說：「老公啊，我帶來了兩個兒子，你不會嫌棄吧？孩子們，過來叫爹。」

孩子們沒有回答。

聲伯的妹妹去看兩個孩子，卻怎麼也找不到。

「孩子呢？我的孩子呢？」聲伯的妹妹急了。

「我，我讓人把他們扔河裏了。」施孝叔款款地說。

聲伯的妹妹一時目瞪口呆，等她回過神來，突然發瘋一樣撲向施孝叔，又抓又咬又罵：「你這個不是東西的，真不是男人，不能保護自己的女人，還不能容忍別人的孤兒，你，你斷子絕孫不得好死，我咒你祖宗八輩。」

從那之後，聲伯的妹妹再也沒有嫁人，男人傷透了她的心。

與公子肸的專情和聲伯的大度相比，施孝叔確實令人唾棄。

新魯國婚外戀故事

「擦掉一切陪你睡」的外交方針看上去很屈辱，但是也很有效，齊國再也沒有來侵擾過魯國。

總的來說，魯國的內部也是和睦的。但是林子大了，什麼鳥都會有的。

三桓中間，季文子輩分高、學問高、威望高，當然，血脂也高。孟獻子是個實在人，跟大家相處得都不錯。宣伯呢？

宣伯，魯國著名的美男子，英俊瀟灑，風流倜儻。但是，自古以來，這類風流倜儻的美男子都有兩個問題：第一，缺心眼；第二，心胸狹隘。

宣伯又叫叔孫僑如，說起這個名字，還有段光輝家史。當初，北方有個民族叫做搜瞞，這個民族身材高大，為首的叫做長狄僑如，身材之高令人瞠目結舌，後來長狄僑如率領搜瞞侵犯魯國，被叔孫得臣一箭射中眼睛而死，因此，叔孫得臣就把自己的大兒子命名為僑如了。

宣伯還有兩個弟弟，名叫叔孫虺（音毀）和叔孫豹（叔孫穆子）。

季文子這一輩的人，都是經常接受季友教育和再教育的，因此對於三桓的概念很清晰，知道三家共存共榮的道理。可是宣伯這一輩沒

受過季友的傳統教育，三桓共存的意識薄弱。

宣伯很嫉妒季文子，同時又很瞧不起孟獻子，他總覺得自己應該是魯國說話最有力的人。除了自認為聰明能幹之外，宣伯覺得自己還有一個別人都沒有的優勢，什麼優勢？

原來，宣伯是成公老媽的面首，兩人長期玩婚外戀。宣公老媽是誰？穆姜。穆姜破壞了聲伯父母的浪漫愛情，自己反倒玩偷情玩浪漫，真是沒有天理。

不管怎樣，宣伯傍上了太后。

魯成公十三年（前578年），魯成公要去王室朝見。在太后的建議下，魯成公準備讓宣伯陪同。

「別，還是孟獻子陪同吧，我打個前站就行。」宣伯反而不願意，他願意打前站。

「那好吧。」魯成公同意了。

宣伯為什麼想打前站？他的小算盤是這樣的：跟魯成公走，那就是個跟班，沒有表現的機會。相反，自己去打前站呢，一來可以表現自己，二來，周王肯定有賞賜，那不就都歸自己了？

高高興興，宣伯去了雒邑。

本來，打前站這個活就不算個什麼正經活，官員的級別都不高。宣伯到了偉大首都，首先由王孫說接待他。宣伯急於表現自己，可是又不懂禮儀；進獻的禮物很微薄，可是卻表示希望見見周王。

「嘿嘿，我向周王彙報一下，為你爭取一下。」王孫說很不喜歡他，這樣敷衍宣伯。

之後，王孫說去向周王彙報工作。《國語》中專有一段講述王孫說怎樣彙報工作，標題叫做「王孫說請勿賜」。大致意思介紹一下。

王孫說對周簡王說：「宣伯這次來，一定另有企圖。他進獻的聘禮菲薄而言談阿諛奉承，恐怕是他自己要求來的吧。如是他自己要求來，一定是想得到賞賜。這人相貌上寬下尖，很容易觸犯他人。陛下不要賞賜他。」周簡王隨後從駐魯國辦事處得到線報，果然是宣伯自己要求

來打前站的。於是，簡王沒有親自接見他，也沒有給他賞賜，如同對待一般使節那樣接待了他。

宣伯偷雞不成蝕把米，沒辦法，灰頭土臉地在雒邑等著魯成公和孟獻子到來。

魯成公和孟獻子朝見周王，周王十分高興，大加賞賜，孟獻子作為隨從官員也得了不少。

宣伯這叫一個惱火，自己辛辛苦苦打前站，結果什麼都沒撈著。孟獻子就當個跟班，竟然名利雙收。

「太鬱悶了。」宣伯鬱悶死了。

第一三二章

雙床記

宣伯是一個討女人喜歡的人，這不僅僅是因為他長得帥。

宣伯的家教一直很好，看上去就非常有紳士風度，實際上確實有紳士風度。而紳士與流氓的區別在於哪裡？流氓用語言挑逗女人，紳士用動作誘惑女人。二者的完美結合就有了頂級流氓，或者說頂級紳士。

宣伯，就是一個頂級紳士。

宣伯，也是山東宣姓的得姓始祖。

上床下床

轉過年，魯成公要成親了，夫人是齊靈公的妹妹。誰去迎親呢？宣伯再次自告奮勇。

於是，下了魯成公老娘的床，宣伯去了齊國。

雖說在王室被怠慢，在齊國宣伯大受歡迎。

齊靈公熱情接待了他，重申齊魯兩國之間要世世代代友好下去，世世代代通親下去。

齊靈公的老娘聲孟子也熱情接待了她。聲孟子表示，早就聽說宣伯是個美男子，如今見到了，真是個美男子，而且是個很有紳士風度的美男子。如今自己的女兒要嫁到魯國了，不知道魯國男人的性能力怎麼樣，為了讓自己放心，希望宣伯能夠驗證一下。

「為了國家的利益，我就獻一次身吧。」宣伯想。

於是，聲孟子熱情地在床上招待了宣伯。

就這樣，宣伯做了兩個國家太后的面首。

下了聲孟子的床，宣伯的底氣更足了。

回魯國的路上，宣伯一路在想：問天下英雄，誰能同時上齊國太后和魯國太后的床？想來想去，也只有自己一個人。既然世界上只有

自己一個人有這樣的能力，憑什麼自己要在三桓家族中排第三？憑什麼季文子和孟獻子就要比自己地位高？

下了魯成公丈母娘的床，宣伯很快又上了魯成公老娘的床。

不知道魯成公的老娘是不是在宣伯的身上聞到了親家母的香水味，不礙，反正是擦掉一切陪你睡。

在床上，宣伯在醞釀一件大事。

「親愛的，我還要。」穆姜還要，她40多歲，正是如狼似虎的年紀。

「我要驅逐李孫家族。」宣伯說。

「好，驅逐李孫家。快來嘛。」

「我還要驅逐孟孫家族。」

「好，都聽你的。」

「我還要……」

「嗯，等我要了，你再要嘛。」

此處省略 1226 字。

自古以來，陰謀多出於床上。

逼宮

魯成公十六年（前 575 年），晉楚鄢陵之戰。

作為晉國的盟國，魯國被要求出兵協助晉軍作戰。魯成公親自領軍出征，季文子和孟獻子隨同。出征當日，魯成公老娘穆姜一直送到了城外。

「娘啊，您就別送了，我會小心在意的。」老娘十里相送，魯成公挺感動。

「兒啊，有件事情我要跟你說。你知道嗎？季文子和孟獻子想造反了，你要把他們驅逐出境。」穆姜也不掩飾，直接說了出來。

「造反？」魯成公一愣，沒聽說啊，「娘啊，你看，你這時候說出

來，我怎麼整啊？等我回來吧，要是他們真的要造反，我一定趕走他們。」

「不行，你要現在趕走他們。」穆姜缺心眼，她不知道越是這麼說，兒子就越起疑。

「娘啊，你怎麼知道他們要造反？」魯成公果然起了疑心。

「宣伯說的啊。」穆姜這句話一出來，露餡了。

魯成公的臉色一下子就難看起來，早就聽說老娘跟宣伯有一腿，從前還將信將疑，如今看來真是這麼回事了。

「該死的宣伯，老子回來整死你。」魯成公暗暗罵道，不過嘴上不能這麼說。

「娘啊，宣伯這人說話不靠譜，等我回來再說吧。」魯成公顧及母親的面子，繼續找托詞。

穆姜急了，自己要的人家宣伯都給了，宣伯要的自己不能不給啊。這趟任務完不成，床上怎麼交代？恰好這時候成公的兩個異母弟弟公子偃和公子鉏從一旁走過，穆姜就指著他們兩人對成公說：「你給我聽清楚了，你要是跟我耍滑頭，看見沒有，他們也能代替你當國君。」

威脅，典型的威脅。

為了一個男人，連自己的兒子都要威脅。

為色忘命的，不僅僅是男人。

魯成公感覺到事情的嚴重性，現在不僅僅是季文子和孟獻子有危險，自己也有危險了。怎麼辦？魯成公把軍隊駐紮在魯國的懷瞶，然後命令孟獻子回到首都曲阜，加強宮內和首都的戒備，以防備自己不在的時候宣伯和穆姜下手。

安頓好老窩之後，魯成公這才進軍鄭國，準備會合晉國。

在國內的這一耽誤，等魯成公來到鄢陵，晉楚大戰已經結束。還好，晉國取勝。魯成公本來還有些慚愧，不過等他發現各個國家都遲到之後，他就一點也不慚愧了。

晉國所有的盟國都遲到了，但是只有魯國是真不想遲到，確實是

因為國內有事耽擱了。其餘國家都是故意磨蹭，見機行事。可是，老實人總是吃虧。

晉厲公儘管不高興，還是接見了各同盟國的君主，只有一個國家例外，就是魯國。魯成公眼看別人都受到接見，就自己被晾著，不禁有些發慌。怎麼辦？趕緊派人去打聽。派誰？聲伯。

聲伯找到了郤犫，那可是妹夫。

「妹夫，怎麼整的？怎麼把我們主公給晾起來了？」畢竟是大舅哥，聲伯說話也沒客氣。

郤犫知道魯國人會來問，原本還想先弄點好處再說，如今一看是大舅子來了，看來今天沒什麼收穫了。

「這個，不怨別人，怨你們自己。」郤犫先賣個關子。

「怨我們自己？是，沒錯，我們來晚了，可是大家都來晚了啊，算起來，我們還算來得早的呢。」

「實話跟你說吧，你們國家有人來找我了，揭發你們主公故意在懷瓛逗留，首鼠兩端，忽悠我們。給你說吧，要不是我看在大舅子您的面子上在主公面前給你們求情，現在說不定怎樣呢。」郤犫賣著好，微笑著看聲伯，意思是我這麼關照你們，是不是意思一下？

聲伯沒有理會郤犫的微笑，他急著要回去彙報，因此告辭了出來。

「不用說了，這個揭發我們的肯定是宣伯這個王八蛋，兩位，怎麼辦？」魯成公都不用猜，就知道這事一定是宣伯幹的。

「我看啊，家裏都著火了，還顧得上外面？咱們趕緊回去吧，不知道家裏怎麼樣了呢。」季文子建議，他很擔心。

其實，大家都很擔心，於是魯成公當即下令：撤軍。

魯國軍隊就這麼撤了。

魯軍回到魯國，總算鬆了一口氣，因為孟獻子還算得力，魯成公的江山還在。

「哎呀媽呀，你們總算回來了，」孟獻子也是鬆了一口氣，然後開始倒苦水，「主公啊，你是不知道，自從你們走了，宣伯這王八蛋就把

後宮當他家了，整天跟你娘膩著。那個公子偃也整天跟他們混著，聽說他們就等著晉國人把你們扣了，他們就把公子偃扶上去。」

這下更證明了那個在郤犨那裏告黑狀的就是宣伯。

怎麼辦？聲伯的意思，先下手為強。魯成公的意思，立即動手。

「我看，看看再說，給他們個悔改的機會。」季文子這個時候倒有些猶豫，畢竟宣伯也是三桓之一，就這麼廢了他似乎也不一定是什麼好事。

孟獻子也支持季文子的意思，沒辦法，魯成公只好決定再忍忍。

沒等魯成公想明白究竟要不要幹掉宣伯，又有事了。

晉國使者來到，要求魯國出兵，與齊衛宋三國軍隊會合，共同攻擊鄭國。

沒辦法，老大有令，再次出發吧。魯成公只得率領人馬上路，臨行前，安排孟獻子負責國內安全，自己則帶著季文子和聲伯同往。

四國軍隊攻擊鄭國，另外三國軍隊早已經在鄭國西部集結，魯成公擔心國內政變，因此停留在鄭國東部，對晉國人則說分進合擊，要兩面夾擊鄭國。

鄭國人分析形勢之後發現，儘管四個國家來進攻，但沒有一個心甘情願的，因此儘管人多，並不可怕。同時他們也知道魯國根本沒有心思攻打鄭國，於是，集中兵力襲擊齊宋衛三國軍隊，三國趁機戰敗，各自回國了。

三個國家的軍隊都跑了，魯軍怎麼辦？

魯成公正準備撤軍，晉國使者到了。誰啊？郤犨。郤犨來幹什麼？

「各位，不好意思。上一次你們就遲到，這一次你們還遲到，沒辦法，我國國君非常生氣，請你們派人過去解釋一下。怎麼樣？季文子跟我走一趟？」弄半天，郤犨是來抓人的。

魯國人當時就傻眼了，這都擦掉一切陪你睡了，你還這樣對待我們？當時魯成公就有些惱火，趁著郤犨上廁所的機會，對季文子和聲

伯說了：「兩位，晉國人太混蛋了，咱們乾脆跟楚國人混算了。」

聲伯沒有說話，他也覺得晉國人過分。

「主公，別忘了那句話：擦掉一切陪你睡。為了魯國的國家利益，忍吧。不要管我，我跟他去就是，就算死了，也是為國捐軀，死得其所。」別說，季文子倒是不顧個人安危。

就這樣，季文子算是被抓到了晉國。

陰謀失敗了

魯軍撤軍，回到了魯國。可是一路上魯成公就覺得很窩火，到了郢，魯成公猛然回過神來，對聲伯說：「我想明白了，這件事情，一定是宣伯在搞鬼。這樣，郤犨這個人很貪，你多帶些財物去晉國找他，請他放人。如果他這裏不行，你就去找樂書。我就在這裏等你們回來，之後回到曲阜，立即動手。」

聲伯拿了許多金銀財寶，去晉國了。

到了新絳，聲伯找到郤犨。這一回，也不談什麼親戚不親戚了，直接上銀子。郤犨看見銀子，比看見親戚高興多了。

「妹夫，跟我說實話，這一次是不是又是宣伯在搞鬼？」聲伯說話也不客氣了，因為有銀子撐腰。

「嘿嘿，他大舅，你看，你這麼客氣幹什麼？都是一家人，我先替你妹妹謝謝你了。」收了禮，郤犨的心情好了很多，心說你們要早這麼醒目，我也不至於非要把季文子給抓回來了，嘴上說：「跟您還有什麼好瞞的呢，實話告訴你，就是宣伯來告的狀。說是季文子和孟獻子是魯國的兩個大奸臣，貪污受賄強搶民女無惡不作。而且，他們都向著楚國，總是攛掇國君投靠楚國，這兩次遲到，都是他們的鬼主意。宣伯還說了，我們捉住季文子，他那邊幹掉孟獻子，然後他來當政，今後世世代代跟著晉國混，那是擦掉一切陪我們睡。你看，宣伯說得有道理啊，所以，我就去把季文子給抓回來了。」

「妹夫，咱們明人不說暗話。宣伯的話有沒有道理對你不重要，宣

伯的銀子對你才重要。我告訴你，季文子和孟獻子都是國家的棟樑，一心一意為國家的，堅持要跟晉國友好的就是他們。如果你們一定要殺掉他們，那麼魯國就會大亂，楚國人就會趁機佔領魯國，晉國就會少一個盟友。想想看吧，人不能只看見錢了。」聲伯很憤怒，說話就不客氣。

「嘿嘿，他大舅，別發火啊。咱們關起門來說話，季文子和孟獻子是死是活跟你有什麼關係啊？這樣，宣伯已經答應給我在魯國弄一塊地，乾脆啊，我在晉國也給你弄一塊地，平時沒事來度個假什麼的，怎麼樣？」郤犫不生氣，他沒什麼好生氣的，再說，他怕老婆，所以對大舅子也不能不客氣一點。

「我不要，我只要你們立即放了季文子。」聲伯很有原則，也很正直。

「那，這個……」郤犫心裏掂量了一下，想要索要好處，卻又沒想好怎麼說。

聲伯看得明明白白，這個妹夫貪得無厭，這樣下去，終究不是個辦法。就算他放了季文子回去，今後還會找理由去敲詐的。

「那你想想吧，我明天再來。」聲伯走了，幹什麼去了？找欒書去了。

關於捉拿了季文子的事情，欒書也是後來聽說的，可是郤犫是負責魯國事務的，如今人已經抓回來了，欒書也不好說什麼。

聲伯來到的時候，恰好士燮也在這裏。於是，聲伯將自己來的目的以及事情的前前後後說了一遍，至於郤犫索賄受賄的事情，聲伯替他隱瞞了。

對於三郤，大家都很討厭。而且大家都知道，郤犫在這件事情上，一定撈了不少外快。

「老士，你怎麼看這件事情？」欒書問。

「元帥，說起來，季文子跟您很像，很清廉，家裏老婆都不穿絲綢，馬不吃糧食，忠心耿耿啊。像這樣的人如果我們殺了，那還怎麼

號令天下諸侯？我看，宣伯這樣的人才應該剷除。宣伯怎麼不來找我們？物以類聚啊。」士燮的態度很明確。

「好，我這就讓郤犫放了季文子。」欒書表態了。

當天，欒書下令釋放季文子，又給魯成公寫了一封信，信的內容大致是：晉國支持以魯成公為國君的魯國合法政府，堅決反對一切性質的顛覆活動。

聲伯和季文子回到魯國的鄆，隨後大軍回到曲阜。

魯成公回到後宮的時候，恰好將穆姜、宣伯和公子偃堵在宮裏。這幾位以為大事已定，天天在這裏慶祝，這一天公子偃正穿著國君的服裝試鏡呢，外面魯成公已經回來了。

「哎呦，挺合身啊，穿著吧，別脫了。」魯成公抓個正著，諷刺挖苦一回。

「主公，您回來了，嘿嘿。」公子偃那叫一個尷尬，連忙溜出來，一打聽，季文子被晉國人放了，欒書還表態支持魯成公了，看來，國君夢是沒法做了。

魯成公當即上朝，召集卿大夫進朝。

宣伯原本是想借著晉國的力量除掉季孫和孟孫兩家，如今季文子安然歸來，說明晉國人已經站在了魯宣公的一邊，自己沒戲了。沒辦法，厚著臉皮，也來上朝。

「宣伯，這段時間，爽大了吧？」魯成公上來就這麼一句，大家都沒想到，太直接了。

「該問問你老娘爽沒爽大才對啊。」宣伯這麼想，沒敢這麼說。

「這個，這個，主公不爽，臣下怎麼敢爽？」宣伯這麼說了一句，哄堂大笑。

「爽不爽你自己知道，我問你，你幾次到晉國人那裏告我們的黑狀，你要幹什麼？」魯成公不跟他囉唆，直接點了出來。

「這，這個，主公，我沒有啊，都是郤犫挑撥是非。主公，郤犫這個人，貪得無厭啊。」宣伯有些慌了，他也知道事情有些不妙，可是沒

有想到魯成公一點不繞彎就說出來了。

「宣伯，不要廢話了。要不是聲伯態度堅決方法得當，季文子這回就回不來了，孟獻子恐怕也要被你殺了。你這個吃裏爬外的傢伙，來人，拉出去砍了。」

武士上來，就要將宣伯拉下去。

「慢著。」季文子說話了，難道他還要羞辱宣伯？「主公，宣伯雖說罪該處死，可是，怎麼說也是桓公的後代，自己的兄弟啊。再說，雖說他想害我，可是終究沒有害成不是？我看，這次就饒了他吧。」

季文子說完，孟獻子也來求情。

大家一看，好嘛，看人家季文子和孟獻子，那叫一大度。

其實，大度倒不一定。

季文子的算盤很簡單：滅了叔孫氏，叔孫家的地盤一定收歸國有，實際上就等於削弱了季孫家和孟孫家，對大家都沒有好處。宣伯缺心眼，咱不能也缺心眼啊。

兩個受害人求情，魯成公也就不好再堅持。

「宣伯，看見沒有？你害人家，人家還為你說話，你好意思嗎？嗯？死罪饒過，活罪不免，你給我滾遠點，從此之後我不要再看到你，魯國人民不歡迎你。」

最後判決：驅逐出境。

不管怎麼說，總算得了一條活路。宣伯匆匆回家，收拾財產，召喚家人，一通忙亂，然後一大家人上路了。一路上哭哭啼啼，向北而去。

去哪裡？投奔老情人。

正是：機關算盡太聰明，竹籃打水一場空。

第一三三章
叔孫兄弟

宣伯一家來到齊國，按照政治避難國際慣例，應該享受大夫待遇。

齊靈公的老媽聲孟子聽說老情人來了，笑得滿臉桃花開。

宣伯被太后聲孟子親切接見，對外的說法是問問女兒嫁到魯國過得怎麼樣，實際上呢？

「阿宣，太好了，你真是老天爺給我的禮物啊，再也不要走了。」聲孟子打發了旁人，一把抱住了宣伯，二話不說，拖上床去。

雲消雨霽，聲孟子爽歪歪。

現在，宣伯心裏更有底了。

老子在魯國能混，在齊國也能混。

沒辦法，人家的本錢好。

叔孫豹的一夜情

為了長期有藉口進後宮，聲孟子給宣伯出了一個主意：「你女兒不是很漂亮嗎？送給我兒子做個小老婆吧，這樣，你女兒終身有依靠了，你也有依靠了，我也能經常有個懷抱啊。」

宣伯想想也是，於是主動把女兒送給了齊靈公，相當於平等交換，互不吃虧。我女兒給你，你媽給我。還別說，宣伯的女兒那也是曲阜一枝花，齊靈公寵愛得不得了，後來生了個兒子，就是齊景公，這是後話。

宣伯在齊國過得很滋潤，有的時候靜下心來想想，其實不搞鬥爭，安心過日子也挺好。

這一天，老情人沒有來請，宣伯決定一個人上街去轉轉。臨淄的街頭有很多商鋪，還有國家大妓院，遠比曲阜要繁華熱鬧得多。

宣伯走在街頭，走走停停，一路觀賞。突然，身後有人喊道：「大

哥，怎麼在這裏遇上你？」

宣伯回頭一看，不是別人，誰？三弟叔孫豹。

兄弟相見，同在異鄉，照理說就該抱頭痛哭。可是，兩人並沒有激動，更沒有抱頭痛哭，甚至，都沒有問對方為什麼這個時候會在這裏。為什麼？因為有些事情是不用問的。

「兄弟，過得還好嗎？」宣伯問。

「還好，大哥，還習慣嗎？」叔孫豹問。

「還好。」

「大哥，你慢慢轉，我有事先走一步。」

「好。」

兄弟相見，既不問對方為什麼在這裏，也不互相留地址，怎麼回事？魯國人不是很講究親情嗎？三桓家族不是很講究親情嗎？

這，要從叔孫豹為什麼在齊國說起了。

俗話說：一母生九子，九子各不同。

叔孫豹兄弟三人，大哥宣伯風流倜儻，但是薄情寡義，心胸狹隘；老三叔孫豹則很重情感，為人忠厚而且博學多才。整個三桓家族，沒人不喜歡叔孫豹，都說他像他叔叔叔仲惠伯。尤其季文子非常看好他，常常說他是下一輩中最傑出的人物。

宣伯本來就很嫉妒季文子和孟獻子，看見弟弟與他們交往密切，再加上弟弟的名聲遠比自己要好，因此從內心很嫉妒弟弟，平時處心積慮防著弟弟，有表現才能的機會也都故意不給他。

按理說，以叔孫豹的人品和學問，早就應該在魯國政壇崛起了，可是，親哥哥的百般阻攔，讓他根本看不到出頭的日子。

幾年前，叔孫豹決定移民齊國，一來是待在魯國已經沒有什麼意思，二來，叔孫豹也料到宣伯不會有什麼好下場，想在齊國掙個前途，也算避難。

叔孫豹沒跟哥哥打招呼，一個人起身前往齊國。

到庚宗這個地方的時候，天已傍晚，叔孫豹來到了一戶人家，這

家只有一個女人。叔孫豹又累又餓，於是向她討口水喝，討口飯吃。

女人很慷慨，為叔孫豹燒水做飯。吃飽了喝足了，叔孫豹道了謝。正要起身，看看天色已黑，似乎不太好走。想要留下來過夜，又不太好開口。

「天黑了，住一宿再走吧。」女人說。

女人長得很難看，皮膚又黑。叔孫豹想想，既然人家沒有什麼忌諱，就住一晚上也無妨。何況，這麼晚了，去哪裡都不安全。

就這樣，叔孫豹住了下來。

女人家裏只有一張炕，女人讓給了叔孫豹，說自己去睡柴房。叔孫豹哪裡好意思？一定要讓女人睡炕上，自己睡柴房。

「你是客人，你睡炕上吧。」女人說著把叔孫豹推到了炕上。

「不行，你是女人，你睡炕上。」叔孫豹拉住了女人。

你拉我扯，三下兩下，兩人雙雙倒在了炕上。女人壓在叔孫豹的身上，兩個乳房軟軟地頂著叔孫豹的胸口。

天色已經完全黑了，叔孫豹看不清女人的臉，只能感受到女人急促的呼吸和胸口激烈的起伏。叔孫豹那時候還沒有結婚，他哥哥並不關心他的婚事。這樣的誘惑對於叔孫豹來說是致命的，他決定嘗試一下傳說中的一夜情。

「你，你要了我吧。」女人先說了。

「好，好。」叔孫豹求之不得，這就算是對這頓晚餐的報答吧。

乾柴烈火，熊熊燃燒。正應了那句話：關了燈，看誰都是小英英。

當天晚上，春風幾度，只嫌夜短。

叔孫豹的幸福生活

第二天直睡到中午起來，叔孫豹看見懷裏這麼個醜女人，不免有些後悔。但是想想有吃有喝還有女人睡，這樣的好事哪裡去找？雖說這女人醜些，可是人家心地善良啊，真善，然後才是美啊。

女人起來，做了飯，叔孫豹吃罷中午飯。女人的意思，還要溫存

一番。可惜的是天太亮，叔孫豹對她完全沒有性趣。

「多謝你了，我要走了。」叔孫豹說。

「你，能不能不走？我能養活你。」女人說。

叔孫豹笑了，這個女人倒是很純真的。

「你養不活我的，我也不需要別人養活，我真的要走了。」

「那，能不能告訴我你的名字？」女人請求，她真是捨不得叔孫豹。

「我叫叔孫豹。」

「啊，難道你就是傳說中的叔孫豹？我，我，我賺大發了。」女人興奮起來，叔孫豹是每個魯國女人的夢中情人，卻上了自己的炕。「那，你這是要去哪裡？」

「去齊國。」叔孫豹把事情的原委告訴了女人，終於還是走了。

女人送了很遠，一路上都在哭。《左傳》的說法：「哭而送之。」

叔孫豹到了齊國，暫時投靠了好朋友公孫明。公孫明也不是齊國人，而是衛國人，不過現在在齊國已經混得有鼻子有眼了。

借著公孫明的幫助，叔孫豹迅速混入上流社會。小帥哥風度翩翩，學識淵博，再加上原先的好名聲，沒多長時間就得到一致好評，被譽為金牌王老五。在齊國，國、高兩家有招贅外國女婿的習慣，這一次，叔孫豹博得了國家的欣賞，於是成了國家的女婿，有房有地有車有老婆，在齊國繼續吃香的喝辣的。老丈人允諾：有合適機會，推薦你做齊國的大夫。

沒多久，老婆給他生了兩個兒子孟丙和仲壬。這兩個名字起得實在沒有學問，放在現代，就相當於叫大 A 和二 B。

說起來，叔孫豹的本錢也不錯。

在齊國的日子過得不錯，叔孫豹也是樂不思魯了。

有一天，叔孫豹做了一個噩夢，夢見天塌了下來，自己拼命撐著，可是眼看就撐不住，幾乎要被壓死。怎麼辦？找人幫忙。

回頭一看，身後有一個人，這人長得巨黑，有點駝背，眼睛深陷，還有一張豬嘴，整個就是一黑人兄弟。叔孫豹急忙叫他：「牛，快

來幫忙。」結果這個叫牛的人上來幫他的忙，撐開了天，救了他一命。

夢醒之後，叔孫豹把家人們都給叫來，看看誰長得比較像夢裏的人，結果一個也不像。

儘管這樣，叔孫豹堅信，這一定是上天給自己的暗示，這個叫牛的人一定可以幫自己。

等到宣伯被趕出魯國，叔孫豹有一種預感，這個叫牛的人就要出現了。

而當叔孫豹在街頭碰上哥哥之後，他的預感就更加強烈，這個「牛」人應該就在附近，也許，就在哥哥的家裏。

所以，儘管叔孫豹並不想再見到哥哥，可是，他還是打聽到了哥哥的住處，以送食物為藉口，來到了哥哥的家中。

宣伯沒有想到弟弟會來看自己，一時之間還有點感動。

兄弟兩個寒暄一陣，比上一次在街頭偶遇親切得多，話題也更深入一些。叔孫豹裝作很關心的樣子，問哪些人隨哥哥一同避難，問了一通，倒都是老家人，沒有一個長得像牛的。中間，叔孫豹還以上廁所為名，在哥哥家中轉了幾轉，也沒有發現牛。

叔孫豹有些失望。

「兄弟，據我猜想，季文子叔叔一定會想辦法保全我們家族的地位，所以肯定會來招你回去，你準備怎麼辦？」宣伯問弟弟，意思很明顯：你能不能讓給我？

「嗯，我盼望很久了。」叔孫豹回答得很快很簡明，毫不掩飾。

到了這裏，兄弟倆確實也就沒有什麼話可以說了。兩人都很失望，於是在失望中分手了。

叔孫豹回國

宣伯的判斷沒有錯，幾天之後，魯國的使者到了，找宣伯的。

「難道讓我回去了？嘿嘿，多半是老情人幫我說話了。」宣伯還想好事呢。

使者不是老情人派來的，而是老情人的兒子派來的。

「宣伯，還好吧？」使者問。

「還好還好。」宣伯抑制住自己的激動。

「那什麼，恭喜啊，主公讓我來召你回去，恢復叔孫家族的一切權益，您官復原職啊。」

「真的？」

「我還騙你？來看看，這是主公的詔書，我給你念念。」使者取出詔書，朗聲宣讀：「茲念叔孫家族為國出力多年，不忍無後於魯國，特恢復叔孫家族一切待遇，並令叔孫豹為族長，即日回國。」

使者念完之後，宣伯的臉色立即就變了。

「啊，不好意思，不好意思看錯了。啊，告辭了告辭了。」一邊說著，使者一溜煙走了。

也不知道使者是存心要羞辱宣伯，還是真的弄錯了，總之，就找到了宣伯。

「唉——」宣伯長歎一口氣，這下，叔孫家族保住了，可是，自己回去的路永遠堵上了。

為什麼魯成公還要恢復叔孫家的地位？說起來，還要歸功於季文子。

在趕走宣伯之後，季文子就召開了三桓家長會，與會人員只有季文子和孟獻子兩個人。

「記得當年為你爺爺的事情開家長會的時候，我們是四個人；為你惠伯叔叔的事情開家長會的時候，我們是三個人。如今，家長會只剩下我們兩個人了。照這個勢頭下去，也許下一次只能一個人開會了。」季文子說，說得很悲情。

「叔，我知道你的意思，我們三桓家族應該互相支援，才能長久昌盛下去。宣伯不仁，我們不能不義。叔，有什麼您就說，我聽您的。」孟獻子是個明白人，知道季文子想要做什麼。

「宣伯被趕走是罪有應得，但是，叔孫家族不應該就此淪落啊。我

想著，他們一共三兄弟，老大是個混蛋，老二死得早，可是老三叔孫豹還在齊國啊，這孩子也很懂事。我看啊，讓他回來接掌叔孫家族，你覺得怎樣？」季文子的想法，宣伯滾蛋了，但是叔孫家族要保留。

「叔，我聽你的，咱們找機會跟主公說。」

叔侄二人達成一致，之後幾天，終於找到一個合適的機會，說服了魯成公，於是，魯成公派人去齊國請叔孫豹回國。誰知道使者走錯了門，先去通知了宣伯。

從宣伯家裏出來，使者去找叔孫豹，結果也巧，就在大街上碰上了。

「哎，你就是叔孫豹吧？」使者認識叔孫豹。

「我是叔孫豹，你是？」叔孫豹聽對方的口音，已經猜出個大概來。

使者大喜，就在大街上掏出詔書給叔孫豹看了，然後說：「季文子讓你接到消息之後立即回國，否則夜長夢多。」

「那，我回家收拾收拾，帶上老婆孩子。對了，這事情別人知道嗎？」叔孫豹問。

「這個，實不相瞞，我剛才走錯了路，先到宣伯家去了，這事情，宣伯已經知道了。」使者實話實說了。

「那還回什麼家？走吧，我現在就跟你走。」叔孫豹當機立斷，連家也沒回，直接就回了魯國。

因為是不告而別，叔孫豹的齊國老婆很生氣也很失望，後來改嫁了公孫明。叔孫豹為此非常生氣，因此一直沒有接兩個兒子回魯國，直到兩個兒子長大了才接他們回來，這是後話。

牛來了

回到魯國，叔孫豹繼承了叔孫家族的一切，搖身一變成了魯國的卿。

沒多久，一個女人提著一隻野雞來找他，不是別人，就是去齊國

路上發生一夜情的那個女人。

「自從你走之後，我，我，我就懷上了，嘻嘻，嗚嗚嗚嗚……」女人說，一陣笑一陣哭。

「是兒子？」叔孫豹有點驚喜，畢竟，那是一個難忘的晚上。

「嗯，現在都能提著雞到處跑了。」

「帶來了嗎？」

「門口撒尿呢。」

「快叫進來。」

叔孫豹一夜情的兒子就這麼出場了，叔孫豹看見自己三歲的兒子的時候，驚得目瞪口呆，為什麼？因為兒子奇醜無比，醜到什麼程度？巨黑，有點駝背，眼睛深陷，還有一張豬嘴。這不就是自己的夢中人嗎？

「牛。」叔孫豹脫口叫了一聲。

「哎。」沒想到，這兒子就叫牛，真牛。

這就是天意，叔孫豹相信，這就是天意。從此之後，叔孫豹十分寵愛這個兒子。

這也是後話。

生猛子

叔孫豹回國，整個叔孫家族重獲新生，在齊國的叔孫家族成員紛紛回國，只剩下宣伯一家幾口孤零零地獨在異鄉為異客。

宣伯很鬱悶，但是更鬱悶的事情隨後來到。

聲孟子其實應該叫生猛子，40多歲的女人，正是如狼似虎的年齡。自從宣伯來到，生猛子就天天要詢問女兒的情況，或者讓宣伯來詢問自己女兒的情況。

「宣伯，太后又想女兒了。」生猛子的人又來相邀了。宣伯心說：想什麼女兒？想我了。

宣伯進宮，生猛子自然不會客氣，直把宣伯折騰得筋疲力盡，才

算滿足。

「親愛的，看你好像性致不高，難道，有什麼心事？」生猛子倚在宣伯的懷裏，嗲嗲地問。

宣伯嗯了一聲，沒有說話。

宣伯的身體一向不錯，不過最近這段日子過得有些艱難。想想看，在魯國的時候，那邊的穆姜也是個生猛子，整天把宣伯籠在宮裏，一天不上幾次床是過不去的。如今來到了齊國，這位生猛子也不遜色，每天想一次女兒是至少的，有時候要想個兩三次。

原本就算辛苦一點，宣伯也覺得苦中有樂。可是，從前跟生猛子上床，感覺是打個野食，搞個一夜情，還挺刺激。如今成了例行公事，把自己弄得跟牛郎沒啥區別了，這感覺就不美妙了。

心裏雖然這樣想，嘴上不能這麼說。

「嗯，你說嘛。」生猛子還要逼問。

「唉，」宣伯歎了一口氣，半真半假地說，「我，我想念家鄉了，我想回魯國去，就算當個農民伯伯我也願意。」

「嗯，不行。」生猛子一下子坐了起來，在宣伯的臉上擰了一下，假裝嗔怒地說：「你真壞。你要是走了，我會空虛的。這樣好不好，我讓我兒子提拔你當卿，跟國家、高家平起平坐，好不好？」

「不要不要。」宣伯連忙拒絕。

「嗯，要嘛，偏要嘛，我還要。我又想女兒了，嘻嘻。」

宣伯人間蒸發了。

宣伯是被逼的。

宣伯知道，在齊國待下去，只有兩條路，而兩條路都是死路。別人是死路一條，他是死路兩條。

第一條死路就是死在床上，而且很可能是生猛子的床上；第二條死路是死在不知道什麼地方，就是俗話說的死無葬身之地，為什麼要這麼說呢？作為一個外來戶，老老實實過日子是沒有問題的，跟國君的老娘上床也是沒有問題的，其實，從魯國到齊國，國君都知道誰在

跟自己的老娘上床，不過都睜隻眼閉隻眼。但是，一旦一個外來戶不在床上混，而在官場上混，那就離死不遠了。宣伯知道生猛子一定會讓自己當上卿的，那算是對自己在床上的貢獻的回報。可是，當上卿的後果就是引起齊國人的憤怒，到時候只怕自己連怎麼死都不知道。

所以，宣伯只有逃命這一條路可以走了。

據說，宣伯後來逃到了衛國，結果同樣享受卿的待遇，而衛獻公的老娘很喜歡他。至於是不是有進一步的發展，史書沒有記載。

現在的問題是：宣伯跑了，生猛子怎麼辦？她會空虛嗎？如果她空虛，她會用什麼來填補空虛？

第一三四章

齊國人的陽奉陰違

　　宣伯人間蒸發了，生猛子感到一種前所未有的空虛。如果知道宣伯去了哪裡，她寧願拋棄這裏的一切追隨過去。

　　還好，空虛的時間不算太長。一個美男子很快填補了宣伯離去造成的空虛。這個人是誰？請姓慶和姓賀的朋友們注意了，你們的祖先就要出場了。

　　這個人的名字叫做慶克。

　　慶克什麼來歷？說起來，慶克是慶父的兒子。慶父？慶父的兒子不是公孫敖？這個慶父，是齊國的慶父，公孫慶父。齊桓公的大兒子叫公子無虧，無虧的兒子就是公孫慶父，慶父的兒子就是慶克。

　　有說法是慶克就是無虧的兒子，此說大有疏漏。按，公子無虧死於西元前 643 年，此時為西元前 575 年，也即是說，如果慶克就是無虧的兒子，此時至少 68 歲。

　　生猛子會勾搭一個 68 歲的大爺？

　　那麼，另一個問題，慶克為什麼還是賀姓的祖先？西漢末，慶克後代慶純官拜侍中，為避漢安帝的父親劉慶的名諱，「慶」字改為同義的「賀」字。

　　自古，慶賀是一家。

　　生猛子怎樣搭上了慶克？放一放再說。自從宋襄公扶立齊孝公之後，齊國的事情都沒有交代，先把這一段補上。

輪流坐莊

　　齊孝公繼位十年薨了，弟弟公子潘殺死了孝公的太子，自己當了齊昭公。（見第三部第八十一章）

　　齊昭公二十年（前 613 年），昭公也薨了。昭公的弟弟公子商人把

太子公子舍給殺了，然後自己做了齊懿公。（見第一二八章）公子商人殺了公子舍，然後假惺惺請自己的哥哥公子元做國君。

「兄弟，我知道你想當國君，還是你來吧，我還想多活幾年呢。」公子元也沒客氣，直截了當說了。公子元儘管拒絕做國君，對齊懿公卻始終不服氣，從來不稱齊懿公為「公」，一直叫他「夫己氏」，意思是「那個人」。

齊懿公登基之後，最想幹的一件事情是什麼？幹掉哥哥公子元，掃除潛在威脅。可是沒等他動手，公子元跑回姥姥家衛國去了。既然跑了，齊懿公也就沒理由跨境抓人了，更不敢強要，因為衛國身後還有晉國的保護。不過，齊懿公時時派人去盯一盯公子元，看他有什麼動靜。

除了盯著活人，齊懿公還對死人幹了一件事。

在齊懿公還是公子的時候，曾經跟一個叫做丙戎父的大夫爭一塊地，結果爭輸了。等到齊懿公當上了國君，想起這件事情來了。

「來人，把丙戎父給我叫來。」齊懿公要報仇。

「回主公，丙戎父叫不來了，他已經死了。」

「死了？給我挖出來。」

就這樣，丙戎父被挖出來了。

「跟我鬥，啊，跟我鬥？那，我算算，你這罪行應該是怎麼處罰？對了，砍腳。」齊懿公搞得還挺正規，讓人把丙戎父的兩隻腳給砍了。

砍了死人的腳，齊懿公心情舒暢了很多。他發現丙戎父的兒子挺機靈，決定讓他兒子當自己的御者。丙戎父的兒子叫什麼？暫定叫丙戎。

轉眼間登基四年了，夏天的時候，齊懿公決定去城外的一個叫做申池的水池游泳，於是駕著車就去了。齊國國君和魯國國君都有一個優良傳統：不擾民。

一輛車到了申池，那可是一池好水，齊懿公脫了個光屁股，一個猛子就紮進去了。岸上，司機丙戎和車右庸職還在那裏脫衣服。這時候，丙戎拿起馬鞭就給了庸職一馬鞭。

「哎，你打我幹什麼？啊，你還沒我脫得快呢。」庸職很氣憤，他以為丙戎是嫌他脫衣服脫得慢呢。

「你別裝了，別人把你老婆搶了你都沒屁放，打你一下怎麼了？」丙戎說。

誰搶了庸職的老婆？齊懿公。

「啊，啊呸！你還不是一樣？你老爹的腳被人砍了，你敢說話了？」庸職被揭了瘡疤，於是反揭丙戎。

兩人都沒話說了，都是一肚子辛酸史。

「哎，快來啊，磨蹭什麼呢。」水池裏，齊懿公正玩花樣游泳呢，大聲叫他們。

兩人對視一眼，交換了眼神，然後都做了一個咬牙的動作。

兩個人，悄悄地帶了兩把刀，下水了。

齊懿公正游得高興，突然就覺得肚子下面一陣劇痛。

「哎喲，魚咬我了。」齊懿公大叫。

「哼，讓你搶我的老婆。」庸職從水裏鑽了出來，一隻手拿著刀，另一隻手拿著齊懿公的命根子。

「啊……」齊懿公發現大事不妙，急忙就要逃命。

逃命，是來不及了。齊懿公的雙腳不知道被什麼抓住了，生生地被拉下了水底。

血，從水裏冒出。

很快，申池成了血池。

丙戎和庸職殺了齊懿公，從此人間蒸發了。

而公子元從衛國回來，成了齊惠公。

這樣，齊桓公的幾個兒子算是輪流坐莊，只是苦了他的孫子們。

重燃雄心

齊惠公登基十年後鞠躬盡瘁，兒子無野繼位為齊頃公。

自從齊桓公死後，齊國始終在動盪之中，自顧不暇，基本上也沒

有精力跟諸侯打交道。到了齊頃公繼位，算是緩過氣來，可以認真考慮怎樣在這個世界上混了。

內閣會議，齊頃公召集了高固、國佐、晏弱等人討論齊國的外交方向。

「各位，自從我爺爺去世之後，咱們齊國在這個世界上就沒什麼影響了，好像有沒有咱們都一樣，我覺得很不爽。大家說說，我們應該怎樣才能重新稱霸？」齊頃公提出議題。

「切，不好意思，告辭了。」那三位起身要走。

「哎哎，走什麼？」

「主公，沒發燒吧？咱們齊國多少年沒打仗了？怎麼跟人家晉國和楚國抗衡啊？憑什麼爭霸啊？」高固說話了。

聽高固這麼一說，齊頃公當時就了，為什麼？高固可是齊國第一勇士，第一勇士都這樣，看來要重新稱霸確實是沒戲了。

「那，那就不稱霸了行嗎？咱們商量商量怎麼在世界上混行嗎？」從稱霸到混，目標變化得真快。

四個人對當前的國際形勢進行了分析。

首先，晉國好像正忙於內部權力鬥爭，根本沒有心情也沒有實力與楚國抗衡，因此，如今的世界老大是楚國。

其次，儘管晉國已經不行了，但是，實力也仍然在齊國之上。

最後，楚國和晉國雖然強大，但是，與齊國並不接壤，也沒有直接的利益衝突。

結論：齊國沒有可能、也沒有必要去爭奪霸主。

這就完了？繼續分析。

齊國的目標不是爭奪霸主，但是，也不能僅僅滿足於混。至少，要爭取地區霸權。

齊國的周邊是四個國家：魯、衛、呂、燕。

燕國地處偏僻，人口稀少，而且基本上不跟中原國家一起玩，齊國也懶得帶他們玩；衛國是晉國的死硬跟班，而且在晉齊之間，動衛國必然扯動晉國，不太保險；魯國目前在晉楚之間搖擺，這個國家應

該可以收拾；莒國投靠了晉國，但是，離晉國太遠，這個國家也要找機會收拾。

「說來說去，合著咱們就打魯國最合適了？魯國可是親戚啊，世親啊。啊？你們誰家沒有魯國親戚的？咱們別人不敢動，專欺負親戚，不好吧？」

「主公，沒聽說過嗎？只有永遠的利益，沒有永遠的親戚。楚國不是親戚，咱能欺負人家嗎？你說說，這周邊國家，誰跟誰不是親戚？再說了，兄弟都能殺，親戚算什麼？」高固這一番話，算是打消了齊頃公的顧慮。

「好，好，打的就是親戚，先打誰？」齊頃公倒來了積極性。

「誰也不打。」這回是國佐發言了，「主公，雖然說兩個超級大國沒挨著咱們，可是咱們也不能忽視他們啊。譬如說咱們攻打魯國，魯國向楚國求援，楚國來了，咱們怎麼辦？」

「哎，是啊。」齊頃公愣了一下，覺得這是個問題。「那怎麼辦呢？」

「這事情好辦，但是一定要辦。咱們先跟楚國搭上線不就行了？搭上了楚國，到時候萬一晉國幫魯國，楚國還能幫咱們對付晉國啊。」國佐早就想好了主意。

「哎，主意是個好主意，可是萬一人家楚國不願意搭理我們呢？」齊頃公還有顧慮。

「嘿，主公，恕我直言。咱們幾十年沒搞過外交了，人都傻了。楚國為什麼不搭理我們呢？他們要對付晉國，巴不得我們跟他們結盟呢。」

「那就這麼定了。」齊頃公挺高興，立馬派出晏弱前往楚國，尋求建立友好關係。

果然，晏弱受到楚莊王的熱情接待，隨後楚莊王派出申叔時回訪齊國。

至此，齊國和楚國建立了戰略合作夥伴關係。

當頭悶棍

齊頃公二年（前 597 年），晉楚邲之戰，晉國大敗。

消息傳來，齊國人民歡欣鼓舞，幸災樂禍。

「我們終於可以打人了，打誰？」齊頃公高興，就要準備出兵。

「我們很久不打仗，打莒國比較保險。再說，莒國離晉國遠，晉國人想救也不容易。」國佐建議，他說的有道理。

第二年春天，齊國進攻莒國。果然，莒國向晉國求援，晉國回函：我們歷來堅持以和平方式解決國際爭端，希望交戰雙方保持克制⋯⋯

收到回函的當天，莒國投降了。好在齊國只是想當老大，還沒有吞併莒國的想法。

初戰告捷，齊頃公更有信心了。

於是，齊頃公再派晏弱前往楚國，與楚莊王探討兩面夾擊魯國。

「這個，我先考慮一下。」楚莊王並沒有立即答應。為什麼？莊王的考慮有很多點。

首先，莊王是要稱霸的，稱霸的國家不應該無緣無故攻打別的國家，也不應該吞併別的國家；其次，楚國離魯國遠，而齊國緊鄰魯國，兩國夾擊魯國，最終受益的是齊國；最後，進攻魯國，很可能導致晉國介入，而楚國並不希望直接與晉國對抗。

考慮清楚之後，楚莊王派出申舟前往齊國，主要表達一個意思：如果齊國要進攻魯國，楚國願意在道義上予以聲援，至於聯合出兵，就免了吧。

而對於齊國來說，其實就是要這樣的一個效果，他們並不真的希望楚國出兵，他們只是想確認楚國不會救魯國。

遺憾的是，申舟在出使齊國的半路上被宋國人給宰了。於是，楚莊王的回覆永遠也沒有到達齊國人的手中。（見第三部第一九章）

得不到楚國人的明確答覆，齊頃公心裏還是有些打鼓，怎麼辦？

「我看，我們不妨先小規模騷擾魯國，看看他們什麼反應。」高固提了一個建議。

齊國軍隊開始製造邊境衝突，魯國人先後向楚國和晉國請求幫助，可惜，沒有得到回應。

齊頃公八年，楚莊王鞠躬盡瘁。第二年，魯國看清了國際形勢，確定了「擦掉一切陪你睡」的外交政策，徹底投靠晉國，同時在北部邊境修築城郭，加強對齊國的防禦。

「魯國徹底投靠晉國，對我們是利好還是利空？」齊頃公再次召集內閣會議。

「利空。」國佐和晏弱異口同聲，然後國佐說了：「自從士會接任中軍帥以後，晉國的國力恢復極快。如今又是郤克擔任中軍帥，他可是做夢都想打我們啊。如今魯國投靠他們，如果我們攻打魯國，郤克決不會放過這個打我們的機會的。」

說起郤克，齊頃公忍不住想笑，他想起兩年前的殘奧會開幕式來。（見第三部第一一三章）

「我不同意，我認為是利好。從前，咱們不敢打魯國，那是擔心楚國會干預。如今魯國投靠了晉國，咱們　正好聯合楚國攻打魯國。」高固的看法，這反而是機會。

三個人爭論了一陣，誰也不能說服誰。

最後齊頃公一拍桌子，說話了：「別爭了別爭了，從前，魯國人投靠楚國人，咱們不敢動他們；現在，魯國人投靠了晉國人，咱們還不敢動他們。那我們不是永遠不能動他們了？前怕狼後怕虎，咱們什麼時候才能重振雄風啊？不行，打魯國。」

齊頃公當即派人前往楚國，請求夾擊魯國。不過，楚國因為楚莊王去世不久，無法出兵。

齊頃公十年春天，齊國入侵魯國，佔領了魯國的龍和巢丘。

魯國立即向晉國求援，於是晉國聯合魯國、衛國、曹國進攻齊國。

齊頃公並不怕晉國人，一面向楚國求援，一面在齊國的鞍與晉國人進行決戰，結果是齊國大敗，齊頃公幾乎被俘。最終，晉國同意齊國求和，而齊國將侵佔的魯國土地原樣奉還。

這場大戰，見於第三部第一一四章。

晉齊大戰發生於春天，直到冬天，楚國人才趕來，不是晚了三秋，而是晚了三冬。現在齊頃公明白了：楚國人是靠不住的。

陽奉陰違

怎麼辦？現實擺在面前：聯楚抗晉那是行不通的，楚老大是靠不住的，晉老大是打不過的。

「我們必須要調整外交策略了。」又是內閣會議，齊頃公又提出問題。

「既然楚國人靠不住，我看，投靠晉國算了。」高固算是被晉國人打怕了，覺得還是靠著晉國比較保險。

「我反對。你說衛國魯國這些國家，不靠著個大國活不下去，咱們齊國跟他們可不一樣啊，跟他們排一塊給晉國人當跟班，太丟臉了吧？」晏弱發言了。他很少發言，但是這時候忍不住還是要發言。

晏弱其實說出了大家的心裏話，誰願意給人家當跟班啊？

問題是，實力又不如人家，還不想當跟班，怎麼混？就像夜總會的舞小姐，既要客人高興，還不能失身，怎麼辦？

君臣四人苦思冥想，從早上討論到晚上，又從晚上討論到早上，竟然沒有任何結果。沒辦法，各自回家了。

國佐有點垂頭喪氣，一臉的不高興加上疲憊就回到了家裏。

到了家，國佐洗了一把臉，讓家人上了飯菜。餓了一晚上了，可是國佐吃不下去，因為心裏有事。

陪國佐吃飯的是他的三夫人魯姬，魯國人。國佐一共三個老婆，大老婆鄭姬，二老婆宋子，三老婆魯姬。大老婆和二老婆之間勢同水火，恨不能掐死對方，三老婆儘管地位最低，但是人緣挺好，跟大老婆二老婆都沒有矛盾，國佐也喜歡她，時常額外地對她好一點。

「老公，看你這樣子，一晚上沒吃沒睡吧？什麼事情這麼難啊，還

一天都不讓回家。」魯姬輕輕地說，很心疼的樣子。

三個老婆中，國佐最喜歡的就是這個老婆。魯姬善解人意，又很善於協調人際關係。

「咳，你不知道，是外交政策的問題。現在楚國和晉國都比我們強，都惹不起，不知道怎樣處理和他們之間的關係比較好。既要有理有利有節，還不能惹惱他們；既要不卑不亢，還不能跟魯國這般國家一樣媚態十足。」國佐說。之後他把幾個人討論的內容大致說了一遍。

魯姬笑了。

「你笑什麼？」國佐問。

「我笑你們幾個大男人，還不如我一個女人。」

「什麼？難道你有什麼高見？」

「我覺得吧，齊國現在就比楚國和晉國差點，比其他國家都強。就像我，大姐二姐比我地位高，其餘的人比我地位低。這麼說起來，我不就相當於齊國嗎？你看我過得不是挺好？怎麼不問問我是怎麼在大姐二姐之間周旋的呢？」

魯姬的話說完，國佐就覺得太有道理了。要知道，並不是每家的三老婆都能混得這麼好的。

「那，你說說。」

「我有八字方針，你看看合不合適。我這八字方針是：陽奉陰違，見機行事。」

「啪！」國佐一拍桌子，站了起來：「好，好一個陽奉陰違，見機行事。不行，我現在就去找主公。」

國佐也不困了，也不餓了，直接上車去見齊頃公。

齊頃公的心情也不好，好容易灌了兩口湯，正要睡下，國佐來了，說是想到辦法了。

「那你等會說，把他們兩人也叫來。」齊頃公還挺會製造氣氛，派人立即把高固和晏弱也給叫來了。

人到齊了，就該國佐發言了。

「幾位，其實，世界就像一個家，有大老婆二老婆三老婆，咱們吧，就是三老婆。為什麼這麼說？因為這個主意是我三老婆出的，咱們在外交政策就是八個大字：陽奉陰違，見機行事。面子上，咱誰也不得罪，誰也不對抗；實際上，咱瞧好時機，該幹什麼還幹什麼。」國佐一番話出來，那三位半天沒說話。

　　如果說剛才齊頃公等三人還有點睡意朦朧，現在就全都醒了。

　　「哎呀媽呀，你三老婆太有才了。」高固先說話了。

　　「唉，想不到，我齊國的外交政策竟然出自一個女人的手中。」齊頃公歎了一口氣，同時也等於宣佈，齊國的外交政策就是這八個大字了：陽奉陰違，見機行事。

事實證明，一個符合本國國情的外交政策是非常重要的。

自從齊頃公十年齊國確定了「陽奉陰違、見機行事」的外交政策之後，到齊頃公十七年的七年時間，齊國國內安定，國際環境也非常好。大凡晉國召開聯合國會議，齊國都派人參加，該舉手舉手，該歡呼歡呼，該溜須溜須。結果，晉國非常滿意齊國的表現，不僅表現出尊重，而且一高興，讓魯國把汶陽的土地給了齊國——那塊地原本是魯國的，後來齊國搶了，再後來鞍之戰後還給了魯國，現在，又成了齊國的。

「看見沒有？只要堅持正確的外交方針，戰爭得不到的，咱們憑著外交也能得到。」齊頃公很高興。

齊頃公十七年，齊頃公薨了，太子姜環繼位，就是齊靈公。

轉眼間到了齊靈公七年，就是宣伯逃到齊國的那一年。

慶克

慶克是什麼人？公子無虧的孫子。

公子無虧是誰的兒子？齊桓公的兒子。還是誰的兒子？大衛姬。

那麼，齊靈公的爺爺齊惠公是誰的兒子？齊桓公的兒子。還是誰的兒子？小衛姬。

在齊桓公的兒子們中間，公子無虧和公子元（即齊惠公）的關係比別人都要近得多。

當初，公子無虧被殺，就是齊惠公收養了他的兒子慶父。因此，慶克與齊靈公的關係非同一般。

齊頃公和齊靈公都在竭力扶持慶克。為什麼？不僅僅是關係親近這一條，更重要的，是要尋求一股力量來對抗國高兩家。

國高兩家祖上是周王親命的齊國上卿，因此世為上卿，除了管仲在世的時候，其餘的時間都是齊國最強勢的政治力量。齊桓公幾個兒子互相攻伐，背後都是得到了國高兩家的支持。

而更厲害的是國家和高家世世代代共同進退，始終在同一條戰壕，因此也才能夠幾百年來屹立不倒，其地位之穩固，甚至超過了國君。兩家還有一個共同的特點，就是非常喜歡把女兒嫁給外來的才俊，譬如當年陳國公子完流亡到齊國，就做了國家的女婿；叔孫豹到了齊國，也做了國家的女婿。而這些青年才俊很快就立足齊國上流社會，成為國高兩家的勢力範圍。

就因為勢力龐大並且盤根錯節，國高兩家在齊國說話的分量很重，往往居高臨下，不留情面。即便在國君面前，也常常直來直去，並不考慮對方的面子。

在《國語》中，單襄公曾經這樣評說國佐：「立于淫亂之國，而好盡言，以招人過，怨之本也。唯善人能受盡言，齊其有乎？」意思就是，國佐身在齊國這樣一個淫亂的國家，說話卻很直，沒有顧忌，直接點出別人的過錯，這樣是很容易得罪人的。只有善人才能夠容忍別人的直言直語，可是齊國有這樣的善人嗎？

至少，齊靈公不是這樣的善人。

對這兩家，齊靈公如芒刺在背。他在培植自己的力量來對抗國高兩家，而慶克是其中的一支。

正因為如此，慶克受到重用，可以經常出入後宮。

生猛子失去了宣伯，於是搭上了慶克。

古人說：好事不出門，壞事傳千里。

現在我們說：什麼新聞傳得最快？緋聞。

生猛子與慶克的緋聞很快傳了出去，官場上人人皆知。於是，問題來了。

當初宣伯與生猛子的緋聞也傳得很快，但是由於宣伯是外來戶，所以，大家也就一笑置之，把他看做生猛子的一個高級面首而已。可

是慶克不一樣，國家、高家甚至鮑家（鮑叔牙的後代）對於慶克的受寵一向就很不滿，一向認為他會對舊的權力格局產生威脅。如今他又上了生猛子的床，對大家的威脅更大了。

「該死的，整他！」國佐、高無咎（高固之子）和鮑牽三人一商量，決定要收拾慶克。

現在想起來，宣伯的人間蒸發是多麼明智。

鮑牽

慶克也不是傻瓜，他也知道自己現在的處境，他也聽到一些風聲對自己很不利。他決定避避風頭，暫時不要去約會生猛子。可是，生猛子那邊依舊生猛，不依不饒。怎麼辦？

這一天，生猛子又派人來請了。去？還是不去？

慶克想了一個辦法。

每天都會有很多人進出後宮，主要是些婦女，這些婦女幹什麼的都有，探親訪友的、送女工的、探親回來的，等等。一般來說，這些人進出後宮不會有人注意。

慶克在後宮附近找到了一個要進宮的中年女人，然後湊到了她的車前。

「大嫂，我也要進宮，搭上我好嗎？」慶克低聲說。

「大閨女，上來吧。」中年婦女很熱情，讓慶克上了車。為什麼叫大閨女？因為慶克裝扮成了女人。

慶克成功地混進了後宮，之後去約會生猛子了。

就在慶克自以為神不知鬼不覺的時候，一雙眼睛在遠處早已經緊緊地盯住了他，誰？鮑牽。

「國老，我剛才看見慶克這小子裝成女人混進了後宮。」鮑牽立即向國佐作了彙報。

「走，咱們在後宮外面等他出來。」國佐來了興趣，親自出動，和鮑牽蹲點守候去了。國佐知道，怎樣進去的，慶克一定會怎樣出來。

自古以來，捉姦這一類的事情就是大家喜聞樂見的。

果然，一個時辰之後，一輛車從後宮後門出來，車上坐著兩個婦女。車子出來不遠，一個婦女從車上跳了下來，一頭鑽進了一個小巷。

「哎呀媽呀，太成功了，太刺激了。」這個婦女一邊自言自語，一邊脫衣服。

「很爽吧？慶克。」一個聲音傳來，嚇了慶克一個哆嗦，抬頭看，不知道什麼時候國佐和鮑牽已經站在了自己面前。

這下，什麼也不用說了，跟捉姦在床基本沒有區別。

「你這身衣服不錯啊，哪來的？」國佐壞壞地問。

「這，這，我，我老婆的。」

「你老婆的？你變態啊？好個王八羔子，你膽肥了？跟國母上床了？」國佐也不管三七二十一，把慶克一通臭罵，慶克也不敢吭聲，低著頭挨罵。

罵了之後怎麼辦呢？國佐想想，好像也就只好罵罵了，畢竟這是生猛子的事情，真要鬧大了，太后沒面子，國君也就沒面子；國君沒面子了，自己不是有麻煩了？

「滾，以後別再讓我看見，否則有你好看！」罵夠了，國佐又威脅了兩句，這才放慶克走掉。

慶克嚇出來一身冷汗，偷偷摸摸回到家，再也不敢去跟生猛子約會了。

沒過幾天，生猛子又派人來了，說是太后想他了。

「我不是不想去，我是不敢去啊。」慶克把自己那天怎樣扮女人進宮，怎樣被國佐和鮑牽捉住，怎樣被痛罵一頓，又怎麼被國佐威脅等等，從頭到尾說了一遍。

來人沒辦法，回去對生猛子轉述一遍，生猛子咬牙大罵：「該死的國佐，該死的鮑牽，你們不讓我爽，我也不會讓你們爽，我決不會放過你們。」

女人為了男人，是什麼都做得出來的。

國佐

齊靈公八年（前 574 年）六月二十六日，晉國召集各國在柯陵舉行盟會，根據陽奉陰違的外交原則，齊靈公帶著國佐前往參加。在齊靈公離開期間，臨淄由高無咎和鮑牽鎮守。

高無咎和鮑牽這哥倆第一次接受這麼重要的任務，覺得要有所表現。於是，城頭增加崗哨，城門增加守衛，每天提早關城門，同時，行人出入都要進行檢查。

總的來說，首都治安不錯。

這一天，天色將黑，一隊人馬從西方而來。

「開門開門，怎麼這麼早就關門了？」城下，那隊人馬大聲喝叫著。

「你們是幹什麼的？是高將軍和鮑將軍安排關城門的。」城上的軍士喊。

「混賬，國君回來了，沒有長眼嗎？」城下大罵，原來是齊靈公回來了。

「哎，等等，我們要請示一下。」

過了半個時辰，城門開了。

齊靈公車隊的前導罵罵咧咧，一邊罵，一邊進城。

「下車下車，接受例行檢查。」守門的軍士喝令。

「嘿，連我們也要檢查？」

「高將軍和鮑將軍說了，就算是周王來了，也要檢查。」

齊靈公車隊的前導只好下車接受檢查，沒有下車的，只有齊靈公和國佐。折騰到半夜，齊靈公才回到宮裏。

「兒啊，你怎麼這麼晚才到家？」生猛子聽說兒子回來了，從床上爬起來看他。

「嗨，城門怎麼檢查這麼嚴格呢？折騰了半天。」齊靈公說，雖然有點惱火，但是覺得這也反映了高無咎和鮑牽工作很賣力。

「兒啊，你知道為什麼這麼嚴格嗎？我聽說高無咎和鮑牽想造反了，他們想害了你，立公子角為國君啊。我還聽說，國佐跟他們也是一夥的。」生猛子輕聲說。

「什麼？真的嗎？」齊靈公吃了一驚。

「小聲點，娘還能騙你嗎？」

齊靈公將信將疑，他知道老媽說話不太靠譜。但是，他倒寧願相信老媽說的是真的，因為他早就想打擊國、高、鮑幾家的氣焰，這是一個不錯的藉口。

「好，我會讓他們付出代價的。」

第二天，齊靈公宣佈高無咎和鮑牽在國君不在期間濫用職權，圖謀造反，姑念兩家祖上有功，死罪免去，活罪不饒，高無咎驅逐出境，鮑牽砍掉雙腳，立即執行。

高無咎逃到了莒國，而鮑牽的封邑由其弟弟鮑國接手。

崔杼

齊國朝野震動，因為國高兩家世為上卿，歷任國君都不敢動他們，可以說，他們的地位比國君還要穩固。齊靈公敢於趕走高無咎，實際上就等於向國高兩家宣戰。

高無咎的兒子高弱在封邑廬（今山東長清縣）宣佈獨立。

「造反？鎮壓！」齊靈公大怒，決定派兵前往鎮壓。派誰？派大夫崔杼和慶克。

這崔杼是幹什麼的？順便說說崔姓起源。

姜太公去世之後，也不知道傳了幾代，就傳到了丁公姜伋，丁公姜伋的嫡長子季子讓位給弟弟叔乙，自己食采于崔邑（今山東省章丘縣），子孫以邑為氏，這就是崔姓的起源。姜季子就是崔姓的得姓始祖，不僅是中國的，也是韓國的。

崔家和慶家一樣，都是公族，也都是公室用來抗衡國高兩家的新興力量。

從能力來看，崔杼還在慶克之上。

「主公，不可輕舉妄動啊。高弱造反，必然內聯國佐，如果我們貿然出兵討伐高家，國佐就有可能趁機端我們的老窩。」崔杼比較有頭腦，當即提出反對意見。

「嗯，你說得對。可是，難道我們就這麼忍著？」

「忍，該忍就忍。」

「忍到什麼時候？」

「忍到他們忍不住的時候。」

「好，那就忍。」

齊靈公決定忍著，就當不知道高弱已經造反。

這一忍，就是一個月。

轉眼秋收結束了，晉國派人來，召集齊國軍隊隨同聯合國軍隊討伐鄭國。

「主公，機會來了。」崔杼看到了機會。

「什麼機會？」

「派國佐領軍參加聯合國軍隊的行動，他一走，咱們就對高家下手。」崔杼厲害，玩一手釜底抽薪。

於是，齊靈公派國佐領軍前往鄭國。國佐自然不願意去，可是想想齊靈公這段時間的表現，看不出來他是在故意支開自己打高家的意思，於是決定聽從命令。

儘管走了，國佐也不是傻瓜，他留下了眼線，一有風吹草動，立即通知自己。

國佐一走，這邊崔杼和慶克就率領著齊軍討伐高家。

計策很好，可惜，崔杼和慶克都不會打仗，圍住了盧一通狂攻，結果是毫無進展。

再好的計策，也需要速度和時間的配合。這一邊崔杼和慶克不能迅速拿下盧，那一邊，國佐已經得到了消息。於是，齊軍退出聯合國行動，緊急回國，直奔盧而去。

等到國佐的部隊來到，崔杼和慶克可就傻眼了。跑吧，說不過去；

打吧，好像也沒有理由，況且，也打不過。兩人正在手足無措的時候，國佐派人來了，說是請兩位過去見見。

去，還是不去？去吧，危險；不去吧，人家國佐是上卿，這兩位才是大夫，差了好幾級，不去也說不過去。

沒辦法，兩人硬著頭皮去了國佐的大帳。

戰戰兢兢，崔杼和慶克進了國佐大帳，剛一進去，就見國佐大喝一聲：「把慶克給我拿下。」

兩邊衛士出來，將慶克拿下。

「國、國、國老，您這是？」慶克嚇得連話都說不利索了。

「慶克，我說過別再讓我看見你。誰知道你不僅不思悔改，而且搬弄是非，陷害高家和鮑家。來人，拖下去砍了。」國佐大喝，手下不容分說，將慶克拖下去砍了頭。

慶克就這麼死了，算計別人半天，結果先把自己算計死了。

崔杼嚇得兩腿發抖，撲通跪了下來。

「國，國老，這不干我的事啊，是主公讓我來的。」崔杼跪地求饒。

「沒你的事，你走吧。」國佐放過了崔杼，卻不知道，真正出主意的正是崔杼。

崔杼得了小命，不敢停留，立馬率軍撤回了臨淄。

高弱

國佐進城，和高弱見面，之後揮師回到自己的封地谷，宣佈獨立。

現在，國高兩家都已經造反，而且國佐手中還有齊國軍隊。這樣的結果，是齊靈公最不願意見到的。怎麼辦？

這時候，齊靈公想起齊國的外交政策來了：陽奉陰違，見機行事。

該裝孫子的時候，就得裝孫子。

齊靈公派人前往谷地，與國佐進行談判，大概意思就是此前的一切都是誤會，都是慶克在挑撥離間，如今您老人家為國除害，為君鋤奸了，咱們誤會消除，就該齊心合力，為國家的復興而努力奮鬥了。

國佐其實也並不真是要獨立，他只是要以此警告齊靈公，同時為高家和鮑家申冤。於是，國佐提出為高家和鮑家平反昭雪的合理要求，齊靈公當然答應。於是，國佐宣佈取消獨立。隨後，高弱也宣佈重回祖國懷抱。

公室與國高兩家的第一次正面交鋒，以國高兩家的勝利而告終。

但是，齊靈公更加感覺到國高兩家的力量過於強橫，更加下定決心要收拾他們。

第二年，也就是晉國欒書殺晉厲公那一年，齊靈公找到了一次機會，或者說，他決定孤注一擲了。

欒書殺晉厲公讓齊靈公震驚，他懷疑國佐隨時會成為齊國的欒書，而自己會成為齊厲公。怎麼辦？

「主公，先下手為強啊。」崔杼又出了主意。

於是，齊靈公下手了。

事實證明，國佐並不是齊國的欒書。一月底，齊靈公在朝廷派人刺殺了國佐，隨後又派人殺了國佐的大兒子國勝，國佐的二兒子國弱則逃到了魯國。

之後，齊靈公任命崔杼為下卿，任命慶克的兒子慶封為大夫，另一個兒子慶佐為司寇。這樣，權力佈局完成，崔慶兩家執掌大權。

高弱有什麼反應？沒反應。

「高弱高弱，確實很弱。」齊靈公很高興，他決定讓國弱回來接掌國家。一方面，他不想滅掉國家；另一方面，他也不敢滅掉國家。

於是，國弱從魯國回來，接掌國家的一切。

一個高弱，一個國弱，國高兩家怎麼能不弱？國高兩家，由此衰弱。

至此，齊國確定了「陽奉陰違」的外交政策並且完成了權力的重新佈局，而這一切，都與女人分不開。

而齊國與魯國的權力鬥爭有一個共同點，那就是：婚外情引發權力鬥爭。

魯國的權力鬥爭是由一個齊國女人穆姜引發的，而齊國的權力鬥

爭是由一個宋國女人生猛子引發的。那麼，宋國呢？宋國有權力鬥爭嗎？宋國的權力鬥爭是由女人的婚外情引發的嗎？如果是，又是哪個國家的女人引發的呢？

　宋國，一個有趣的國家。

第一三六章
宋國人的獨立自主

宋國，鄭國人叫他們「送國」，因為他們總是送東西過來。宋國為什麼成了「送國」，要看看歷史了。

宋國是商的後代，商禮看上去比周禮還要迂腐一些。宋國人打仗超講規矩而且超講慈悲，因此幾乎是戰無不敗。不過宋國人覺得自己很有文化很講仁義，就算打敗仗也沒關係。宋襄公就是宋國人民的傑出代表，而不是特例。

所以，商朝之所以被周朝打敗，恐怕也並不僅僅因為紂王無道這麼簡單。

宋國人很有些孤芳自賞的意思，儘管僅僅是周朝的一個諸侯國，他們在內心認為自己才是城裏人，其餘的諸侯國都是鄉巴佬。

「我們是周朝的客人，我們這裏也有天子之禮啊。」宋國人常這麼說。確實，宋國和魯國一樣都有天子之禮，不過大家都不去宋國觀禮，一來忌諱，二來根本瞧不起他們。

除了說，宋國人也是這麼做的。

內婚制

《太平御覽》稱：「夏殷五世之後，則通婚姻，周公制禮，百世不通，所以別禽獸也。」

啥意思？夏朝和商朝的規矩，同宗五世之後，就可以通婚。而周朝的規矩，同姓永遠不能通婚。順便提一句，如今中國的規矩就是夏商的規矩，而不是周朝的規矩。

對於大多數諸侯國來說，同姓不婚是鐵律，譬如魯國衛國等。少數國家偶爾有違反，但是也只是偶爾，譬如晉國齊國等。唯一一個例外就是宋國，這個國家繼承了商朝的規矩，同姓可以結婚。

正是因為同姓不婚，所以周朝的一個特點就是各國國君都不在本國娶老婆，各國之間通婚十分頻繁，而國君在本國娶老婆成了一種忌諱和笑話。

不僅國君，各國的卿通常也都是涉外婚姻，好像不娶個外國老婆都不好意思對別人說。

可是，宋國不一樣。大概是自認高貴，宋國多數情況下不願意與外國人結婚，而是自己內部解決，反正同姓也可以結婚。國君這個層面，由於政治聯姻的考慮，與諸侯國通婚的比例較高，至於卿大夫，則極少與外國人通婚。這種現象，稱為「內婚制」。

宋襄公、宋共公和宋昭公連續三任國君都娶了國內大臣的女兒做老婆，因此《公羊傳》嘲諷宋國「三世無大夫」，因為按照周禮，國君不能以自己的老丈人為臣下，所以老丈人就不能算大夫，進一步，老丈人的同僚們也就不能算大夫。

內婚制帶來的壞處很多。

首先，內婚制妨礙了宋國與諸侯國之間的交流，進一步促進了宋國的保守思想，也使得宋國在國際上常常處於孤立。

其次，長期族內解決婚姻問題，導致人口素質下降，智障人口比例偏高。後來諸子的寓言中常常拿宋國人找樂，如「揠苗助長」、「守株待兔」、「狗猛酒酸」等笑話，都攤在了宋國人的身上。

再次，內婚制引發內部政治問題。外婚制的好處是沒有所謂「後族」「外戚」，而內婚制就必然使得後族的勢力得到提升，國君總是搞幾個老丈人來壓著自己，公室的權威就受到打擊。所以，宋國的國力總是被分散，無法形成合力。《公羊傳》就說：「宋以內娶，故公族益弱，妃黨益強，威權下流，政分三門，卒生篡弒，親親出奔。」

宋國人的保守封閉不僅體現在國際上，在國內同樣如此。每一任國君的後代都成為一個單獨的族群，譬如宋戴公的後代就成為戴族，他們聚居在一起，遇事則一致對外，五代之後則族內通婚。因此，宋國歷代國君後代各成一族，形成多股政治勢力。這一點，也是宋國獨有的特點。

有了這些，宋國人處理國際國內事務的各種做法也就順理成章了。

奶奶生氣了

宋襄公在泓之戰中受傷，次年鞠躬盡瘁。（見第二部）太子王臣繼位，就是宋成公。17年之後，宋成公鞠躬盡瘁，太子杵臼繼位為昭公。

來看看宋國現在的內閣組成。

宋國也是六卿制，不過宋國的六卿與晉國的六卿不同，具體如下：公子成擔任右師，公孫友擔任左師，樂豫擔任司馬，鱗鱹擔任司徒，公子蕩擔任司城，華御事擔任司寇。

從六卿構成看，樂豫、華御事為戴族（宋戴公後代），鱗鱹、公子成、公孫友和公子蕩為桓族（宋桓公後代）。戴、桓兩族為宋國的強勢家族，其餘各族比較衰弱。可以這麼說，戴族和桓族的力量，都比公室的力量還要強。

宋昭公聽說了一條小道消息，說是叔叔公子御對自己的寶座有想法。宋昭公立即召集六卿會議，討論這個問題。

「各位，國家要穩定，社會要和諧。可是，我聽說公子御想要篡位。為此，我決定大義滅親，把我的叔叔們都給滅了，永絕後患，實現徹底和諧。」宋昭公的大義滅親是這樣的。他的叔叔們，也就是宋襄公的兒子們，就是襄族。而公子御，是他的一個叔叔。

「切——」眾人一片譁然。

「主公，不可以啊。公族啊，那是公室的遮罩啊，你應該去親近他們，使他們成為你的幫手，而不是殺掉他們啊。」樂豫趕忙來勸勸。

「不行，我已經下了決心了。」宋昭公否決。

大家一看，你既然已經下了決心了，那我們還討論什麼？回家吃飯去了。

宋昭公說到做到，第二天就下手殺了公子御。只是可惜，沒有六卿的支持，他無法展開大規模的清洗。

公子御被殺，整個襄族震動了，於是，襄族聯合了穆族共同進攻

宋昭公，結果宋昭公跑得快，他給跑了，朝廷裏大大小小被殺了一批，連爺爺輩的公孫固也稀里糊塗被殺了。

襄族和穆族佔領了後宮和朝廷，六卿們一看事情不妥，連忙出來調停。最後達成協議，此次事件定性為誤會，宋昭公繼續當他的國君，穆襄兩族獲得安全保證並保證不會秋後算賬，此外，樂豫讓出司馬給宋昭公的弟弟公子卬。

事情看上去擺平了，其實不然，有一個人在咬牙切齒：「不讓奶奶過好日子，奶奶也不讓你過好日子！」

誰啊？奶奶。

當初宋襄公一開始娶的夫人是國內公族的女兒，之後夫人去世，於是向王室求婚，周襄王的姐姐嫁給了他，就是王姬，史稱宋襄夫人。論輩分，宋襄夫人就是宋昭公的太太后，奶奶輩的。

宋襄公鞠躬盡瘁的時候，宋襄夫人不到 30 歲上，正在風華正茂的年紀，於是就搭上了公子御。這一晃，十多年過去，感情那是沒得說了。宋襄夫人本來就是太后，再加上與戴族的關係很鐵，在宮裏那是說一不二，宋成公在的時候就很怕她。等宋成公沒了，就有流言說宋襄夫人有意廢了太子，扶公子御上位。

究竟宋襄夫人有沒有這個想法，誰也不知道，反正現在的現實就是公子御被宋昭公給殺了。

宋襄夫人傷心欲絕，當初宋襄公死的時候也沒有這麼傷心過，她恨死了宋昭公，決心要為自己的情郎報仇。

宋國的婚外情要發酵了。

宋襄夫人沒有等太久，第二年，也就是宋昭西元年（前 619 年），宋襄夫人依靠戴族的力量，一舉殺掉了宋昭公的親信公子卬、孔叔和公孫鐘離。這三個人，就是當初殺害公子御的兇手。

三人被殺，這一次是桓族出來做和事佬，最後事件再次被定義為誤會，誰家的死人誰家埋，今後出門注意安全。

宋襄夫人怎樣了？

「哼，奶奶心情好點了。」太太后算是出了口氣。

宋昭公躲在廁所裏倒氣，沒辦法，惹不起。

奶奶動手了

生猛子失去了宣伯，於是又找到了慶克。那麼，失去了公子御，宋襄夫人就這麼算了？生命不息，偷情不止。宋襄夫人不過 40 多歲，正在如狼似虎的年齡，豈能虛度？

宋昭公有一個弟弟叫做公子鮑，《左傳》的說法是「美而豔」，那就是一性感美少年。宋襄夫人一看這孫子不錯，值得勾搭。

「公子，最近可好？」宋襄夫人開始勾搭。

「托您老人家的福，挺好。奶奶，您的身體也好？」公子鮑急忙問候。

「嗨，別老人家老人家這麼叫，把我叫老了。其實啊，我也比你大不了多少，私下裏，叫姐姐就行了。」赤裸裸的勾搭。

「那不行，奶奶就是奶奶。亂了輩分，爺爺在天有靈，會譴責我們的。」公子鮑不接受勾搭。

「嘿嘿，別說了，自從你爺爺去世之後，奶奶好孤獨好寂寞，晚上醒過來，枕邊連個說話的人都沒有，好淒慘啊。」繼續勾搭。

「奶奶，我有一味藥，吃下去有助睡眠，一夜不醒，您要是要的話，讓人給您抓來。」假裝不解風情。

「唉，還是有個人好啊。」還不死心。

「奶奶，你看，多麼藍的天啊。」轉移話題。

「是啊，你看天上的鴛鴦，成雙成對，好讓人羨慕啊。」最後努力。

「奶奶不說我還忘了，今天約了人打雁呢。奶奶休息吧，孫兒去打雁了。」走為上計。

第一次勾搭沒有成功。

第二次勾搭沒有成功。

第三次勾搭沒有成功。

宋襄夫人放棄了，不過，她還是很喜歡公子鮑，或者說她更加喜

歡公子鮑了。所以，她決定要幫助公子鮑，幫他奪走宋昭公的寶座。

轉眼到了宋昭公九年（前611年）。

這九年時間裏，宋昭公幹了很多壞事，公子鮑則幹了很多好事，到處訪貧問苦，禮賢下士，拿出自己的全部家產救濟窮人，因為他知道什麼叫捨不得孩子套不住狼。除此之外，公子鮑每天都要去六卿家裏做客，溝通感情。宋襄夫人全力幫助公子鮑，連自己壓箱底的嫁妝都拿出來資助他，逢人就說公子鮑好。

結果是什麼？結果是宋國人都說公子鮑好。

九年過去，宋襄夫人從40多歲到了50多歲，與公子鮑之間的關係變得更加純粹。如果說從前想幹掉宋昭公是為了報仇，那麼現在就純粹是因為喜歡公子鮑。

看看現在的六卿構成：華元擔任右師，公孫友為左師，華耦為司馬，鱗瓘為司徒，蕩意諸為司城，公子朝為司寇。依舊是戴族、桓族大包大攬。

宋襄夫人認為時機已經到了，可以行動了。於是，宋襄夫人再次聯合戴族，準備動手。

「孫子，看日子，你該去孟諸打獵了，啊，祭祀用的獵物要準備了。」宋襄夫人半提醒半命令，要讓宋昭公去打獵。

「啊，對對，奶奶，我正準備呢。」宋昭公應承著，其實他已經知道了宋襄夫人的計畫。基本上，所有宋國人都已經知道了。

怎麼辦？

「先下手為強。」司城蕩意諸建議，基本上，現在他是宋昭公唯一的朋友。

「不，不行，她是我奶奶啊。」宋昭公反對。

「那，那就逃走？」

「唉，我也知道，老百姓不喜歡我，大夫們也不喜歡我，連奶奶也不喜歡我，我這樣的人，逃到哪裡能受歡迎呢？不就是個死嗎？我已經活夠了，死就死吧。」宋昭公視死如歸，也難怪，九年來的日子過得

壓抑，早就想死了。

宋昭公很從容，把自己的財產都倒騰出來，分給自己的左右，然後讓他們各奔前程。想一下那個場景，絕對有悲壯的味道。

宋昭公，其實是個很夠意思的人。

宋昭公在那邊分遺產，地球人很快就都知道了。

十一月二十一日，打獵的前一天，宋襄夫人把蕩意諸找來了，因為是他陪宋昭公去打獵。

「小蕩啊，啊，那個什麼，明天要發生什麼事情你都知道了，就別去了吧。」宋襄夫人不願意殺他。

「不，作為主公的臣下，明知有難卻自己逃走，會把大家教壞的。」蕩意諸拒絕了宋襄夫人的好意。宋國人，就這樣。

第二天，宋昭公帶著蕩意諸去打獵了，其實他們知道，自己才是獵物。

事情如期發生，宋昭公和蕩意諸被宋襄夫人派去的人殺死。

當天，公子鮑登基，就是宋文公。司城的職位則給了公子鮑的同母弟弟公子須。

宋昭公死了，宋國人民皆大歡喜。

蕩意諸死了，卻只有一個人高興，誰？他爹。

「終於能安心睡個覺了，哈哈哈哈……」蕩意諸的老爹公孫壽高興得夠戧。

兒子死了，為什麼爹這麼高興？

原來，公子蕩死後，應該是兒子公孫壽接任司城，可是公孫壽拒絕了，他說：「這年頭，官場不好混。國君的位置不穩，大臣很可能就跟著倒楣。我不當這官，讓我兒子去吧，就算他死了，我們家族還能保住。」

現在，兒子死了，家族保住了，所以公孫壽很高興。

沒辦法，宋國人，就這樣。

但是，事情並沒有結束。

宋昭公屬於內婚，老婆是武族的，因此，武族一向為宋昭公不平。

兩年後，武族以宋昭公太子的名義聯合穆族和司城公子須造反，要扶持公子須登基。宋文公聽到風聲，立即組織戴、桓、莊三族進行鎮壓，結果殺了公子須和宋昭公的太子，將武穆兩族驅逐出境。

至此，宋國的族爭告一段落。

看看現在的六卿構成：華元擔任右師，公孫友為左師，華耦為司馬，鱗瓘為司徒，公孫師為司城，樂呂為司寇。戴族三位、桓族兩位，公孫師代表莊族入閣。

獨立自主的外交政策

國內安定了，宋文公終於可以放眼世界。而放眼世界的結果是讓他嚇了一跳，他這時候才發現強敵環伺，宋國需要立即制定外交政策。

於是，宋國開始討論外交政策。與會人員：宋文公，六卿。

「各位叔叔大爺，目前的國際形勢是這樣的：南面，楚國人非常強大；北面，晉國人也很生猛；東面，魯國人非常友好；西面，天殺的鄭國人非常討厭。那麼，我們應該怎樣應對這麼複雜的國際形勢？」宋文公提出問題。

公孫師沒有發言，他也不準備發言，在內閣裏，莊族的實力太弱，不宜發言。

「我談談看法。楚國人是我們的世敵，而且是野蠻人；鄭國人也是我們的世仇，而且很狡猾。我們要想在世界立足，只能投靠晉國人。」公孫友發言。大家沒有反應。

「我覺得我們應該靈活一些，楚國人目前比晉國人強大，我們儘管不喜歡他們，也不要得罪他們，最好主動去和他們修復外交關係，這樣的話，鄭國人也就不敢來欺負我們了。」華耦發言。大家還是沒有反應。

宋文公皺了皺眉頭，說話了：「兩位啊，你們一個是投靠晉國，一

個是主動修好楚國，這些話，我不愛聽。華元，談談你的看法。」

華元也皺著眉頭，對那兩位的話，他也不愛聽。

「各位，我們宋國是什麼？我們是周朝的客人，我們是文明人，啊，最好不要自己降低自己的身份，不要像鄭國人齊國人那麼考慮問題，他們沒文化，他們不考慮尊嚴，只考慮利益，我們不能。」

「楚國和晉國固然強大，可是，我們也不是任人捏的軟柿子，我們要有尊嚴。無尊嚴，毋寧死。不錯，當初我們的襄公幫助過晉文公，晉國人始終對我們心懷感激，跟我們關係好，那我們也沒有必要去討好他們，我們只要維持這樣的友好關係就行了。至於楚國，沒文化不講信用的野蠻人，我們為什麼要主動去跟他們修好呢？如果他們尊重我們，我們可以跟他們友好；如果他們還像從前一樣欺騙我們輕視我們，那就是我們的敵人，我們決不向他們屈服。」

「各位，人活著，是要有點境界的。國家在世界上立足，是要有尊嚴的。我們的外交政策是什麼？我們的外交政策是：獨立自主，寧死不屈；人不犯我，我不犯人。」

華元的發言慷慨激昂，充滿自信，贏得了所有人讚賞的目光。

「好一個獨立自主，寧死不屈。好，右師說得好。我們宋國人，有志氣有骨氣，有素質有體質。我們不僅要活下去，更要有尊嚴地活下去。各位，散會。」宋文公很高興，這是他要的結果。

可是，沒有人走。

「主公，快中午了，管頓飯吧？」大家提議。

宋文公猶豫了一下，很勉強地說：「好吧，每人兩個饃。」心裏在說：「這幾位，為了一頓飯，尊嚴也不要了。」

六卿們對視一眼，沒有說話，心裏卻在說：「這麼小氣，真沒素質。」

獨立自主，宋國的外交方針確定了。

問題是，獨立自主是需要本錢的，尊嚴也不是想有就有的。

158

第一三七章
宋國人的面子工程

　　獨立自主的外交政策，說起來簡單，做起來就不是那麼回事了。

　　不該站隊的亂站隊固然是不對的，可是，該站隊的時候不站隊也是錯誤的。

　　宋文公登基，原本應該向盟國通報。可是，根據獨立自主的外交方針，宋國決定誰也不通告了。結果，晉國大哥不高興了，出兵討伐，弄得宋文公急忙派華元前去解釋，總算平安無事。

　　晉國剛對付過去，楚國人來了。這一次，晉國大哥夠意思，攻打楚國盟國鄭國，於是楚國撤軍，算是再次躲過一劫。

　　可是楚國人剛走，鄭國人來了。這一回，宋國覺得是體現獨立自主外交政策的好機會了，人不犯我，我不犯人，鄭國來了，打。

　　於是，華元親自領軍，樂呂充當副將。結果一仗下來全軍覆沒，樂呂戰死，華元被活捉，好在華元越獄成功，逃了回來。（見第三部第九十六章）

面子工程

　　獨立自主的外交政策很快被證明是失敗的。

　　「尊嚴，我們的尊嚴在哪裡？」宋國人很沒有面子，他們需要找回面子。那麼，面子在哪裡？

　　在被鄭國擊敗之後第二年，宋國人攻打了曹國，藉口是華穆兩族逃到了曹國，並且以曹國為基地進行顛覆祖國的犯罪行為。曹國當然不是宋國的對手，華穆兩族再次被驅逐出境，逃到了衛國。

　　這一次，有面子。

　　幾年之後，東面的小國滕國國君滕昭公去世，宋昭公決定征討滕國。

「主公，不對吧，按照咱們的禮，趁人家國君去世去攻打人家那是不對的。」公子友提出異議。

「什麼對不對？我們要找回失去的面子，就要拿他們開刀。」宋文公不管這些。

看來，所謂的仁義果然是假仁假義。

宋國大軍一到，滕國立馬投降，拜宋國為盟主大哥。

這一次，有面子。

有面子的事情做了兩件，宋國人有點雲裏霧裏了，感覺好起來了。

宋文公十六年（前595年），楚莊王派特使申無畏經由宋國出使齊國，但是沒有向宋國借道，結果被華元捉住了。換了別的國家，這正好是個跟楚國修好的良機，可是華元不這麼認為，他說了：「過我而不假道，鄙我也。鄙我，亡也。殺其使者必伐我，伐我亦亡也。亡一也。」華元覺得太沒有面子，於是把申無畏給殺了。

殺了申無畏，楚莊王率領楚國大軍前來征討，包圍了宋國首都睢陽。

這一次，宋國人倒真的堅持了「獨立自主，寧死不屈」的原則。楚國人從九月圍城，到第二年二月，整整五個月的時間，宋國人一不投降，二不求援，完全依靠自己的力量堅守城池。五個月過去，實在受不了了，宋國人還不投降，只是向晉國求援。在被晉國忽悠之後，宋國人依然不投降。直到五月，實在是羅掘俱窮，易子而食了，宋國人實在頂不住了，這個時候，為了面子，還是不投降，而是派出華元去找楚國將軍子重，靠個人關係解決問題，避免國家層面上失去面子。結果，真的被華元做到了。雖然實際上是投降了，但是表面上不是投降，面子還是保住了。

整整圍城八個月，人均體重損失30斤，宋國人創造了春秋以來被圍時間最長的紀錄。

（以上見於第三部第一一章）

宋文公鞠躬盡瘁之後，太子瑕繼位，就是宋共公。宋共公繼承了

父親的一切，包括獨立自主的外交政策。

宋共公五年（前584年），晉國召開盟會，宋共公找了個藉口不參加，結果招來晉國討伐，急忙賠禮道歉，算是解決問題。

「右師啊，這獨立自主的外交方針好是好，可是總是招來別人入侵，你看看，還有沒有什麼好辦法，既能有面子，還能把兩個超級大國給侍弄舒服了？」宋共公覺得這麼下去不是個辦法，要有所改變了。

「主公，這個事情好辦。我不是跟晉國人和楚國人都很熟嗎？乾脆咱們撮合他們和平談判，談成了，咱們是中間人，不用站隊，又有面子，還把兩邊的關係都搞好了。」華元其實一直也在想這個問題，昨天剛想出主意來。

「好主意，快去辦吧。」宋共公覺得主意很好。

華元的外交能力挺強，再加上晉楚兩國之間也有這樣的意向，於是，宋共公十年（前579年），華元撮合晉楚兩國簽署了和平條約。

這件事，宋國有面子。

如果放在今天，華元將是諾貝爾和平獎的獲得者。（以上見於第三部第一一八章）

宋國內亂

面子，都被華元丟了，也都被華元掙了。

別忘了，宋國是戴、桓、莊三族共同執掌的，戴族風光了，桓族就不舒服了。華元覺察到了這樣的情況，於是他決定給桓族一些安慰。

宋國六卿改為九卿，華元的理由是：人家晉國都十二卿了，咱們怎麼也該九卿，否則多沒面子。九卿的安排是這樣的：華元擔任右師，魚石為左師，蕩澤為司馬，華喜為司徒，公孫師為司城，向為人為大司寇，鱗朱 為少司寇，向倪為太宰，魚府為少宰。

一共九個卿，華元和華喜為戴族，公孫師為莊族，其餘六位，都是桓族。

按理說，桓族在內閣佔據絕大多數，應該滿足了，可是，還有人

不滿足。

宋共公十三年（前 576 年），宋共公去世，蕩澤把太子公子肥給殺了，因為公子肥跟戴族關係比較近。

華元一看，桓族動手了，怎麼辦？

「各位，好自為之吧，我能力有限，我閃。」華元扔下一句話，跑晉國去了。

華元跑了，桓族就緊張了，因為華元跟晉國的關係好，這一去，基本上可以判斷是去搬救兵了，到時候晉國大軍一到，桓族的麻煩就大了。

於是，魚石把魚府找來，商量對策。

「我看，趕緊把華元給勸回來，要等到他從晉國搬來救兵，那就不能挽回了。」魚石非常害怕，在他的心目中，華元那是個國際巨頭，走到哪裡哪裡都要給面子的。

「不好，他要回來，肯定會討伐蕩澤，然後順手把我們桓族都給滅了。」魚府更擔心的是這個。

「他不敢的，就算敢，也就是討伐蕩澤；退一萬步，就算討伐桓族，總還有個向戌是他的死黨，他不會討伐向戌，我們桓族總還能留下香火。」魚石堅持。

「唉，我就準備逃亡吧。」魚府知道反對也沒用，歎了一口氣。

魚石立即上路，追趕華元。終於在黃河岸邊追上了華元。

「右師，你可不能走啊，你要走了，宋國可就沒人管得了了。」魚石上來就勸。

「左師，你別勸我了，我沒臉見人啊。身為宋國執政，卻不能保護我們的太子，我，我沒面子啊，嗚嗚嗚嗚……」說來說去，是沒面子。

「你回去吧，只要你回去，我們什麼都聽你的，你想幹什麼就幹什麼。」

「那，我要討伐蕩澤，行不行？」

「行，沒問題。」

協定達成，華元回國。

回國之後，華元立即率領戴族和莊族討伐蕩澤，蕩澤全家被滅。

蕩澤是誰？蕩意諸的兒子。這一回，不知道公孫壽有沒有逃過一劫。

蕩澤被殺，很快就有消息稱華元會滅掉整個桓族。於是，魚石、魚府、向為人、鱗朱、向倪倉皇出逃，到了睢水。過了睢水，就是楚國。

華元派人來請他們回去，結果沒有請動。於是華元自己來請，魚石還是不肯回去。等到華元離開之後，魚府對魚石說：「剛才你錯過了機會，華元再也不會來請我們了。我看他目光敏銳，說話很快，顯然已經作出了決定。不信的話咱們去看，他一定非常快地回去了。」

魚石等人登上高處，果然看見華元的車奔馳而去。於是，魚石等五人尾隨而去，果然發現華元命令守城士兵登城巡邏，進行防守準備。同時，華元派人準備去決開睢水的大堤。

毫無疑問，華元要動手了。

魚石等五人立即渡過睢水，投奔楚國去了。

桓族逃走了。

華元隨即將九卿恢復為六卿，任命向戌為左師，老佐為司馬，樂裔為司寇。這樣，六卿中，桓族莊族各一人，戴族四人。隨後，立宋共公小兒子公子成為國君，也就是宋平公。

宋平公三年，也就是晉悼公登基的那一年，楚國和鄭國聯合討伐宋國，佔領了宋國的彭城（今徐州），之後交給魚石等人，並派三百乘戰車幫助戍守。

檢驗外交政策

晉悼西元年（前 572 年），宋國決定向晉國求援，收復彭城。

「右師，向晉國人求援，會不會破壞咱們獨立自主的外交原則啊？」宋平公還有點擔心面子。

「不會，咱們這是國內事務啊，為了領土完整啊，只能算請朋友幫忙那種，不算求援，所以根本不是外交的事情。」華元挺能給自己找臺階。

就這樣，華元前往晉國求援。

「我們始終堅決一個宋國的原則，始終堅持彭城是宋國的一部分，支持宋國人民收復彭城的合理要求。那什麼，韓元帥，你怎麼看？」晉悼公熱情接待了華元，並且先把套話說了一遍。

「主公，宋國是我們的堅定盟友，他們的事情就是我們的事情。何況彭城是交通樞紐，我們要和吳國聯絡，這是必經之地，所以，必須拿下。」韓厥表態，晉國出兵。

華元屁顛屁顛回去了，這一邊，晉國開始徵召聯合國部隊。

晉國派出下軍佐士魴走了一趟，首先來到魯國。

魯國立馬答應出兵，不過出多少兵呢？季文子把握不好，於是來問臧文仲的兒子臧武仲。

「上次我們參加聯合國軍吧，那是荀罃來的，那時候荀罃還是下卿。這次呢，士魴也是下卿。侍奉大國，一定要注重使者的爵位高低。咱們就按照上次出兵的數量就行了，晉國人就沒什麼話說。」臧武仲想得挺周到。

到期，魯國由孟獻子率領魯軍前去會合。

擦掉一切陪你睡，魯國做得很好。

士魴隨後到了齊國，齊國也熱情接待了。

「沒問題，盟主下令，我們肯定緊跟吶，放心回去，我們到時候一定出兵。啊，再告訴我一遍，什麼時間？什麼地點？放心放心，不見不散。」崔杼答應得很爽快，問得也很詳細，還說自己親自領軍。

等到士魴走了，崔杼哈哈大笑：「該死的晉國人，等著去吧，哈哈哈哈，知道不？齊國的外交政策是陽奉陰違，哈哈哈哈……」

到期，齊國軍隊連個影子都沒有。

陽奉陰違，齊國人也貫徹得很好。

晉國軍隊會合魯軍、宋軍和衛軍，包圍了彭城。

這一回，楚國人閃了，因為他們知道晉國的小孩太厲害了，還是別惹他。

楚國人都閃了，魚石五兄弟還怎麼玩下去？被圍三天之後，開城門投降。

於是，宋軍收復彭城。而魚石等人連同整個桓族，被晉軍帶回晉國，安置在壺丘（今山西垣縣）。

「忽悠我們，打他們。」拿下了彭城之後，韓厥下令，晉國大軍東進，討伐齊國。

齊靈公和崔杼做夢也沒有想到晉軍這麼簡單就收復了彭城，按照他們的想法，楚國一定會出兵救彭城，自己正好坐山觀虎鬥，戰事沒有三五個月是完不了的。

「老崔，你看看你看看，陽奉陰違玩砸了吧？怎麼辦？」齊靈公慌了。

還能怎麼辦？崔杼親自前往晉軍解釋。無非就是生孩子拉肚子等等老一套藉口，韓厥什麼人？會被你忽悠？

「什麼也別說了，念在世代友好的分上，這次就算了。不過，為了防止還有下一次，把你們太子派過來做人質。」韓厥懶得多說，直接給了答案。

沒辦法，齊國人把太子公子光派到了晉國做人質。

基本上，陽奉陰違的外交政策是有一定風險的。

魯國、齊國和宋國的外交政策都介紹過了，為什麼鄭國和衛國的沒有介紹？因為這兩個國家不需要外交。對於衛國來說，一切跟著晉國走，根本就什麼也不需要考慮，也不用像魯國一樣主動往上貼。而對於鄭國來說，任何政策都是多餘的，他們就像一葉在巨浪中穿行的小舟，只能靠著本能的反應去躲閃。

不要以為鄭國人因此就沒有什麼自尊，恰恰相反，鄭國人是有自尊的。

繼續檢驗外交政策

晉悼公二年（前 571 年），讓我們來繼續看看幾個國家在外交政策上的表現。

晉悼公對於鄭國人很惱火，他決定攻打鄭國，迫使鄭國投降。七月，晉國軍隊會同衛國軍隊進攻鄭國，可是並沒有使鄭國投降。鄭國為什麼沒有投降？其實，鄭國是準備投降的。既然準備投降，為什麼沒有投降？

夏天的時候，鄭成公患了重病，執政子駟來向他請示：「主公，晉國人現在比楚國牛多了，咱們是不是要換個隊站站？」

「叔啊，咱不能這樣啊。你說，人家楚國對咱們不錯，楚王為了咱們連眼睛都搭進去一隻，咱們怎麼能忘恩負義呢？反正我快死了，等我死了之後，隨便你們吧。」鄭成公反對，其實除了上面的理由之外，當初鄭成公在楚國做人質的時候，就跟楚共王是哥們，能夠回來當上國君，楚共王給出了不小的力氣。

不管怎麼說，鄭成公挺講義氣。

沒幾天，鄭成公鞠躬盡瘁了。

秋天的時候，晉國軍隊來了，鄭國大夫們紛紛建議投降，這回子駟說了：「主公說過了不能投降晉國人，如今他還沒有下葬，所以他的話我們還要遵守。」

就因為這個，鄭國人沒有投降。

所以我們說，儘管鄭國人經常投降，但是他們是有自尊的。

晉國和衛國聯軍沒有能夠拿下鄭國，於是在衛國的戚（今河南濮陽）召開盟國會議，晉國方面荀罃出席，魯國是孟獻子，衛國是孫林父，宋國是華元，只有齊國又玩生孩子拉肚子這類把戲，再次缺席。

「該死的齊國人，太不要臉了。好了，先不說他們，討論一下，怎樣才能讓鄭國歸順我們，大家有什麼辦法都說說。」荀罃主持會議，基本上這就是個神仙會，大家都是老朋友，隨便談。

孫林父沒有發言，他根本就不準備發言，晉國讓怎麼幹，就怎麼幹，連動腦筋都省略了。

華元想了想，第一個發言了：「我看，咱們五個國家全軍出動，滅了鄭國。」

華元是恨死了鄭國人，他就希望滅了鄭國。

孟獻子一聽，就知道這個主意不正，晉國人肯定不會這麼幹。其實，晉國和楚國都可以隨時滅掉鄭國，為什麼都不滅呢？因為晉國和楚國並不希望直接面對，都希望中間有一個緩衝，而鄭國就充當緩衝的角色。在來之前，魯國的卿們專題討論過這個問題，針對晉國人想要的結果，提出了一個可行性方案。

「荀元帥，我有一個想法，不知道是不是可行。」孟獻子說話很謙虛，而且面帶微笑，等荀罃點點頭，他才繼續說：「我覺得，我們要在虎牢建城，作出在鄭國人的家門口長期屯兵的架勢，鄭國人一定害怕，有可能就投降了。」

孟獻子的主意是個好主意，重要的是，這是晉國人想要的主意。

「嗯，主意不錯，我會向我們的國君彙報。不過，鄭國僅僅是一個問題，還有一個問題，就是齊國。齊國人最近總是陽奉陰違，很討厭。我們在冬天，還在這裏再開一個會，如果齊國人還不來，那我們先解決齊國的問題。如果齊國人來了，我們就可以在虎牢築城了。各位，散會。」荀罃雷厲風行，決不拖泥帶水。

回到魯國，孟獻子彙報了情況之後，立即派人前往齊國，向崔杼通風報信。孟獻子知道，荀罃關於齊國人的那些話就是說給他聽的，就是讓他去通風報信的。

崔杼害怕了，冬天的時候，老老實實去了聯合國大會，該發言發言，該表態表態。

當年冬天，晉國開始在虎牢建城。

剛剛打好地基，鄭國的子駟就來了：「晉國大哥，別建了，我們服了還不行嗎？」

事實證明，孟獻子的主意真的很靈。

第一三八章

晉國重振霸業

晉悼公繼位僅僅兩年，晉國在與楚國的對抗中已經占盡上風。當然，這不完全是因為晉國實力強大，還有一個重要的原因，那就是楚國人正受到來自東方的壓力，吳國頻繁騷擾楚國邊境。

晉悼公三年初，吳楚發生了一場邊境戰爭，結果楚國大敗，令尹子重鬱悶透頂，突發心肌梗塞而死。

鑑於國際形勢一片大好，晉悼公決定趁熱打鐵，糾結全世界一切可以糾結的力量，徹底壓服楚國。於是，決定六月在衛國的雞澤（今屬河北邯鄲）召開聯合國大會，特邀吳王參加，並且特地派了荀會去淮河上游迎接吳王。

這次會議的特殊意義在於，如果吳王參加，就等於宣告聯合國的勢力範圍擴大到了東南。

那麼，吳王會來嗎？

聯合國大會

雞澤，晉國軍隊最先抵達，然後佈置閱兵，要向與會各國展示晉國的強大力量。

第一個趕到的諸侯是魯國，他們一向是積極的。於是，晉悼公第一個接見了魯國使團。

「魯侯到。」晉悼公大帳中，晉悼公起立迎接。

只見一個五歲上下的小孩蹦蹦跳跳進了大帳，看見大帳中兩側衛士的刀戟閃亮，氣氛森嚴，小孩嚇得一個哆嗦，「撲通」一聲跪倒在晉悼公的面前。

晉悼公嚇了一跳，沒過年呢，怎麼見面就下跪呢？這是誰家的小孩？

正在疑惑，進來一個大人。認識，誰啊？孟獻子。

這時候，荀罃回過神來了，急忙上前去攙那個小孩，一邊對孟獻子說：「老孟，你看，這個大禮是見天子才行的，咱們是兄弟國家，這不太合適吧。」

原來，這個小孩就是魯國國君魯襄公。三年前魯成公鞠躬盡瘁之後，兩歲的魯襄公就繼位了，今年正好五歲。

「這個這個，啊——」孟獻子有些尷尬，跪拜之禮那確實是見天子的，如今小孩害怕，上來給跪下了，可是也不好說這是嚇的啊。怎麼說？也是孟獻子反應快臉皮厚，反正都已經擦掉一切陪你睡了，也就不在乎更肉麻了，「元帥啊，我們魯國是個小國，緊挨著齊國楚國這樣的大國，全靠晉國保護我們了，我們不行大禮，無法表達我們的感激之情啊。」

回答得挺好，晉悼公挺高興。

賓主落座，小孩還有點害怕，一句話不敢說。

孟獻子笑了笑，又開口了：「我們魯國有一個小小的請求，希望盟主能夠滿足。是這樣的，我們有一個小小的鄰國叫曾國，我們希望把他們劃歸為我們的附庸，希望盟主批准。」

晉悼公一聽，原來剛才那個頭不是白磕的，想了想說：「這不太好，國無大小，人家還是國家，不能說被你吞併就被你吞併吧？」

孟獻子笑了笑，上前一步說：「盟主，恕我直言。我們儘管離楚國近，可是我們還是全力侍奉晉國，繳貢納賦從來就沒有耽誤過。可是曾國有什麼？對晉國有過什麼貢獻？而貴國官員整天向我們提各種要求，我們沒辦法，只好從曾國這樣的地方想辦法補償。就算作為獎賞，也該答應我們的要求吧？」

一番話下來，儘管是面帶笑容說的，但是實際上夠強硬夠直接，晉悼公也覺得有道理，可是就這麼反口，又覺得沒面子。這個時候，旁邊的小孩說話了。

「盟主，你就答應他吧，他說這事情成了的話，以後經常帶我出來玩。」童言無忌啊。

晉悼公哈哈大笑，所有人都笑了。

既然大家都高興了，事情也就解決了。

之後的幾天，宋國、鄭國、衛國、邾國、莒國的國君先後趕到，只有兩個人沒有來到，一個是齊靈公，另一個是吳王。

吳王不來，晉悼公除了表示遺憾之外，也沒有別的辦法。可是齊靈公不來，晉悼公就沒那麼好耐性了。

「該死的齊國人，忽悠我們，打丫的。」晉悼公剛剛罵完，齊國人來了，誰啊？公子光，齊國太子，在晉國做人質呢。

「主公，我爹最近腸子痛，讓我代表他來。」公子光說了，他不是從齊國來，是從晉國來的。

「你爹一肚子花花腸子，容易痛。」晉悼公說。沒辦法，就只好算公子光是齊國的代表了，這總比齊國沒有代表要有面子一些。

而吳王終於沒有來。

魏絳執法

盟會如同往常一樣，按照程式一一走完，算是全世界人民大團結了。

盟會期間，晉悼公宣佈了一個好消息：長期屈從于楚國的陳國由於無法忍受楚國人的驕橫和貪婪，決定棄暗投明，重歸聯合國懷抱，他們已經派了特使前來，洽商具體回歸方法。

「哇噻！」一片歡騰，各國諸侯均表示，這是晉悼公個人魅力的勝利，是晉國強大感召力的必然結果。

隨後，晉悼公興致勃勃地帶領大家去觀看閱兵。

晉國閱兵，那是世界上最高水準的閱兵了。只見佇列整齊，號令統一，軍官威嚴，士兵勇猛。大家正看得帶勁，突然，一乘戰車衝出了自己的佇列，一通亂竄，把晉軍前隊攪得一塌糊塗。

很快，這乘失去控制的戰車被清理出去，戰車上的三個人都被中

軍司馬魏絳捉拿。晉悼公遠遠看去，大吃一驚，因為這乘戰車就是自己同母的親弟弟揚干的車，是自己最疼愛的親人。

「去，問問司馬怎麼處置。」晉悼公急忙派人去問。

派去的人還沒到，那邊人頭已經落地，號令在竹竿上。還好，不是揚干的，是他的御者的。

「我們帶著諸侯來閱兵，本來是一種榮耀，可是魏絳卻把我弟弟的御者給殺了，太不給面子了。不行，我一定要殺掉魏絳，你趕緊過去，不要讓他跑了。」晉悼公很惱火，對旁邊的羊舌赤說。

「魏絳這人很耿直，說一不二的，所以他照章辦事，有了罪過也不會逃避懲罰，放心，他不會跑，他會主動過來接受懲罰的。」羊舌赤動也沒動，他知道魏絳會過來。

果然，不一會，魏絳來了，手中拿著一封信，把信交給晉悼公的侍從之後，拔出劍來，就要自殺，旁邊的人連忙攔住了。

晉悼公把信拿過來看，上面寫著：當初主公缺乏人手，讓我當了司馬。我聽說，服從紀律叫做武，寧死不違軍紀叫做敬。主公會合諸侯，我怎麼敢不執行軍紀呢？我為了執行軍紀而殺了揚干的御者，是因為我對屬下訓導不利，以至於害他們被軍法處置。我的罪過深重，還讓主公生氣，因此，請軍事法庭審判我。

晉悼公看完，光著腳就從觀禮臺上蹦下來了，來到魏絳的面前，激動地說：「寡人之言，親愛也；吾子之討，軍禮也；寡人有弟，弗能教訓，使干大命。寡人之過也。子無重寡人之過，敢以為請。」

啥意思？寡婦說，親愛的？錯。正確答案是：我說的氣話，是因為愛自己的弟弟；你殺掉揚干的御者，是執行軍法；我不能管教好自己的弟弟，是我的過錯。請求你就不要上軍事法庭了，那會加重我的過錯。

說完，晉悼公躬身行禮。

觀禮臺上，各國諸侯面面相覷。現在他們知道，為什麼晉悼公能夠讓晉國再次稱霸了。

回到晉國，晉悼公立即宣佈，魏絳升為新軍佐。

魏家，從此冉冉升起。

回顧一下晉國歷史上的三次嚴格執法。

第一次，韓厥殺趙盾御者；第二次，韓厥殺郤克親戚；第三次，魏絳殺揚干御者。三次殺人，第一次屬於預謀，第二、第三次都屬於意外。不過，三次殺人的效果都是正面的：第一次殺人，韓厥的地位得到鞏固；第二次殺人，韓厥不久提升為卿；第三次殺人，魏絳提升為卿。

趙盾有權謀，郤克知機變，晉悼公有度量並且有錯就改。

晉國為什麼強大？這就是答案之一。

南線無戰事

回到晉國的時候，吳王的特使已經到了，除了解釋吳王因病缺席此次盟會之外，同時表示，吳國與周朝血脈相通，願意為祖國統一作出貢獻，願意加入聯合國並接受晉國的領導。

晉悼公非常高興，這絕對算得上是一項巨大的外交成果。他設宴招待了吳國使者，委託使者向吳王致以最崇高的敬意，同時表示，晉吳兩國同族同種，今後應該增進交流，促進友誼，互通有無。

吳國使者走了，晉悼公現在要考慮齊國的問題了。齊國什麼問題？

齊太子公子光參加完盟會，又跟回來了，說來說去，成了代表晉國參加盟會了。如果他是代表齊國參加盟會，他就應該回齊國才對。

「算了，好人做到底。」晉悼公決定放公子光回齊國，做個順水人情。

就這樣，公子光回了齊國。

說起來，這算是齊國陽奉陰違外交政策的意外成果了。

在陳國投誠之後，晉悼公掰起指頭來算了算，在中原，還跟著楚國混的就只剩下許國和蔡國了。

「打丫的。」冬天的時候，晉悼公派荀罃去教訓了許國一頓。

而楚國對陳國非常惱火，第二年春天出兵攻打陳國，恰好陳國國

君陳成公去世，楚國於是主動撤軍。

楚國撤軍，是遵從禮法。從這個角度說，證明了楚國這個時候已經完全中原化，某種程度甚至比中原國家還要中原化。所以我們說，楚國此時也已經是中原國家。

按照禮法，楚軍主動撤軍，陳國應該主動表示感謝並且修好，而陳國沒有。於是楚國在夏天再次出兵。這一次，晉國率領聯合國軍隊幫助陳國防守。

南面戰場，晉國佔據優勢，楚軍處於全面防守狀態。這時候，晉國人可以騰出手來處理北面的問題了。

魏絳和戎

儘管吞併了不少戎狄部落，可是，晉國的北面還是戎狄部落，似乎戎狄就像野草一樣隨時繁衍並且無邊無際。按《史記》，戎狄都是夏朝的後代，晉國以北此時主要是林胡、樓煩之戎，平時逐水草而居，遇上天災就跑到南面來搶掠。所以，晉國不得不在北面佈置兵力，隨時提防。

在南面安定之後，晉悼公決定要解決北面的問題，掃蕩戎狄。

就在這個時候，魏絳來了，而且帶了很多好東西，什麼好東西？虎皮豹皮。

「哪裡來的這些東西？」晉悼公問。第一反應，這是跑官要官來了。

「主公，這不是我給的，這是無終國國君派人送來的，委託我轉交主公，代表戎狄各部請求我們跟他們結盟。」魏絳說。無終國，山戎國家，在今河北張家口及內蒙古南部，當年曾經協助齊國滅掉令支（第一部第三十七章）。

別說，戎狄的資訊很靈通，首先他們知道了世界形勢，其次，還知道晉悼公目前最欣賞的就是魏絳。

自古以來，送禮一定要找對人。

「戎狄沒有什麼信用，而且貪得無厭，我已經決定討伐他們了。」晉悼公說。

「主公，天下諸侯剛剛歸順我們，陳國也剛剛回歸我們的懷抱。這個時候，如果我們大舉討伐戎狄，那麼楚國人一定趁機進攻陳國，我們將首尾不能兩顧。失去陳國，必然讓諸侯們寒心。到時候，即便我們征服了戎狄，卻失去了華夏的擁護，是不是得不償失呢？」魏絳反對。

晉悼公沉思了，片刻之後，他問：「你的意思，是和戎？」

「對，和戎。和戎至少有五大好處，第一，戎狄四處流動，逐水草而居，看重財物而輕視土地，我們可以把他們的土地買過來；第二，我們北面的警備力量可以減少，百姓也可以安心耕田；第三，我們現在是因為稱霸中原而讓戎狄畏懼，而一旦戎狄歸順，又可以提高我們在中原的威望；第四，和戎之後，我們不用遠征，將士得到休息，武器也得到保養；第五，我們推行德政，能使遠方的國家來朝，鄰近的國家安心。」

魏絳的五大好處一出，晉悼公點頭了。

「好，那就這樣了，一事不煩二主，和戎事務就交給你全權處理了。」晉悼公按著慣例，把事情交給了魏絳。

晉國隨後成立了「和戎辦」？魏絳出任「和戎辦」主任？沒有，那時候不興因事設職。

和戎的事情說完了，魏絳並沒有要走的意思，晉悼公於是問：「還有什麼事？」

「主公，我想給你講個故事，有窮后羿的故事。」

「后羿？就是傳說中射日的那個后羿？說來聽聽。」晉悼公挺感興趣。

「說的是夏朝的故事，那時候夏朝衰落，有窮氏的后羿就趁機取代了夏朝。可是，后羿不修德政，整天沉溺於打獵，他射術好啊。結果，賢臣都離他而去，奸佞則陪他吃喝玩樂。最終，后羿被家臣所殺，還被做成了紅燒肉給他的兒子吃，他兒子不吃，就被殺死了。而他的老婆就成了別人的老婆，還給別人生了孩子。最後，整個有窮部落都被

消滅了。從前辛甲做周朝的太史，下令百官都要對周王勸諫。《虞人之箴》寫道：『茫茫禹跡，畫為九州，經啟九道，民有寢廟，獸有茂草，各有攸處，德用不擾。』啥意思？就是說茫茫天下，人獸各有所居，和平相處。后羿貪戀打獵，結果導致國家滅亡。所以，打獵也不可以過分，否則國家就很危險了。」魏絳囉囉唆唆，講了這麼一通。

晉悼公笑了，他知道魏絳的意思，於是他說：「我明白了，我錯了，我不會再迷戀打獵了。」

那之後，魏絳與戎狄各部落結盟，戎狄定期進貢。而晉悼公也減少了打獵的次數，即使打獵，也決不違背農時。

這些，發生在晉悼公四年（前 569 年）。

韓厥退休

從晉悼公四年到晉悼公七年，天下基本太平，其間只有楚國新任令尹子囊象徵性地討伐陳國，轉了一圈回去了。此外就是齊國悄悄地滅了萊國，好在萊國沒有加入聯合國，晉國也沒有理由干預。

眼看到了晉悼公七年十月，韓厥已經老得分不清東西南北了，主動要求退休。算一算，西元前 615 年韓厥出任司馬，到西元前 566 年，整整為國家服役 50 年。50 年間，韓厥一直小心謹慎，兢兢業業，熬了 25 年才從司馬熬到了卿。其間，經歷了先家、趙家、胥家和郤家的滅亡，參加了對秦、對楚和對齊的多場戰爭。

韓厥低調並且決不捲入權力鬥爭，但是難能可貴的是，他還是一個很有原則的人。因此，他儘管沒有什麼好朋友，卻也沒有痛恨他的人。

「主，主公，我要退休。」韓厥在小兒子韓起的攙扶下來找晉悼公，請求退休。

「元帥辛苦了，為國家操勞了一輩子，也該休息了，那我就不挽留您了。」對一個老年癡呆者，晉悼公也沒法挽留。不過為了尊重他，還是問他：「那您認為，誰接任中軍元帥比較好？」

「好，好。」韓厥什麼也沒聽清，就說好。

「唉，人老了，是不是都會這樣？」看著眼前的韓厥，晉悼公感慨。

「好，好。」韓厥使勁點頭。

按規矩，韓厥退休，長子韓無忌接班進入八卿系列，但是韓無忌身有殘疾。於是韓無忌主動請求把位置讓給自己的弟弟韓起，晉悼公當即批准，同時任命韓無忌總管公族大夫，作為對他謙讓品德的獎賞。

之後，晉悼公召開八卿會議，討論新的人事安排。

為什麼晉悼公不直接任命，或者暗箱操作？因為他有把握，而且他已經樹立了韓無忌這樣一個榜樣，而且，他相信，讓大家自己來民主決定的話，結果會更好。

「論資格、論能力、論人品、論功勞，當然是荀老出任中軍帥了。」大家都這麼說。於是，中軍佐荀罌順理成章遞補中軍帥。實際上，此前由於韓厥身體不好，荀罌已經在中軍帥的位置上實習了幾年，大家都很服氣。

中軍帥定了，該中軍佐了。按照排位，應該是荀偃遞補。

「士匄比較合適，他比我穩重。」荀偃推讓了，其實他還有一點理由沒說，那就是荀家獨佔中軍不太好。

其實，大家也都認為荀家叔侄同時出任中軍帥佐不大合適，於是，士匄也謙讓了幾句之後，晉悼公任命他擔任中軍佐了。

荀偃依然擔任上軍帥，上軍佐空缺，應該欒黶遞補，欒黶一看人家荀偃都讓了，再說，當上軍佐還不如當下軍帥滋潤，乾脆，咱也讓。

「我看，上軍佐就韓起吧。」欒黶也讓了，這倒讓大家感到意外，因為欒黶並不是一個懂得謙讓的人。

於是，韓起出任上軍佐。下軍帥佐依然是欒黶和士魴，新軍帥佐也還是趙武和魏絳。

基本上，這與晉悼公的預期是相同的。被謙讓的人感到高興，謙讓的人得到讚揚，而最終的結果又是大家都願意看到的。皆大歡喜，就是這樣了。

晉悼公，真行。

第一三九章
折騰，就折騰吧

韓厥退休，荀罃為中軍帥的消息很快被楚國駐晉國地下辦事處傳遞到了楚國。

「哈哈哈哈，晉國真是沒人了，竟然讓我們的一個俘虜掌管國家，我們還怕他們幹什麼？打丫的。」楚共王非常高興，他知道韓厥老奸巨猾難以對付，可是荀罃這個楚國人的俘虜有什麼可怕的？

「大王，晉國人不可輕視啊。我聽說荀罃可是大家選出來的，民主選舉啊，而且他們的卿都很謙讓，這樣的國家很難對付啊。」令尹子囊倒頭腦清醒，急忙提出不同意見。

「兄弟，不要畏敵如虎啊。我下令，立即出兵，包圍陳國。」楚共王等不及了，他不能容忍在自己的家門口竟然還有晉國的扈從。

在蟄伏了四年之後，楚國要和晉國爭霸了。

謀夫孔多

楚軍出動，包圍陳國。陳國君臣在權衡利弊之下，終於認識到，晉國遠而楚國近，楚國可以隨時來犯而晉國不能隨時來援，總有一次晉國救援不及，陳國就會被楚國的鐵蹄所踐踏。所以，還是重回楚國的魔爪過得比較安心一些。

於是，陳國投降了。時隔四年，陳國再次成為楚國的保護國。

失去了陳國，晉悼公召開八卿會議。

「陳國再次投降楚國，我們是不是該討伐陳國？」晉悼公召開內閣會議，討論這個問題。

士匄發言了：「陳國離楚國這麼近，老百姓整天生活在恐慌之中，他們能不投降楚國嗎？對於陳國，我們心有餘而力不足，失去它沒有什麼可惜的。」

一陣議論聲。

「士句所說非常有道理，我再補充一點，陳國對於我們來說並沒有太大的戰略意義，我們與楚國爭奪陳國可以說得不償失。因此我的看法，放棄陳國。」中軍元帥荀罃作了總結。

於是，晉國放棄了討伐陳國的想法。

初戰告捷，楚共王看到了爭霸勝利的希望。

第二年冬天，也就是晉悼公八年（前565年），子囊率領楚國大軍，北伐鄭國。

鄭國立即召開六卿會議，與會人員是子駟、子國、子耳、子孔、子展、子喬，其中，子駟為執政。鄭僖公沒有參加嗎？不好意思，鄭僖公年初的時候被子駟用耗子藥毒死了，他兒子公子嘉被立為鄭簡公，當時只有五歲。

「各位，楚國人又來了。自從我們投靠了晉國人，這是楚國人第二次來了。大夥看看，怎麼辦？」子駟提出問題。

「還怎麼辦啊？趕緊派人去晉國求救吧。」子孔建議求救。

「哼，等晉國人來了，黃花菜都涼了。《周詩》說得好：『俟河之清，人壽幾何？兆雲詢多，職競作羅。』等到黃河水清了，人都死了；占卜的次數多了，自己都不知道該幹什麼了。我看啊，咱們先顧眼前吧。楚國人來了，直接投降吧。」子國發言。

「那之後晉國人來了呢？」子喬說。

「那再投降晉國人。」子耳接了話頭，他也是主降派。

「我聽說，小國在大國之間生存，靠的是信用。如果我們不講信用，大國隨時會來討伐，我們離亡國也就不遠了。我們與晉國五次訂立盟約，現在要背叛他們，楚國人能靠得住嗎？晉國人在晉悼公的領導下，八卿團結一心，他們一定會來救我們的，我們為什麼要背棄他們呢？」子展，又一個主戰派。

三比二，主戰派占上風。這時候，所有人都看著子駟，他的意見將是決定性的。

「《詩經》寫道：『謀夫孔多，是用不集。發言盈庭，誰敢執其咎？

如匪行邁謀，是用不得於道。』出主意的人多了，決策就難了。提意見的時候大家很踴躍，負責任的時候找不到人。跟沒關係的人商量，有個屁用？你們都不瞭解國際形勢，說出話來都沒譜。據鄭國駐晉國地下辦事處的消息，晉國今年大旱，糧食歉收。因此，即便我們去求援，晉國也沒有辦法來救我們。再說了，這根本就是兩個超級大國之間的鬥爭，沒一個好東西，憑什麼我們為他們拼命？就這樣吧，投降楚國，我來負責任。」子駟作了決策，他是個文化人，所以出口就是《詩經》。

「謀夫孔多」是個比較生僻的成語，比喻出謀劃策的人很多。

既然有人負責任了，大家也就沒什麼好說的。

子駟親自前往楚軍，訂立盟約。與此同時，派大夫王子伯駢前往晉國，解釋鄭國為什麼投靠楚國。

王子伯駢領了這個任務，一路歎氣去了晉國，挨罵是肯定的，會不會被砍了都不好說。王子伯駢覺得自己就像鄭國，兩頭不討好，又兩頭不敢得罪。

「荀元帥，不好意思了，我們投降楚國了。自從跟晉國結盟以來，晉國讓我們幹什麼我們就幹什麼。可是這一次，楚國人來勢洶洶，我們想抵抗，可是我們的老百姓都害怕了，他們紛紛投降楚國人，我們勸也勸不住，攔也攔不住，沒辦法，也只好跟著投降了。唉，這些老百姓，真是鼠目寸光。」王子伯駢來見荀罃，把責任都推到老百姓身上了。

荀罃看著王子伯駢，心中暗暗得意。為什麼得意呢？後面再說。儘管心中得意，表面上還是要裝出義憤填膺的姿態來。

「忽悠，接著忽悠。」荀罃開口了，口氣很生硬，「要是什麼事情都是老百姓做主，你們早喝西北風了。楚國人討伐你們，你們連個求援的使者都沒派來，直接就投降了，然後派你來忽悠我們。你們根本就是想投靠楚國了，瞧不起我們是嗎？不好意思，我們只好在你們的城下相見了。」

威脅，赤裸裸的威脅。

還好，荀罃並沒有為難王子伯駢。

晉國人也要忍

子駟說對了，晉國糧食歉收。

正因為糧食歉收，當晉國駐楚國地下辦事處加急快報報告了楚軍要出兵討伐鄭國的時候，荀罃很犯愁。出兵吧，正鬧饑荒呢；不出兵吧，又會失去諸侯的信任。怎麼辦？荀罃很擔心鄭國來求救，他在內心裏盼望鄭國乾脆投降算了。

結果，鄭國真的投降了。

如果鄭國來求救，而晉國不出兵，那就是晉國不道義了；可是如今鄭國直接投降了，嘿嘿，那就是鄭國不地道了。可是就算鄭國不地道，荀罃也知道晉國不可能現在就出兵討伐鄭國。

要忍，即便是超級大國，有的時候也要忍。

有一個國家一直在關注著晉國，如果說楚國與晉國之間是爭霸，那麼，這個國家與晉國就是純粹的仇恨了。哪個國家？猜對了，秦國。

秦國無時無刻不在想著找晉國人報仇，晉國糧食歉收的情報第一時間到了秦國，鄭國投降楚國的消息也第一時間到了秦國。

「該死的晉國人，想不到你們也有裝熊的一天。好啊，我們報仇的機會到了。」秦國人非常高興，他們看到了機會。

這個時候，秦國的國君已經從康公傳到了共公，從共公又傳到了桓公，從桓公又傳到了景公。每一任國君在鞠躬盡瘁之前給兒子留下的遺言都只有六個字：找晉國人報仇。

秦景公決定要趁這個機會攻打晉國，可是，單打獨鬥還是沒信心，怎麼辦？找楚國人兩面夾擊晉國人。

秦景公派了大夫士雃（音千）前往楚國，請求楚國出兵兩面夾擊晉國。士雃就是士會當年留在秦國的兒子的後代，說起來，晉國也是他的祖國。

「不可。」子囊拒絕，他知道晉國人的實力，更知道超級大國之間要避免直接的對抗。「晉國雖然受了災，但是有晉國國君的英明領導，上下又很團結，此時攻打他們占不了什麼便宜，反而會引來更激烈的報復。」

楚共王瞥了他一眼，對士雁說：「士大夫，回去告訴你家主公，楚國永遠與秦國站在一邊，秦國的敵人就是我們的敵人，何況晉國本來就是我們的敵人。你們儘管出兵，楚國會出兵配合你們。」

士雁屁顛屁顛回去了，任務算是完成得很好。

「大王，我們真的要出兵？」子囊覺得這不像楚共王的風格，所以他困惑。

「老弟，你看你是越來越憨了，快趕上宋國人了。秦國要打晉國人，為什麼不讓他們打？咱們不支援，秦國人就不敢打。所以，咱們一定要出兵。不過，咱們出兵，就到武城（楚地，屬今河南南陽），然後按兵不動，讓秦國人去跟晉國人拼命，哈哈哈哈……」楚共王笑了起來，他為自己的計謀而高興。

子囊恍然大悟，他覺得楚共王真的很高明。不過他隨後皺了皺眉頭，因為他知道，靠這些小聰明，是鬥不過晉國人的。

第二年秋天，秋收之後，秦國人出兵了。

晉國的收成不錯，但是餓了一年的晉國人沒有心思跟秦國人交手。荀罃下令堅壁清野，不要跟秦國人作戰。

秦國人在晉國沒有遇到抵抗，可是他們也很難受。再一打聽，說是楚國人出兵了，但是全都待在武城，沒有任何發起進攻的跡象。

「該死的楚國人，忽悠我們。看來，不僅晉國人，哪個國家的人都不能相信啊。」秦景公發出歎息，急忙撤軍回國了。

越是超級大國，就越是不能相信。

君子勞心小人勞力

到了十月，晉國人緩過氣來，晉悼公決定討伐鄭國。

憋了一年的氣，晉國人再次號令天下，於是所有盟國都不得不派兵協同晉國。

晉國軍隊推進到了虎牢，然後四軍加上各諸侯的軍隊，準備分別進攻鄭國都城滎陽的四門。

鄭國人在城頭上看去，聯合國軍隊烏泱烏泱的，比楚國軍隊多多了。六卿緊急會議立即召開，不用商量，大家一致同意投降。

鄭國投降了。

可是，鄭國人想投降，晉國人還不一定想受降呢。

「不行，鄭國人總是忽悠我們，我看，我們還是繼續攻打他們，這樣楚國人會來救他們，然後我們在這裏與楚國人決戰。」荀偃建議。他的思路，跟當初楚莊王相同。

荀罃搖了搖頭，他總結了晉楚之間數十年來的爭霸歷史，他發現，戰爭並不解決問題，三次大戰，誰也沒有被擊垮，反而對抗更激烈，大家的日子都不好過。所以，要有更好的辦法。

「不，我們接受鄭國人的投降，然後撤軍，讓楚國人再出兵討伐鄭國，折騰他們。」荀罃說。

「可是，楚國人走了，我們再來，不是也折騰我們？」荀偃質疑。

「我們有四軍，再加上盟軍，所以，我們可以將四軍和盟軍分為三部分，每次出動一部分，另兩部分休息。這樣，楚軍的疲勞程度是我們的三倍，我們就可以拖垮他們。與楚軍決戰這樣的辦法固然一時痛快，但是並不聰明。君子勞心，小人勞力。我們是文化人，不要總想著武力解決一切問題。」荀罃把自己的想法說了一遍，大家一致贊同。從戰略思想的角度來說，荀罃比前人大大地邁進了一步。

君子勞心，小人勞力。就出於這裏。

十一月，晉國與鄭國在滎陽城下舉行結盟儀式。

六歲的鄭簡公親自出馬，鄭國六卿全部到齊。

歃血為盟由晉國中軍佐士匄和鄭國上卿子駟執行，歃血之後，開始盟誓，士匄先說了：「今天結盟之後，鄭國如果不死心塌地跟著晉國幹，或者三心二意搞小名堂，就像這個被殺的雞一樣。」

士匄說完，該子駟了。子駟略微沉吟了一下，開始盟誓。

「老天爺啊，你不關照鄭國啊，讓我們夾在兩個大國之間。可是大國總是欺負我們，用武力威脅我們，讓我們過得生不如死，痛苦萬分。從今天開始，要是我們不服從對我們很講究禮儀並且切實保護我們的國家，而有其他念頭的話，就像這只雞一樣。」子駟說完，現場大嘩。這段盟誓，不僅罵了晉國和楚國，而且也沒有無條件跟從晉國。潛臺詞就是：如果晉國對我們不尊重或者不能切實保護我們，我們就投降楚國。

鄭國人，雖然總是投降，但是骨子裏有自尊。

士匄有點傻眼，不知道該怎麼辦了。

「不行，這段不算，要重新來。」荀偃在一旁叫了起來。

「不能改了，已經發過誓了，要是再改，就等於我們在欺騙神靈了。」子展針鋒相對，也跟著叫了起來。

晉國人手握劍柄，準備出手了，只要荀罃說一句「殺」，今天，這裏就是鄭國人的墳場。

荀罃笑了笑，擺擺手，示意大家放鬆。

「算了，我們自己缺乏德行，卻要脅人家和我們盟誓，這已經是很不講理了。我們還是回去修養德行，治理好我們自己的國家，到時候遠方的人都會來歸順我們，又何必擔心鄭國背叛我們呢。行了，今天就這樣了。」

荀罃的話讓鄭國人都鬆了一口氣，晉國人則有人憤憤不平。晉悼公沒有說話，雖然他也隱隱有些弄不懂，不過他知道，論起老奸巨猾，荀罃絕對不在欒書之下，他這樣做，一定有他的道理。

退而修德

盟誓結束之後，晉悼公單獨把荀罃請來，可是沒等他發問，荀罃先說話了：「主公，你一定是要問我為什麼這麼輕易放過鄭國人了。我們現在對付楚國人的策略是拖垮他們，而不是戰勝他們。這樣，我們就需要鄭國人不停地背叛，楚國人不停地來討伐他們，否則，就達不到我們的目的。我們不怕他們背叛，而怕他們不背叛。」

這一次，輪到晉悼公恍然大悟。

「元帥，還是你高明，我差點錯怪了你。那麼，我們現在應該怎麼辦？」晉悼公是個聰明人，他的聰明在於他不僅能迅速理解別人的意思，還能作進一步的考慮。

「主公說呢？」荀罃知道晉悼公的意思，所以他想讓晉悼公自己說出來。

「就照元帥說的：退而修德。既然我們並不準備戰爭，那麼就把精力集中到治理國家上來，給老百姓實惠，建設和諧社會。」聰明，晉悼公絕頂的聰明。

晉軍回到晉國，晉悼公召開八卿會議，討論國內事務。

「各位愛卿，按照荀元帥的策略，我們用拖的辦法對付楚國人，而把重點放在民生建設上，各位有什麼好的想法，不妨說來聽聽。」晉悼公開了個頭。

發言開始，按照級別從大到小，不過荀罃照例作最後總結，因此最後一個發言。

一轉眼，六個人發言完畢，雖然也有些建議，不過都是不得要領，泛泛而談，聽得晉悼公有些失望。

「魏絳，該你了。」晉悼公說。他的聲音和目光都帶著一種期待，因為他太欣賞魏絳了，希望他不要讓自己失望。

「主公，在回國的路上我已經在思考這個問題，如今有一套方案，請主公和各位審看，看看有沒有可取的地方。」魏絳果然沒有讓晉悼公

失望，他是帶著方案來的。

魏絳的方案得到大家的一致贊同，晉悼公笑得合不攏嘴，看來自己的眼力確實不錯。

整套方案由魏絳主持實施，荀罃全面協調。下面，來看看魏絳方案的大致內容。

由於多年戰爭，上一年又是荒年，即使本年收成不錯，百姓的日子也都很緊，因此，國家把倉庫裏的財物拿出來借給百姓。從晉悼公開始，所有卿和大夫，家裏有積蓄的都要貢獻出來。國君和卿大夫們除了分內的收入之外，不得再有其他收入。祈禱祭祀等公務活動中不要使用牛羊，用財物取代，公家宴請只用一種牲畜，公家也不要再製造新的器具，車馬服裝以夠用為原則，不要奢侈浪費。

我們看到，魏絳方案總結起來就是：以公家補百姓，國家節流，高層帶頭，給百姓實惠和幫助。

這個政策推行了一年，晉國國內安定，百姓安居樂業，軍隊士氣大振。晉國，從災荒中重新站了起來。

第一四〇章
鄭國十一兄弟

晉國人剛走，楚國人果然就來了。

「投降投降。」子駟眼睛都沒眨一下，直接建議投降，他現在算是徹底想通了。

「哎，我們剛剛跟晉國人歃血為盟，嘴上的血還沒乾呢，這麼快就背叛晉國人，太什麼了吧？」子孔反對。

「嗨，那個盟誓不是我們自願的啊，我們是被迫的啊，就算神靈也不承認的，有什麼信用可言？再者說了，盟誓裏也說了，誰能保護我們我們就投靠誰，楚國人來了，晉國人也沒有保護我們啊。於情於理，都該投降啊。」子展支持投降，他也想通了。

鄭國投降。

鄭國人的詭計

最痛苦的其實是鄭國人，想想過去的三場晉楚大戰，哪一場自己能逃得脫？而自己很不幸地沒有一次站對了隊。

就像一個女人長期被兩個惡棍霸佔，兩個惡棍不僅輪流霸佔她的身體，還要在她的房間裏大打出手，弄得遍地血腥，滿眼狼藉，除了身體的屈辱之外，還要搭上床單、被褥、桌子、椅子，等等。這一切，想起來就痛不欲生。

「一個女人，不怕被一個男人霸佔，就怕被兩個男人霸佔。各位，現在的形勢又成了我們被輪流強姦了，怎麼辦？」鄭國六卿會議召開，子駟提出問題。

「怎麼辦？當強姦不能避免，我們就讓自己享受這個過程吧。」子孔苦笑著說。這個問題他也想過，可是沒有答案。「我們可以把自己打扮得漂亮一點，這樣他們在強姦我們的時候就會對我們好一點。」

186

苦笑聲一片。

「不然。」終於有人對子孔的苦中找樂表達不同意見，大家一看，是子展。

「你有什麼好辦法？」子駟問。在所有人中，他知道子展是最有想法的。

「想想看，三次晉楚大戰，每次這兩個國家打完之後，咱們就有好幾年安生日子過。所以，咱們要挑起他們之間再打一次仗，不管誰勝誰負，咱們都能消停一點，抓緊時間過幾年好日子。」子展還真有想法。

「可是，那弄不好引火焚身，萬一被滅了怎麼辦？」子喬質疑。

「嘿，如果這兩個國家想要滅了我們，我們早就被滅十多回了，放心，他們就是要征服我們，不是要消滅我們。」子展解釋。

「沒錯，殺了女人，兩個男人找誰爽去？哈哈哈哈……」子駟接了一句。

「哈哈哈哈……」大家都笑了，覺得這個比喻很恰當，同時也都放了心。

等大家笑了一圈，子駟問了：「子展，你這主意是個好主意，可是，怎樣才能讓他們直接幹上呢？」

「激怒他們，或者激怒其中的一方。」子展回答。

「怎樣激怒他們？」大家忍不住都來問。

「這個簡單。」子展早已經成竹在胸。

鄭國，從消極外交改為積極外交。從前是你們要來打我們，現在是我們讓你們來打我們。從前是你們要，現在是我們要，要讓你們看見我們就煩，就害怕。

晉國三軍

晉悼公十年（前 563 年）六月，鄭國與楚國聯合進攻宋國；之後，鄭軍進攻準備援助宋國的衛國；七月，鄭軍與楚國聯合進攻魯國；八月，鄭國與楚國又聯合進攻宋國，並攻克了蕭；九月，鄭國再次單

獨進攻宋國。

四個月時間，鄭國夥同楚國或者單獨出兵，一共五次，攻打了三個晉國盟國。幾次出兵，都是鄭國主動邀請楚軍參加，其目的，就是要激怒晉國人。

晉國人被激怒了。

「看來，鄭國人跟我們想到一塊了。既然這樣，出兵。」荀罃很高興，決定出兵。

按照荀罃的方案，晉軍分為三軍輪流討伐鄭國。第一軍，晉國中軍，搭配魯、曹、邾三國軍隊；第二軍，晉國上軍，搭配衛、宋、呂三國軍隊；第三軍，晉國下軍，搭配齊、滕、薛三國軍隊。新軍負責首都防衛，不參加輪換，但是，新軍帥趙武隨第二軍行動；新軍佐魏絳隨第三軍行動。

第一次出征，由第三軍完成。中軍主帥荀罃親自掛帥，下軍帥佐欒黶、士魴和新軍佐魏絳領軍，同時，通知齊國、滕國和薛國出兵，在鄭國的牛首（今河南通許縣）會合，準備進攻鄭國。

九月二十五日，聯合國軍隊進駐牛首。隨後，荀罃分派任務，盟軍進駐虎牢城，不許出戰；晉軍在梧地和制地築城，由士魴和魏絳分別駐守。

晉軍擺出一副準備長期駐紮的姿態來，其實，並沒有進攻的打算。

可是，這邊城還沒有築好，從滎陽傳來重大消息：鄭國內訌，六卿中，子駟、子國、子耳被殺。

「元帥，好機會，我們趁機拿下滎陽。」欒黶建議，若是拿下滎陽，那就是頭功一件了。

「不，乘人之危不是君子所為，來人，再探再報。」荀罃下令。

欒黶有些失望，打仗還講什麼君子不君子？他不知道，荀罃其實也不講君子不君子，他只不過是在推行既定的戰略。

那麼，鄭國到底發生了什麼？

一個王八改變鄭國

利益，在任何國家都一樣；

權力鬥爭，在任何國家都一樣；

六親不認，在任何國家都一樣；

結黨營私，在任何國家都一樣。

鄭國的事情，無外乎也是利益和權力鬥爭。

事情要從魯宣公四年（前605年）的「吃肉門」說起。那一年，鄭靈公得到了一隻王八，可是在分肉的時候跟叔叔公子宋開了一個玩笑，結果被公子宋和公子歸生（又叫公子家）給暗殺了。（見第三部第九十八、九十九章）

鄭靈公被殺，鄭國人推舉鄭靈公的弟弟公子去疾（也就是子良）為國君，子良推掉了，認為應該是哥哥公子堅繼位。於是，公子堅繼位，就是鄭襄公。

鄭襄公做了國君，第一件事想幹什麼？想把兄弟們都趕走。為什麼這樣？這幫兄弟們太能幹了。

「子良，咱們兄弟一家人不說兩家話，我打算留下你之外，把那幫兄弟都趕走，你一定要幫我啊。」鄭襄公把子良找來商量，他相信子良，卻不相信那一幫兄弟。

「主公，兄弟如手足啊，咱們是兄弟一家人，可是，他們都是咱們的兄弟啊，怎麼能趕走他們呢？」子良吃了一驚，立即反對。

「他們，明白說吧，我擔心他們有野心。」鄭襄公猶豫了一下，還是說了實話。

「主公，你怎麼沒看明白呢？靈公是怎麼死的？是被兄弟們殺死的嗎？不是啊，是被叔叔輩的殺的。為什麼靈公死得像個老鼠一樣窩囊？因為他沒有善待自己的兄弟，自己的兄弟們無權無勢，誰也幫不了他。如今你要趕走兄弟們，讓叔叔輩的獨掌大權，恕我直言，只怕你死得比靈公還要窩囊。這樣吧，如果你一定要趕走兄弟們，連我一起趕走，免得被你連累。」子良說話也沒有遮遮掩掩，直接說到了要害。

「那，那，那，還是你說得對，那我不趕兄弟們走，行了吧？」鄭襄公總算明白了。

「不僅不能趕走，還要扶持兄弟們。」

「好，我讓兄弟們都做大夫。」

連鄭襄公、鄭靈公在內，鄭穆公一共 13 個兒子，也就是說，鄭襄公此時有 11 個兄弟，結果一股腦兒全部任命為大夫。這 11 個兄弟分別是：子良、子駟、子孔、士子孔、子罕、子然、子羽、子印、子國、子豐、子遊。

鄭穆公的後代，在鄭國政治舞臺上集體亮相了。

不過這個時候，鄭國的實權派依然是他們的叔叔們，公子歸生為執政。

鄭襄公五年（前 600 年），公子歸生鞠躬盡瘁。此前，公子宋也已經嗚呼哀哉。

「公子歸生謀害鄭靈公，證據確鑿，追加懲治。」鄭襄公在兄弟們的支持下，開始趁機清洗叔叔們的勢力，公子歸生被破棺棄屍，整個家族被驅逐出境。

唉，一個王八，害了多少人？

十一兄弟

子良成為執政，標誌著鄭穆公的兒子們開始佔據鄭國政權的主導。

鄭襄公七年（前 598 年）晉楚邲之戰，鄭國投降楚國，子良作為人質去了楚國。為什麼子良做人質？因為這是楚國人指定的。

戰後，又是一個權力清洗的機會，鄭襄公殺了石制和公子魚臣，罪名是石制勾引楚國人，妄圖殺害鄭襄公，立公子魚臣為國君。證據呢？證據就是子良做人質這件事情是石制在從中搞鬼。不管怎樣，又一個叔叔被幹掉了。

兩年之後，鄭襄公派子張替回了子良。

鄭襄公登基 18 年後鞠躬盡瘁，太子姬沸繼位為鄭悼公；鄭悼公僅

僅幹了三年，就嗚呼哀哉，弟弟姬睔接著幹，就是鄭成公。

現在，穆公的兒子們都成了叔叔輩了。

鄭成公三年（前582年），鄭成公前往晉國朝拜，結果因為私下接觸楚國人，被晉國人扣押。爺爺輩的公子班趁機把鄭成公的哥哥公子繻立為國君。

「兄弟們，公子班叔叔立了公子繻，對咱們非常不利，怎麼辦？」子良召集兄弟們開會了，一班兄弟都是親兄弟，儘管不是一個媽生的。

「幹了他們。」十個兄弟都這樣說。

二人同心，其利斷金，何況十一個人一個想法。十一個人啊，比兩隻手還多一個指頭呢。

公子繻只坐了三天寶座，後宮的床還沒有睡熱，就被幹掉了。公子班一看大事不妙，跑吧，跑到了許國。

人殺了，可是國君還在晉國呢，怎麼辦？

兄弟十一人再次召開會議，作出以下決定：第一，立鄭成公的太子姬髡頑為國君，以告訴晉國人我們已經有國君了，不要用鄭成公為人質來要脅我們；第二，立即展開營救鄭成公的行動。

兄弟們派子罕把鄭襄公廟裏的鐘送給了晉國人以賄賂他們，那時候晉國國君是晉景公，恰好剛做完那個噩夢（第三部第一一七章），因此對這個鐘挺有興趣，一高興，決定放了鄭成公。但是有個條件，鄭國要派人來做人質。

於是，子然前往迎接鄭成公回來，子駟則去晉國做人質。

就這樣，鄭成公回來了，太子接著做回太子。

「叔叔們啊，還是你們好。」鄭成公對叔叔們非常感激，不久，派人把子駟替了回來，因為子良身體不好，就任命子罕為執政。

兩年之後，公子班從許國回來想要叛亂，結果殺了子印和子羽，十一兄弟成了九兄弟，九兄弟聯手把公子班連帶他弟弟、他兒子和他侄子全家滅掉。

現在，鄭穆公的兒子們已經把鄭穆公的兄弟們滅得差不多了。

穆族的國家

鄭成公到登基 14 年的時候去世，這時候的六卿是子罕、子駟、子國、子孔、子豐、子然。齊刷刷六個兄弟，都是鄭穆公的兒子。

鄭成公駕崩，太子繼位，就是鄭僖公。現在，九兄弟又成了爺爺輩了。

鄭僖公的叔叔們，也就是鄭成公的兄弟們或者說鄭襄公的兒子們現在很鬱悶，因為所有的位置都被鄭成公的叔叔們給占了，或者是被鄭成公叔叔的兒子們給占了，而自己呢，空頂著公子的名頭，無權無勢，自己這輩吃喝不愁，兒孫恐怕就要受窮了。

怎麼辦？於是，鄭僖公的叔叔們開始暗中聯絡鄭僖公，要對付鄭僖公的爺爺們。而鄭僖公對這幫爺爺也很看不慣，自己貴為國君，還要整天當孫子，心情肯定不爽。

就這樣，鄭僖公聯絡自己的叔叔們，暗中對抗爺爺們，準備在合適的時機實現權力大轉移。

可是，鄭僖公太嫩了，爺爺們都是見過大風大浪的，難道鬥不過你這個孫子？

果然，鄭僖公登基僅僅五年，也就是韓厥退休的那一年，子駟派人給鄭僖公餵了一包耗子藥，送他去見列祖列宗去了。對外，宣稱鄭僖公患瘧疾而死。

鄭僖公的叔叔們憤怒了，也恐慌了，於是準備做魚死網破的鬥爭了。可是，鄭僖公的爺爺們更加果斷，在子駟的率領下，將鄭僖公的叔叔們一網打盡，一個不留。

鄭文公、鄭穆公、鄭襄公、鄭成公，鄭國連續四代國君，鄭文公和鄭襄公的兒子們基本上都被鄭穆公的兒子們消滅掉了，而鄭成公的兒子們還小。也就是說，鄭國的權力已經別無選擇地落在了鄭穆公後代的手中。

鄭僖公被殺，這個時候，鄭國的六卿是子駟、子國、子孔、子耳、子喬和子展。子駟、子國、子孔是鄭穆公的兒子，子耳是子良的

兒子，子喬是子印的兒子，子展是子罕的兒子。

西宮事變

　　大權都在兄弟們的手中，子駟就有些得意忘形起來，他顯然忘了晉國發生的一樁樁權力鬥爭，現成的教材他並沒有好好學習。

　　尉止，也是鄭國的公族，家族的力量比不上穆公的後代們，但是那是個強悍的家族。當初，子駟曾經和尉止有過不愉快，如今子駟大權在握，自然要公報私仇。

　　「你家的兵車太多，超過了規定。」子駟找個理由，要將尉止家的兵車充公。

　　「你們家的更多呢！」尉止憤怒了，實際上，他在最近的幾次戰爭中都立下了功勞，卻沒有封賞，他正窩火呢。

　　尉止是被逼急了，他知道，像自己這樣被子駟逼急了的人並不少。

　　「好啊，不讓老子活，老子讓你們跟晉國郤家一樣。」尉止決定要奮起反抗了。

　　要找到同志並不困難，尉止找來了司氏、堵氏、侯氏、子師氏四大家族，這些也都是公族，他們對子駟這幫人也都是恨得牙癢癢。當初子駟要興修水利，聽起來是好事，可是幹起來就不是了，他們在這幾家的土地上挖水渠，用來澆灌子駟那幫兄弟的土地。所以，這幾個家族早就恨不得殺了子駟和他的兄弟們。

　　殺人並不難，就像三郤，無非也就是一人一戟。十月十四日，根據內線的消息，子駟、子國、子孔和子耳在西宮的朝廷上開會，於是，五個家族的人馬殺奔西宮而來。

　　子駟一夥人萬萬沒有想到，竟然有人敢來襲擊他們。

　　子駟、子國、子耳當場被殺，只有子孔事先聽到消息，偷偷溜走了。他為什麼有消息不告訴大家？嘿嘿，鳥大了，什麼林子都有。

　　子孔，就是這個內線。他為什麼要做這個內線？因為兄弟們都死了，他就是老大了。

殺了子駟等人，尉止等人把鄭簡公劫持到了北宮，讓鄭簡公宣佈鄭穆公的後代們都是叛逆，全部驅逐出境。鄭簡公早已經嚇得尿了褲子，只管哭了。

那一邊，子駟的兒子第一時間得到消息，說是父親被叛亂分子所殺。誰來報告的消息？子孔。

「孩子，快去報仇啊，我再找人出兵啊。」子孔作出一副很著急的架勢來，實際上他也確實有些著急，他要盡快滅了那五個家族。

子西率領家兵去報仇了，之後子孔又找到子國的兒子子產，子產也急忙出兵。之後，子僑也率軍殺到。等到穆族的人馬紛紛殺到，五族就徹底歇菜了，尉止被殺，逃得快的幾位逃出北宮，哪裡還敢回家，一路逃到了鄭國的世仇宋國。

這場叛亂，稱為「西宮事變」。

眾怒難犯

子駟、子國被殺，意味著鄭穆公的兒子們除了子良在家休養之外，剩下的就只有子孔一個人了。順理成章，子孔成為新的執政。

子孔把所有大夫都請到了朝廷，他起草了一份盟書，盟書上除了規定大家各守其職之外，額外要求大家都要無條件聽從子孔的命令，效忠子孔。這哪裡是盟書，這是效忠誓言。

沒有人簽這份盟書，大家本來就有些懷疑子孔是個臥底，如今再搞這一套，這簡直已經不是個普通的臥底了，這簡直就像要篡位了。

群情有些激憤，要不是看在子孔輩分高的分上，大家早就一擁而上把他給砍了。

子孔也不是省油的燈，他已經在調集家兵，準備來個關門打狗，把自己的侄子們和一幫大夫們都給殺了。

形勢十分危急，一觸即發。

子國的兒子子產挺身而出了，他找到子孔，勸說他把那份盟書燒掉。

「那怎麼行？我這是為了國家的安定啊，大家一反對，我就燒了，以後還怎麼管理國家？」子孔講起大道理來。自古以來，大凡為了私欲的，都會講大道理來給人聽。

「眾怒難犯，專欲難成，合二難以安國，危之道也。」子產繼續勸說子孔。他說：眾怒難犯，專制的欲望難以達到，這兩項事情放在一起，大家都很憤怒，而你專制的欲望又沒有邊際，國家就很危險了。你燒掉盟書，大家平靜了，也沒有人來跟你爭權，不是很好嗎？何必要搞得這麼緊張呢？

「眾怒難犯」這個成語，子產的發明。

子孔想了半天，也覺得得罪人太多不是個辦法，既然這樣，順坡下驢吧。

於是，子孔焚毀了盟書。大家也給子孔一個面子，承認他的執政地位。

第一四一章

楚國人尿了

　　由於死了三個卿，遞補子駟的兒子子西、子耳的兒子良霄（即伯友）以及子豐的兒子子石為卿。

　　鄭國的內亂很快平息，鄭國的外交方針也並沒有改變。

　　「晉國人駐紮在虎牢了，各位，怎麼辦？」子孔現在有資格在內閣會議上這樣提問了。

　　「投降。」子展眼睛都沒眨一下，就脫口而出。

　　說到投降，大家都很願意。

　　於是，鄭國人投降，子孔親自前往晉軍大營簽署盟約。

　　現在，鄭國又成了晉國的盟友。

第一次較量

　　鄭國人投降了，晉國人準備撤軍。可是，就在晉國人撤軍之前，最新的線報到了：楚國軍隊在令尹子囊的率領之下，已經趕來救援鄭國。

　　荀罃的想法，就是按照原計劃撤軍。可是，有一個人不同意。

　　「元帥，如果說楚國人還沒有出來，我們撤了也就撤了，如今楚國人已經到了，我們就這麼走，那就等於是逃跑了，我請求迎擊楚軍。」下軍帥欒黶有不同意見。

　　換了別人的意見，荀罃基本上就不會考慮。可是，欒黶的意見他不能不考慮，為什麼？因為當年欒書對自己非常信任，可以說自己能爬上來，有欒書的知遇之恩。而欒黶這個人性格比較跋扈，不像他的父親，荀罃不想讓欒黶說自己忘恩負義之類。

　　「既然這樣，那就頂上去吧。」荀罃下令。於是晉國和盟軍繞過滎陽，推進到了鄭國的陽陵（今河南許昌），等待楚軍。

楚軍繼續前進，進入鄭國。

「我們撤吧。」荀罃說。之所以上一次聽欒黶的意見，也是考慮要逼迫楚國挺進到鄭國，否則，就達不到拖累楚國人的目的。現在，楚軍既然已經來了，這個目的已經達到，所以，可以撤了。

可是，欒黶還是不同意撤。

「元帥，現在逃跑，跟剛開始逃跑有什麼區別？這是晉國的恥辱，當著這麼多盟國的軍隊，更是恥辱。」欒黶說話也沒有客氣，他覺得荀罃太軟。

「這，我們現在撤退，楚國人一定以為我們害怕了，他們就會驕傲大意，那時候我們再跟他們決戰，不是更好？」

「元帥，別忽悠我了，我還不知道你？你這一撤，直接就回國了，還說什麼決戰？反正我不管你，要撤你撤，我不撤，我帶領我的部下去跟楚國人決戰，就算死了我也情願。」欒黶是真不給面子，不過話說回來，荀罃確實是在忽悠他。

現在，晉軍的兩個統帥意見不一。雖然荀罃級別更高，可是按照晉軍的規矩，下軍就聽下軍帥的，中軍帥來也不靈。如果欒黶真的要跟楚國人決戰，那就是整個下軍過去了，荀罃也攔不住。如果晉悼公在這裏，荀罃可以請示晉悼公，然後就地免掉欒黶的下軍帥，問題是，晉悼公不在，荀罃就是個光桿司令，人馬都是人家欒黶的。

這個時候，荀罃知道來硬的是不行了。

「那好，挺進到潁水。」荀罃下令。於是晉軍和盟軍挺進到潁水北岸。

當天，楚軍也挺進到潁水南岸，兩軍隔江對峙。

想一想，欒黶是不是有點像當年的先縠和趙同趙括了？

晉國人和楚國人在鄭國的地盤上對峙，鄭國人也沒閒著。

六卿會議召開。

「看來，第四次世界大戰又要在我們的國土上打響了，各位啊，前三次咱們都站錯了隊，這次呢？大家考慮一下我們該怎麼辦？」子孔

提出問題。

大家開始爭論，有人認為應該堅定不移跟著晉國，有人認為應該坐山觀虎鬥，等晉楚大戰結束了，那時候該投降誰投降誰。

「子展，你怎麼看？」子孔對這些答案都不滿意，他發現子展沒有說話，知道他一定有想法。

子展聽著大家爭論，覺得這幫人沒有任何前瞻性，完全是在碰運氣。

「我們應該立即投降楚國。」子展說話了。話一出來，大家都很驚訝。

「不是吧？叔，」良霄第一個表示不理解，「晉國人還沒走呢，楚國人也還沒過來呢，咱們這麼早就投降楚國，晉國人回過頭來打咱們，怎麼辦？」

大家都瞪著子展，等他回答這個問題。

「各位，晉國人根本就沒有想打咱們。想想看啊，要是真打咱們，他們怎麼只派三分之一的部隊？他們來了不攻城，反而修城，就是要給咱們做做樣子。再說了，他們真的敢跟楚國人決戰？別忘了，楚國人是全部兵力，晉國人只有三分之一，怎麼打？晉國人遲早要撤，咱們等楚國人來了再投降，又得搭進去不少銀子，不如現在主動投降，楚國人也就不會來打我們了。」子展一番話，大家總算明白了。

「那，那就投降楚國吧。」子孔決定了。

當天，子展悄悄南下，然後悄悄地渡過潁水，代表鄭國投降楚國了。

鄭國人投降楚國的消息迅速傳到了晉軍大營。

荀罃偷偷地笑了，這是他要的效果，因為這樣，他就隨時有理由再次入侵鄭國了。

「鄭國人真是不要臉的，打他們。」欒黶火不打一處來，要回過頭攻打鄭國。

「算了，我們現在不能擊退楚國人，也就等於不能保護鄭國人，人

家投降也是有道理的。再說我們現在攻打滎陽，楚國人必定從後面攻擊我們，到時候我們兩面受敵，也不是件好事。撤吧，天也涼了，回家過年去吧。」荀罃這一次沒有客氣了，堅持撤軍。

欒黶還和荀罃爭辯了幾句，但是見士魴和魏絳也都支持荀罃的決定，這才憤憤不平地接受了。

晉軍撤軍，到鄭國北部，憋了一肚子氣的欒黶終究還是沒有能夠忍住，率領下軍搶掠一番，總算沒有空手而歸。

這一邊，楚軍果然沒有繼續北上，也撤軍回國了。

說起來，這是晉國分為三軍以來晉楚兩國的第一次較量。

鄭國人的配合

晉國人和楚國人都走了，鄭國人反而覺得很不安。

過完年，六卿再次開會，還是討論國際形勢。

「各位，說實話，這個年我過得很不踏實，為什麼呢？總是擔心晉國人和楚國人什麼時候會來。子展啊，你上次出主意說要讓這兩個國家打一仗，咱們就有安生日子過了。可是去年折騰這麼一下子，還是沒打。你還有什麼辦法？」子孔上來就問子展，他知道問別人等於白問。

「接著折騰啊。」子展胸有成竹，他知道該怎麼辦。「咱們攻打宋國，晉國人一定來打我們，然後咱們投降，然後楚國人再來，然後咱們再投降。」

子孔還沒說話，子喬笑了：「兄弟，咱們真是夠賤的，別人不打咱們，還要自己找打，哈哈哈哈……」

大家都笑了。

「哥哥，好主意是個好主意，可是咱們無緣無故攻打宋國，這樣做太明顯了，楚國人會起疑心的。」子西說話了，他覺得楚國人不傻，一定會有所警覺。

「說的也是，那老弟什麼好主意？」子展問。

「我們先派我們的邊境官員去挑釁，讓宋國人先來打我們，我們不

是就有打宋國的理由了？」

「還是你想得周到。」

就這樣，鄭國邊境官員派人去割了宋國的麥子，還挖人家的祖墳。宋國人不幹了，向戌率領宋軍攻打了鄭國邊境。

於是，鄭國有了攻打宋國的藉口，子展親自率軍攻打宋國。

宋國是沒有底氣跟鄭國決戰的，看見鄭國的正規軍殺來了，立馬撤退、防守、求援。

整個春天，鄭國人就幹這件事情了。

第二次較量

「子展簡直就是我們的臥底啊。」整個春天，荀罃每天都很高興，他很欣賞子展，因為子展跟自己的配合太默契了。「這個王八蛋太有才了，他要是晉國人的話，老子把中軍帥讓給他。」

過完春天，荀罃知道又該出兵了，這一次，該第一軍，也就是中軍了。

於是晉悼公御駕親征，中軍帥荀罃，中軍佐士匄率領中軍出動。由於晉悼公親征，諸侯各國紛紛出兵，上次出過兵的齊國等國家也來了。其實對於這些盟軍來說，他們出兵也不多，談不上辛苦，作戰也不靠他們，談不上危險，既然如此，何不來掙掙表現呢？

十二國聯軍從北面和東面分頭殺入鄭國境內，四月出發，到六月，包圍了滎陽。荀罃還是老套路：圍而不打。

晉國人老套路，鄭國人也是老套路：投降。

七月份，盟軍和鄭國結盟。

結盟儀式上，要宣讀盟誓。這樣的事情，都是士匄代表晉國去做，一來級別恰當，二來，士家家傳博學，寫個盟誓什麼的很拿手。

「這一次，大家就誰也不要插嘴了，我一個人念就行了。」士匄先提醒大家，省得再發生上次子駟上去搶念誓詞的事情。

在大家表示贊同之後，士匄開始念他的誓詞。

「凡是我們的同盟國家，不要囤積糧食，不要獨佔山川，不要庇護他國的罪人，不要收留奸佞之輩。要互相救濟，消除禍亂，同仇敵愾，輔佐王室。如果違反上述規定，司慎司盟兩位神靈、名山大川的神靈、先靈先神，先王先公，在座的 12 個國家的祖先們的神靈們，都要來誅殺他，讓他失去百姓，喪失君位，斷子絕孫，亡國亡種。」

士匄念完，除了他自己，所有人都笑了。

在場分明 13 個國家，士匄卻說成 12 個國家，不知道是數錯了還是沒有包括鄭國，總之，少了一個國家。於是各國都想：少的這個國家就是我國，所以，神靈作證，我們不受這個破盟約的約束。

盟會完畢，各自回家。

盟軍前腳走，楚國軍隊後腳就到了。因為聽說晉悼公親自出馬而且一共是十二國聯軍，楚共王決定自己也要御駕親征，這還不放心，還請秦國出兵相助，於是秦國派了大夫石詹領軍，會同楚軍前來對抗盟軍。

楚軍到的時候，盟軍已經撤走了。

「哎喲，總算盼到你們了，我們投降，我們投降。」鄭簡公親自出迎，身後是一幫爺爺叔叔們跟隨。

七月份投降了晉國，八月份就投降了楚國，鄭國人現在很享受投降的過程。

於是，楚秦聯軍撤軍了。

這次，算是第二次較量。

第三次較量

楚國人走了，鄭國又恢復了往日的平靜。

「各位，現在怎麼辦？」子孔又問大家。

大家都看子展。

「怎麼辦？派兵攻打宋國。」子展說。

大家都笑了。

這邊,楚共王剛剛回到郢;那一邊,鄭國人就出兵攻打宋國了。

宋國人二話不說,立馬向晉國求救。

「走,第二軍上。」荀罃毫不含糊,決定出兵。

七月份剛回來,九月份就再次出兵。

這一次,還是聯合國軍隊全部出動。

晉軍的出兵速度之快,連鄭國人也有些驚訝。

「我們投降吧?」子孔說。說得很自然,因為已經習慣了,就像說「我們吃飯吧」。

大家都笑了。

子展笑完之後說:「這一次不能這樣投降了,派人向楚國求救。」

「為什麼?」大家都覺得奇怪,以往投降最積極的就是子展了,怎麼這一次要扮烈女了?

「不求救,那是我們的過錯。我們要讓楚國人有難不救,他們才會心服口服。」子展說。他總是比大家看得遠一些。

「雖然他們很強大,但是整個過程在咱們的掌控之中,咱們是導演,他們是演員,被我們耍得團團轉。所以,他們就是兩個大傻帽。」子孔說完,哈哈大笑。

大家又笑了,都覺得超有自尊。

盟軍再次攻打鄭國的消息早就到了楚國,楚共王是不願意動窩了。於是,把子囊請來了。

「令尹,辛苦一趟吧,去趟鄭國。」楚共王要把活派給子囊。

「大王,我倒不怕辛苦,可是,士兵們受不了了。你想想,去年秋天走了一趟,今年秋天又走了一趟,地裏的莊稼要是再不收,稻麥要是再不打下來,那就漚臭了。不行不行,真不行。」子囊當即拒絕,連一點商量的餘地都沒有。

楚共王想想,也明白就是這麼回事,所以也不能強求子囊。

「唉,算了,咱們就假裝不知道算了。」楚共王沒辦法了,決定裝聾作啞。

可是，你想裝聾作啞，人家還偏偏不給你這個機會。

上兩次盟軍攻打鄭國，鄭國都不來求救。偏偏這次，鄭國人來了。誰啊？良霄和石䐿。

楚共王一看見他們，頭都大了。沒辦法，硬著頭皮也要接見。

「啊，兩位大夫，有何貴幹啊？」楚共王裝傻充愣。

良霄和石䐿一看楚共王裝傻，心裏就明白怎麼回事了，不得不佩服子展的判斷力。

「大王，形勢危急啊，晉國亡我之心不死，又糾集了十二國軍隊討伐我國。我們小小鄭國不是他們的對手，可是我們感念大王的恩情，不願意向他們投降。因此，國君特地派我們兩人前來，懇請大王出兵，救我國人民於倒懸。」

良霄忍著笑把話說完，就看見楚共王一臉的苦相。

「啊，這個，啊，什麼？你說晉國人又來了？」

「是，是啊，十二國聯軍啊，不知道多少人馬，從城上看過去，烏泱烏泱的。大王，您知道什麼叫烏泱烏泱的嗎？就是根本看不到邊。大王啊，整個鄭國都在盼望著您哪。」良霄添油加醋，生怕楚共王不害怕。

「這個，啊，你先退下，我找子囊來商量一下。」楚共王要拖。

「大王，我們國君還等著回話呢，您現在叫令尹來吧，我們就在這裏等著。」良霄還不肯走。

沒辦法，楚共王把子囊給找來了。

子囊來了，一看良霄和石䐿在這裏，「嗡」一聲，腦袋也大了。

楚共王把兩人來的目的說了一遍，其實不用他說，子囊也知道。

「令尹，你看，怎麼辦？」楚共王把皮球踢給了子囊。

「這個，啊，兩位。我們楚國一向堅持國無大小，一律平等的原則。國家之間，啊，應該和平共處，互利互惠，啊。國際爭端，應該以和平方式解決，啊。我們堅決支持鄭國人民的領土完整和民族自決，啊。武力不是解決問題的方式，我們願意為和平解決你們和晉國之間的爭端作出努力。」子囊前言不搭後語，自己也不知道說了些什麼。

兩個鄭國人忍著笑，心說總算也看見楚老大沒脾氣的時候了。

「令尹啊，這些冠冕堂皇的話留著以後再說吧，倒是救，還是不救，給個明白話。」良霄故意這麼說。心想我們鄭國跟晉國有什麼爭端啊？不都是你們兩個國家在咬嗎？

子囊一時沒話說，要救，沒力量；要不救，怎麼說得出口？

楚共王覺得很沒有面子，於是跟子囊商量：「令尹，咱們也分兵為兩部分，只率領一半的軍隊去救怎樣？」

「大王，晉軍的戰鬥力您不是不知道，再加上盟軍，我們全部兵力去也不一定能贏，一半的軍隊去，那不是給人家送菜？」

「這麼說沒法去救？」

「真是沒法救。」

「那倒是救，還是不救？」良霄還插一句。

「不救。」子囊終於直接說了。

良霄和石㑜對視一眼，假裝很失望，實際上心裏很得意。

「那，那什麼，請問大王，如果不能救援鄭國，你們能不能送些玉帛美女給晉國人，懇求他們從鄭國撤兵呢？」石㑜壯著膽子，提出這麼一個問題來。

「什麼？」楚共王還沒有說話，子囊先急了，大吼起來。「你把我們楚國當什麼了？啊，我們還要乞求他們？還要給他們進貢了？」

楚共王也很不高興，可是想想自己救不了鄭國，還有些慚愧，所以壓住火，沒有發作。

等到子囊發完了火，鄭國人還沒完呢。

「大王，令尹，實不相瞞，來的時候我們國君交代過，如果貴國不能發兵救我們，那不好意思，為了國家的生存，我們就不能懷念大王的恩德了，我們就投降晉國人了。」這一回，說話的是良霄。

這一回，楚共王再也壓不住火了。

「投降，你們鄭國人就知道投降。告訴你們，別用投降威脅我們。就是你們投降，我們也不救。」楚共王大聲嚷起來，然後一拍桌子：「來人，把這兩個鄭國人抓起來。」

就這樣，良霄和石㑜被楚莊王扣留在楚國了。

楚國人終於折騰不起了。

第一四二章

兩個腐敗分子

九月二十六日，鄭國投降，晉悼公派趙武進入滎陽與鄭簡公結盟。

十月九日，鄭簡公派子展出城與晉悼公結盟。

這一次，雙方都知道這一次是真的了，再玩虛的沒啥意思了，於是雙方約定，十二月一日，在鄭國的蕭魚舉行雙邊最高領導人會談。

以此為標誌，鄭國徹底投向晉國，而楚國默認了晉國對於鄭國的控制權。

這樣，除了被楚國絕對控制的蔡國、陳國和許國以及晉國的世仇秦國之外，包括吳國在內的絕大多數諸侯國都成為晉國的盟國，晉悼公的霸業超過了前任的任何一位霸主。更難能可貴的是，晉悼公並沒有通過發動世界大戰來實現自己的霸業。

財色雙收

十二月一日，晉悼公和鄭簡公在蕭魚會面，兩國領導人進行了誠摯的交談，共同回顧了祖上十八輩的兄弟之情，表示要世世代代友好下去，共同應付來自東南西北的威脅。

為了表達誠意，鄭簡公向晉悼公贈送了三位著名音樂家師悝、師觸、師蠲，豪華宮室用車 30 乘，戰車 100 乘，歌鐘兩架以及配套的樂器，舞女 16 人。

禮品非常貴重，等於是向晉國表示：老大，從此鄭國的安全就交給您了。

財色雙收，晉悼公非常高興，當即表示晉國一定盡到做盟主的責任，誰敢欺負鄭國，晉國一定嚴懲不怠。

回到晉國，晉悼公把魏絳召到了宮裏。

「老魏，這裏有歌鐘一架，美女 8 個，歸你了。」晉悼公把鄭簡公

給的歌鐘和美女分了魏絳一半。

「哎呀媽呀，爽大了。」魏絳當時這麼想，可是不能這麼說。魏絳問：「主公，這是為什麼？」

「是你讓我和戎狄部落講和，從而讓中原諸國都歸服我國。這8年時間裏，我們九合諸侯，和諸侯之間的關係如同音樂一般和諧。因此，我要請你和我一同分享這些禮物。」晉悼公說。他是個喜歡和人分享的人，而他最賞識的就是魏絳。

「主公，和戎狄講和那是國家的福氣，九合諸侯那是主公的威望，也是大家的功勞，我算得了什麼呢？《詩經》道：『樂只君子，殿天子之邦。樂只君子，福祿攸同。便蕃左右，亦是帥從。』音樂是用以強化德行，只有通過道義對待它，用禮法推廣他，用信用保守它，用仁愛勉勵它，然後才能震撫邦國，同享福祿，懷柔遠方的人。這才是所謂的快樂。《書》中寫道：『居安思危。』思則有備，有備無患，敢以此規。」魏絳引經據典，說了一大通道理，還弄了兩個成語出來給後人們應用，想不到，魏犨的孫子竟然這麼有學識。

「居安思危」、「有備無患」兩個成語出於這裏，由於《書》已經亡佚，我們只好認為這兩個成語就是魏絳發明的。

魏絳所引《詩經》的詩出於《詩經·小雅·采菽》，意思是「快樂的君子，鎮撫天子的邦國；快樂的君子，集聚無數的福祿；治理好鄰近的國家，讓他們甘願順從」。

這一通，基本上是連賣弄帶講道理帶拍馬屁，聽得晉悼公十分高興。

「你的教導，我牢記了。不過，論功行賞，這也是國家的典章制度，神明為證，我們不能不遵守，所以，這些獎賞，你就拿走吧。」晉悼公高興了，自然更要獎賞魏絳。

最後，魏絳還是接受了歌鐘和8個美女。

其實，在與楚國爭霸過程中，功勞最大的應該是荀罃，為什麼這些賞賜沒有給荀罃呢？

因為晉悼公認為荀罃消受不起。

為什麼荀罃消受不起？

荀罃積勞成疾，身體一天不如一天，眼看就到了夕陽的最後一抹紅了。

晉悼公必須要考慮中軍帥的人選了，八卿當中，算來算去，只有魏絳具備中軍帥的人品和才能。可是，魏絳不具有這樣的威望，魏家的家底也太薄了一些。讓魏絳一下子從新軍佐到中軍帥，晉悼公擔心會引起眾人的不服。

「魏絳，我打算讓你接任中軍帥。」晉悼公最終還是決定試一試。

「主公，使不得，我不過是新軍佐，我當中軍帥，沒有人會服氣的。」魏絳拒絕了。

「當初先軫、趙盾、樂書和韓厥不也都是破格提拔嗎？你不要擔心，我做你的後盾。」晉悼公還要說服他。

「主公，先軫能破格提拔，那是狐偃和趙衰的力挺；趙盾能破格提拔，那是趙盾的遺德；樂書和韓厥的破格提拔，那是他們的品行、多年積攢的人脈和強大的家族實力。魏家家族實力一般，而我的人脈遠遠不夠，而且，主公看看現在的八卿，誰會服氣我當中軍帥？恕我直言，若是我當了中軍帥，只怕三郤的命運跟腳就會到我的頭上。」魏絳確實是個聰明人。

晉悼公也是個聰明人，所以，他不再勸說魏絳了。

魏絳不肯擔任中軍帥，晉悼公知道，中軍帥的寶座只能給士匄或者荀偃了。他真的不願意讓這兩個人擔任中軍帥。可是，他又不得不讓這兩個人擔任中軍帥。做國君，即便是非常強勢的國君，有的時候也不能按照自己的意願去做事的。每個人都有鞭長莫及的時候，國君也是一樣。

為什麼晉悼公這樣不喜歡士匄和荀偃？那要說說四年前的一件事情。

收人好處了

晉悼公十年（前563年），也就是晉悼公採用魏絳改革方案的第二年。

春天的時候，晉國召開聯合國大會，會議地點選擇在柤（音差）地，這地方是楚國的地盤，在今天的江蘇省邳縣。為什麼在這裏開會？一來向楚國人示威，二來更重要的，是在這裏等待吳王壽夢。

結果吳王還是沒有來，又拉肚子了。

沒辦法，依然是這些兄弟國家們開聯歡會。

聯歡會結束的前一天晚上，士匄和荀偃結伴來找晉悼公了。

「主公，有件事情我們彙報一下。宋國的左師向戌是個很賢能的人，主公知道宋國人那點毛病，死要面子，搞什麼獨立自主，原本是不準備投靠我們的，多虧了向戌據理力爭，這才成了我們的盟友。這樣的人我們要樹立典型啊，所以，我們哥倆商量了，就在這附近有個小國家叫逼陽的，其實就是一座城池，而且，緊鄰著宋國。咱們乾脆順手把逼陽拿下來，送給向戌，這樣，天下諸侯的權臣們不是都會向著我們了？」

晉悼公正高興呢，想想看，覺得兩人說得有理，再加上逼陽城屁大一個城，聯合國軍隊不是順手就給抹了？

「主意不錯，跟荀罃元帥說了嗎？」

「說了，元帥覺得挺好，讓我們來請示主公啊。」士匄和荀偃忙說。

「那好吧，你們去跟元帥說，我同意了。」晉悼公同意了。

從晉悼公這裏出來，士匄和荀偃又去了荀罃那裏，還是跟晉悼公說的那些話，在這裏又說了一遍。

「不行，逼陽城雖然小，但是很牢固，拿下來也不能顯示我們的武力，拿不下來就很丟人。」荀罃不同意，《左傳》中的原話這樣說：「城小而固，勝之不武，弗勝為笑。」

「勝之不武」這個成語，來自這裏。

「元帥，這事情我們已經跟主公說了，主公說很好啊，說一定要拿

下來啊。」士匄說，用晉悼公來壓荀罃。

「不行，我跟主公說去。」荀罃還是不幹，要去找晉悼公。

「叔啊，主公同意之後，我們已經跟向戌說了。要是反悔，恐怕宋國人會笑話我們。」荀偃急忙說。

到這個時候，荀罃看出來了，這兩位是鐵了心要打逼陽。如果自己一定不讓，去晉悼公面前揭穿他們，大家的面子都不好看，而荀偃還是自己的侄子。

荀罃思考了一陣，歎了一口氣：「那就打吧，但是下不為例。我告訴你們，下次有什麼事情先跟我商量，聽見沒有？」

「是，是。」士匄和荀偃偷偷笑著，走了。

為什麼這兩位對向戌的事情這麼賣命？荀罃知道，這兩個王八蛋收人家好處了。

魯國三好漢

事情果然如荀罃預料的那樣，從四月九日開始攻城，一直到四月底，聯合國軍拿不下逼陽城。

這一天，逼陽守軍見聯合國軍也就這兩把刷子，決定乾脆耍弄他們一番。

逼陽守軍開了一個城門，這個城門恰好是魯軍的攻擊部位，於是魯國軍隊殺入城中。剛進去百十人，城上逼陽守軍就把城門放下來了，要把那些進城的魯軍活捉。

說時遲那時快，只見魯軍中一員大將，身高九尺，膀大腰圓，當時大喝一聲，雙臂用力，將城門托住，進城的魯軍急忙後撤。這個大力將軍是誰？魯國陬邑大夫叔梁紇（音河）是也。說起來，他兒子大名鼎鼎，就是孔子。

魯軍後撤，城頭上逼陽軍隊開始射箭。

這時候，魯軍中又一員大將挺身而出，他把戰車的一個輪子卸了下來，蒙上皮甲當做盾牌，左手持盾，右手握戟，上前幫助魯軍擋箭

以及抵擋追兵。這員大將叫什麼？狄虺彌。

「哇噻，古人說的力大如虎就是指這兩個夥計吧。」魯軍主帥孟獻子讚歎起來。

在叔梁紇和狄虺彌的幫助下，魯軍撤回安全地帶。

逼陽守軍一計不成，又施一計。他們從城頭上放下一條長布，高喊：「魯國的兄弟們，有種的順這布爬上來。」

魯軍中又有一員大將應聲而出，此人名叫秦堇父，當時一躍而出，跑到城下，抓住長布就向上爬。逼陽守軍一看，魯軍還真有這樣的二百五。等到秦堇父就要爬到城頭，上面趕緊一刀切斷了布，秦堇父摔了下來，當時摔昏過去。不一會，秦堇父醒了過來，上面又拋下布來，秦堇父又爬上去，上面又切斷了布。這一次，秦堇父有了經驗，雖然掉了下來，但是毫髮無損。

「嘿，有種的再來。」秦堇父還來勁了。

城上又拋下來一條白布，秦堇父又爬上去，上面又是一刀給切斷了。

「嘿，有種的再來。」秦堇父還要玩。

「你回去吧，我們沒布了。」逼陽人服了。

秦堇父收拾好了三條布，回去了。然後每天拿著布去聯合國各軍中炫耀，說是這下孩子的尿布不用買了。

轉眼到了五月四日，逼陽城還是沒有拿下來。士匄和荀偃後悔得夠餿，覺得這次虧大了，向戌給的那點好處連兩個月的時間成本都不夠啊。原本以為逼陽城一鼓作氣就拿下來了，算是順手掙點外快，哪想到這麼費勁。

「不行，咱寧可把好處退給老向，也要撤了。」哥倆受不了了，出門在外兩個多月了，早想回家了。

於是，士匄和荀偃來找荀罃了。

「元帥，你看，雨季就要到了，到時候道路泥濘，咱們回去可就費勁了。要不，咱們撤了？」士匄和荀偃請求撤軍了。

兩個月拿不下逼陽城，荀罃本來就對這兩個小子一肚子火，正想找時間收拾他們呢，如今看他們來要求撤軍，哪裡還壓得住火？

　　「撤軍？撤你個頭。」荀罃氣得七竅生煙，順手把手邊的弩機砸了過去，多虧士匄和荀偃躲得快，弩機從兩人中間穿過，把兩人嚇得臉色煞白。「你們兩個挖了坑給主公和我跳，我說不打你們非要打，真打起來你們又不行。要打的是你們，要撤的也是你們，你們要不要臉啊？你們這樣，不是想把罪責推到我身上嗎？啊？等到撤軍回去之後，你們又會說了：『要是不撤，我們就拿下來了。』老夫已經老了，丟不起那個人。我告訴你們，給你們七天時間拿下逼陽，否則的話，別怪老子翻臉不認親戚，把你們欺上瞞下、索賄受賄兩件大罪並罰，斬首示眾。」

　　荀罃一通臭罵，把兩人罵得狗血噴頭，狼狽而出。

　　士匄和荀偃一合計，荀罃看來是真的急了，七天之內拿不下逼陽，真是要砍頭的。怎麼辦？

　　「趕緊攻城吧，七天之內攻不下來，先殺了向戌，然後自殺吧。」哥倆商量好了，準備臨死拉個墊背的。

　　當天，士匄和荀偃組織攻城，兩人身先士卒，發動總攻。

　　七天之內，還是沒能拿下逼陽。不過，荀罃見兩人還算賣力，幾次寬限。一直到了八月，聯合國軍隊才終於拿下逼陽。

晉悼公終於明白了

　　整整用了四個月時間，聯合國軍隊拿下了小小的逼陽。

　　荀罃非常惱火，命令把逼陽國君發送回晉國，用來祭祀祖先。

　　士匄和荀偃去找向戌了。

　　「老向，看見沒有，為了你，用了四個月的時間，我們冒著生命危險，還要忍受大家的詛咒和謾罵，容易嗎？怎麼樣，再表示表示吧。」哥倆覺得很虧，惦著再多要點。

　　向戌一聽，差點哭出來。

　　「兩位大哥啊，原來以為一頓飯的工夫就拿下逼陽了，誰知道用了

四個月。你說費這麼大勁，死這麼多人拿下來的逼陽城，我敢要嗎？我要敢要，不要說別人了，我家主公回去之後非滅了我全家不可。所以啊，這城我是不敢要了，給我們主公吧。你們兩位說說，你們怎麼說還有得賺，賺多賺少而已。我費了半天心思，花出去不少銀子，最後什麼也沒撈著，做的都是賠本買賣，你們還忍心讓我再出血嗎？兩位，這回就這樣吧，我就當做慈善了，你們就當少賺點，咱們下次再策劃一個好的，大家發大財，行不？」向戌哭喪著臉說。他覺得自己比這兩位還要冤呢。

士匄和荀偃沒話說了，一來人家說得有道理，當初也是他們誇下海口說放個屁的工夫就能拿下逼陽城；二來，要是把向戌逼急了，把事情抖落出來，大家都沒好果子吃。

幾位商量好了，恰好荀罃派人來請向戌，商量把逼陽城移交給他的事情。

來到荀罃的大帳，就看見荀罃皮笑肉不笑的表情。

「逼陽城拿下來了，你派人來接收吧。」荀罃的話說得乾巴巴的，強壓著火。

「元帥，如果晉國想要安撫諸侯，讓大家安心，最好就把逼陽城給宋國國君；如果給我的話，那就等於是我動用諸侯的力量滿足自己的利益了，打死我也不敢要啊。」向戌說了實話，不過聽上去，好像是高風亮節。

「這個混賬東西，算你識相。」荀罃暗罵了一句，不過心情好了一些。

就這樣，逼陽城給了宋平公。

向戌雖然破了些財，好在為國家作了貢獻，心想今後總有機會補償回來。

聯合國軍就地解散，大家一路罵著，一路回家。

晉軍路過睢陽的時候，宋平公要在宮中宴請晉悼公，還有歌舞表演。

節目單出來，向戌先給晉國人看，荀罃過了一目，告訴向戌：「這個《桑林》之舞要去掉，這是天子之禮，我們不能享用的。」

向戌從荀罃那裏出來，士匄和荀偃哥倆悄悄跟過來了。

「老向，別聽荀罃元帥的，他老古董了。天下就你們宋國和魯國能用天子之禮，人家魯國經常用，我們去了都用，你們怕什麼？照用啊。我們主公肯定高興。」這哥倆又來出餿主意，想拍拍晉悼公的馬屁。

向戌想想也是，只要晉悼公高興，管他什麼天子不天子的。

當晚的晚宴上，就上演了《桑林》，領頭的舞師舉著旌夏之旗就上來了。什麼是旌夏之旗？就是一種五色羽毛旗，只有天子之舞才用的。

晉悼公懂啊，他在偉大首都長大的，自然懂得，一看這個，立馬跑廁所裏回避了。直到拿掉了旌夏之旗，才回來看表演。

回國的路上晉悼公生了病，就很擔心是不是自己看了不該看的《桑林》之舞，老天爺在懲罰自己。荀罃安慰他說：「咱們已經推辭了，他們非要表演，怎麼能怪罪咱們呢？沒事。」

後來，晉悼公的病好了，但是也知道了宋國人表演《桑林》之舞都是士匄和荀偃在搞鬼。再一打聽，原來攻打逼陽城也是這兩個小子假公濟私，收了人家的好處。

「這就是兩個腐敗分子啊！」晉悼公總算明白了。

從那之後，晉悼公對士匄和荀偃的印象一落千丈，知道這兩個人靠不住。

第一四三章

腐敗分子掛帥

匏（音袍）有苦葉，濟有深涉。深則厲，淺則揭。

有瀰盈。有鷕鳴。濟盈不濡軌。鷕鳴求其牡。

雝雝鳴雁，旭日始旦。士如歸妻，迨冰未泮。

招招舟子，人涉卬（音昂）否。人涉卬否，卬須我友。

——《國風‧邶風‧匏有苦葉》

一個待嫁的女郎，站在濟水河邊，望著對岸，苦苦地等待自己的心上人。詩從匏可渡河起興，堅信未婚夫無論遇到什麼艱難險阻都一定要來。姑娘有盼望，卻無疑惑，儘管大家渡河去了，她仍然在等待，等得那麼堅定，那麼執著。

匏，也就是葫蘆，作為渡河用的救生圈。

荀罃死了

每個人都有自己的使命，完成了就該走了。

所以，當楚國人服軟之後，荀罃也就該走了。

轉年的夏天，也就是半年之後，荀罃積勞成疾，一病不起，卒了。與他前後腳卒的是士魴。

八卿現在成了六卿，權力又要重新佈局。

荀罃的死，讓晉悼公非常傷心。當初欒書和韓厥的死都沒有讓他如此傷心，為什麼？因為欒書死了有韓厥，韓厥死了有荀罃，而現在呢？

晉悼公無可奈何。

「士匄，由你遞補中軍帥。」晉悼公宣佈。既然大家都差不多，乾脆就按照順序遞補。

「主公，上一次，是荀偃謙讓我，而且他比我年長，因此請任命荀偃為中軍帥吧。」士匄謙讓了。他說得有道理，荀偃的資歷比他老得多。

晉悼公知道，這兩個人從能力到人品都差不多，誰上其實都一樣。

「那好，任命荀偃為中軍帥，士匄繼續擔任中軍佐。」晉悼公宣佈，中軍就這麼定了。

按著順位，上軍帥就該是韓起，可是韓起也謙讓了。

「還是趙武吧，他比我能幹。」韓起要讓給趙武。

於是大家去看趙武。

「別，欒黶的功勞大啊，還是欒黶吧。」趙武連忙退讓，倒不是他真的佩服欒黶或者喜歡他，而是他知道欒黶這人很跋扈，自己一下子超越了他，他一定不高興。而欒家勢力大，儘量不要得罪他。

於是，大家又看欒黶。

按欒黶的想法，自己就算做中軍帥也不過分，可惜沒人推薦自己。如今看見大家都在謙讓，自己要是不謙讓的話，顯得很沒有風度。

「韓起比我強，他都願意讓給趙武，那就趙武吧。」欒黶也謙讓起來，大家都有些意外。不過大家也聽出來了，欒黶的謙讓有些不服氣的意思。

晉悼公自然知道大家都不願意欒黶升上去，所以借著欒黶的話，順勢就說了：「韓起和欒黶都這麼謙讓，令人高興啊。既然這樣，那就趙武出任上軍帥吧。」

上軍帥趙武，上軍佐依然是韓起。欒黶沒有上升的餘地，於是依然擔任下軍主帥，魏絳遞補為下軍佐。

按慣例，中軍帥一旦病故或者退休，兒子立即進入卿系列，為什麼荀罃的兒子沒有獲得任命？因為荀罃的兒子荀朔在兒子出生之後就去世了，而荀朔的兒子荀盈現在只有六歲。而士魴的兒子也很小，也沒有辦法繼承父親的職位。

現在，新軍無帥，怎麼辦？

「新軍併入下軍，恢復三軍編制。」晉悼公下令。

於是，晉軍從六軍到四軍，現在進一步縮編到了三軍。

楚共王薨了

北面，晉國的荀罃卒了。

南面，楚共王接腳也薨了。

臨去世之前，楚共王作了一次深刻反省，他對大臣們說：「我這人沒什麼能耐，十歲的時候就繼位了，受的教育不夠。就因為我沒什麼能力，結果咱們幹不過晉國人，讓大家跟著我受苦，讓祖先面上無光。如今我要死了，我死之後，給我諡號靈或者屬吧，你們幫我選一個吧。」

楚共王跟他父親楚莊王一樣善於反省和自責。從能力來說，比他父親略差，但是性格非常像。不幸的是，他在位期間，晉國人已經從谷底走出，而且後來又是晉悼公繼位，楚共王被比了下去。

楚共王幾天後薨了，大臣們於是討論他的諡號。

「是屬好呢，還是靈好呢？」大臣們討論。

「都不好，」子囊發言了，他掃了眾人一眼，然後用不可辯駁的語氣說，「你們都聽錯了，大王的遺命是諡號共，你們憑什麼要改呢？大王領導楚國期間，安撫了蠻夷，勢力直達南海，讓他們臣服于華夏。而且，大王謙虛禮讓，有高尚的人格。我問大家，憑什麼不諡號共呢？」

大夥一聽，子囊的話有道理，而且，子囊的態度又這麼強硬，傻瓜才會反對。

「我們擁護，我們支持。」

於是，楚共王諡號共，所以才是楚共王。楚共王在位31年而薨，太子熊招繼位，為楚康王。

注意，子囊的話中，已經自稱楚國為華夏了。原話如下：「赫赫楚國，而君臨之，撫有蠻夷，奮征南海，以屬諸夏。」

子囊的話很快被良霄和石輚聽到了，這兩位還被扣押在楚國呢。兩人一商量，去找子囊了。

「節哀順變，深表悼念。」兩人假惺惺表示了沉痛哀悼之後，進入

正題：「令尹啊，說說我倆的事兒吧。你說你們保護不了鄭國，鄭國才投降了晉國，這不怪鄭國啊。我們倆是使者，你們沒理由扣留我們啊。怎麼說咱們都是華夏正統，該講點道理啊，別弄得跟蠻夷似的。」

子囊一聽，這兩位的話有道理，而且口口聲聲咱們華夏正統，怎麼說咱楚國也要做得像個華夏國家啊。

「好，你們回國去吧。」子囊一高興，把兩人放了，臨走，還大包小包送了不少禮物。

討伐秦國

最新的世界形勢是這樣的。

晉國在與楚國的拉鋸中取得勝利，整個中原在晉國人的領導之下，而北面的戎狄也很順服，晉國的四周，只有秦國沒有歸順。

楚國被晉國拖得無力應付，再加上楚共王去世，康王需要時間穩固國內，無暇對外。而東面吳國對楚國的侵擾越來越多，因此，楚國已經無力與晉國爭霸。

「現在，我們想打誰就能打誰了。」晉悼公很高興，他在盤算，還有哪些國際賬需要清算的。

六卿一致認為：騰出手來，該收拾秦國了。

確實，秦國已經接二連三地侵略晉國了，特別是那一年趁著晉國鬧饑荒來侵犯，讓晉國人想起來就恨得牙癢癢。

晉悼公十四年（前 559 年）夏季，晉國糾集了聯合國軍，浩浩蕩蕩，討伐秦國。

晉悼公親自領兵，晉國三軍六卿全部出動，再加上十二國諸侯的兵力，這已經是世界上可以動員的最強大的力量了。

從架勢上看，說晉國要滅掉秦國都不誇張。

秦國全國緊急動員，主要兵力退守首都雍城，準備打一場國家保衛戰。同時，秦景公緊急派人前往楚國求救，說起來，兩家現在還算是親戚，因為秦景公把女兒嫁給了楚共王，不幸的是楚共王第二年就

麂了，把景公女兒的大好青春就這麼給廢了。

楚國接到秦國的求救信，怎麼辦？

「這個，我們令尹子囊剛剛去世了，新任令尹子庚對軍隊的情況還不熟悉。啊，這個，希望體諒啊。我們楚國一向堅持以和平方式解決國際爭端……」楚康王有點糠，同時也確實沒力量對抗晉國人，因此拒絕了秦國人的求援。

「該死的楚國人，忽悠我們不是一次兩次了，看來，他們跟晉國人都是一路貨，靠不住。」秦景公大罵，現在終於明白楚國人也靠不住了。

誰都靠不住，就只能靠自己了。

其實，明白了只能靠自己的道理比什麼都重要。

秦國人一面加強防守，一面要想辦法阻止晉國人的推進了。

這一邊，聯合國軍開始推進，直到秦晉邊境。這時候，出了點問題。

晉悼公的身體一向就不是太好，這幾年的折騰固然折騰死了楚共王和荀罃，也折騰得晉悼公夠嗆。眼看大軍就要進入秦國境內，晉悼公的身體挺不住了。

「各位，看來，我只能在這裏等候你們的捷報了。我宣佈，這次討伐秦國的行動由晉國六卿代替我指揮。」晉悼公留在了晉國，而把指揮權給了六卿。

其實到這個時候，晉悼公已經對討伐秦國不抱太大的期望了。他知道，不論是荀偃還是士匄，都缺乏欒書和荀罃那樣的決斷和機變，也缺乏韓厥那樣的原則性和協調能力，換言之，他們都不是帥才，而且有私心。而聯合國部隊中，大家都是瞻前顧後，誰也不願意往前衝。要掌控這樣一支隊伍，確實不是荀偃和士匄的能力所能做得到的。

就是因為擔心荀偃沒有擔當責任的氣魄，因此晉悼公宣佈六卿指揮而不是中軍元帥指揮。

主帥無能

聯合國軍隊亂哄哄地進了秦國國境，果然如晉悼公預料的那樣，荀偃和士匄根本約束不住各國部隊。兩人經常找各國領軍來談話，不過談的不是這場戰爭，而是今後怎樣聯手賺錢。

大軍所到，秦國人無法抵擋，沿途秦國城池要麼空無一人，要麼當即投降。兵不血刃，聯合國軍已經挺進到了涇水。越過涇水，到秦國國都雍城將再也沒有大河的阻隔。而涇水與雍城的直線距離不到兩百里。

涇水是渭河的一條支流，因水流清澈見底而著稱，因此有兩個成語叫做「涇清渭濁」和「涇渭分明」，就是指涇水乾淨而渭水渾濁。

到了涇水東岸，大軍暫時駐紮。

「咱們是繼續前進，還是就在這裏打住？」荀偃和士匄開始商量，這兩人就沒有單獨帶兵打過仗，心裏直打鼓。從這個層面來說，這兩人當初的謙讓，也有一定對自己的能力沒底的成分。

「要不，咱們看看大家的反應再說？」

「也好，要是大家都不肯渡河，咱們就有理由收兵了。」

「是啊，打這仗幹什麼，又沒得賺。」

兩個腐敗分子商量好之後，召集六卿及盟軍領軍們開會。

「各位辛苦了，此次討伐秦國，我們在主公的戰略思想指導下，在盟軍的大力支持下，節節勝利，順利推進到了涇水。眼下，三軍士氣高昂，而對面就是秦國的腹心地帶。那麼，到了這個時候，我想聽聽各位的意見，下一步咱們應該怎麼辦？」荀偃發言，章法不是太清晰，不過基本上也說明白了。

大家都不是傻瓜，都是江湖上摸爬滾打出來的，誰聽不明白荀偃話裏的話？此次西征，晉國是領導，晉國想打就打，想撤就撤，有什麼好商量？而且，現在已經到了這裏，要麼渡河，要麼撤軍，沒有第三種選擇，有什麼好商量？既然荀偃這樣說，毫無疑問，他想撤軍了，可是不好意思自己說，想要借大家的口說出來，這樣回去好有交代。

「我們聽元帥的，元帥讓我們向西，我們就向西；元帥讓我們向東，我們就向東。」盟軍一致這樣表示，誰也不傻，所以，誰也不提意見。

荀偃有點傻眼，他也知道盟軍沒有人願意渡河，因為這仗跟他們沒有鳥關係。可是他沒想到，大家明明不想打，卻都不肯說。

魏絳張了張嘴，想說什麼，可是忍住了。他知道，憑藉絕對優勢的人馬和氣勢，只要下了決心，這就是滅掉秦國或者至少讓秦國大傷元氣的絕佳機會，這時候還有什麼好猶豫的呢？那麼他為什麼不說？他知道荀偃和士匄都不是氣量很大的人，得罪他們不是一件明智的事情。他也知道，就靠這兩個人指揮，就算渡過了涇水，後面還不知道出什麼么蛾子呢。所以，他微微歎了一口氣，沒有說話。

魏絳忍住了，可是有一個人忍不住了，誰？欒黶。

欒黶是個急性子，他一向就瞧不起荀偃和士匄這樣不爽快的人，他連荀罃都敢頂撞，當然就更不怕荀偃了。

「元帥，你的意思就是撤軍，是不是？」欒黶一點面子不給，直接把荀偃和士匄的小算盤給拖出來了。

「這這這，不是啊。」荀偃鬧了個大紅臉，連忙否認。

「既然不是，有什麼好商量的，立即渡河就是了。」

「這，這，啊，各位，欒元帥建議渡河，大家還有什麼更好的想法沒有？」荀偃還不太甘心，還希望有人提出反面意見來。

有人會提意見嗎？誰也不比誰傻多少。

看見大家都不發言，荀偃萬般無奈，下了一個誰也沒聽明白的命令：「好，明天渡河。」

會開完了，大家都走了。

欒黶氣哼哼地出來，沒走幾步，被人拉住了。回頭一看，正要發火，一看是士匄，忍住了。為什麼忍住了？不是因為士匄比自己級別高。

「女婿，你倒是給元帥一個面子啊。」士匄說。

原來，士匄是欒黶的老丈人。

「哼。」欒黶哼了一聲，也沒搭理老丈人，走了。

欒黶早就知道，士匄跟荀偃是一路貨。

匏有苦葉

人多，船少，艄公更少。

誰先渡河，誰後渡河，完全沒有人知道，因為根本就沒有人安排。

「渡他個頭啊。」齊軍統帥崔杼躲在帳篷裏喝酒。按照齊國陽奉陰違的外交方針，齊國人過去是不參加盟軍的，可是後來發現不參加盟軍就要被晉老大討伐，現在學乖了，盟軍行動積極參加，不過，出工不出力，除了會餐的時候衝在最前面之外，其他的時候都躲在最後。

「嘿嘿，晉國人還沒有請我們過河，急什麼？」宋軍統帥華閱也躲在帳篷裏喝酒。按照獨立自主的外交原則，宋國每次都告訴自己不是來參加盟軍，而是來幫助晉國人，所以，晉國人要給自己足夠的禮節，否則，決不主動行動。

基本上，打仗的時候，宋國軍隊也僅僅在齊國軍隊前面。不過不如齊國軍隊的是，會餐的時候，他們在所有軍隊的最後。所以每次參加盟軍行動，宋國士兵都是大家嘲笑的對象。

齊軍和宋軍不動窩，晉國三軍呢？中軍不動，上軍的趙武和韓起自然也不會動，欒黶和魏絳一賭氣：老子也不動。

所以渡河的命令下達之後，竟然沒人渡河。

一連三天，無人渡河。

別人不急，負責組織船隻的叔向急了。叔向是誰？以後會有介紹。

叔向一算，如果大家都不渡河，等到回國之後，荀偃來個「沒渡河是因為船隻沒準備好」，那自己就百口莫辯，成了沉默的替罪羔羊了。

怎麼辦？叔向不能去找荀偃，如果他一推二拖三裝傻，自己反而進退不得了。也不能去找趙武，趙武小心著呢，決不會做出頭的事情；

更不能去找欒黶，那立馬就會得罪荀偃。

這個時候，只能找一個人，誰？

叔向來找魯軍統帥叔孫豹，原因有三個。第一，魯國的政策是「擦掉一切陪你睡」，是完全以晉國利益為魯國利益的；第二，叔向跟叔孫豹的關係非常好，算得上是知己；第三，叔孫豹這個人很講禮儀和信用，不會耍滑頭。

「豹哥，準備渡河嗎？」叔向開門見山地問。

「我早就準備好了，可是沒有命令不敢行動啊。」

「那我代表晉國命令你們渡河，渡不渡？」叔向說。其實，他沒有這個權力，但是他知道叔孫豹需要這個命令，他也不願意得罪荀偃。

「我給你念一首詩吧，」叔孫豹笑了笑，開始念詩，「匏有苦葉，濟有深涉。」

剛念了兩句，叔向打斷了他。

「豹哥，這個人情我記下了，回來之後我請客。」叔向非常高興，告辭出來，準備船隻去了。

叔孫豹念的是什麼詩？為什麼他剛一念，叔向就知道他要渡河呢？這首詩出於《詩經·國風·邶風》，名字就叫「匏有苦葉」。

說起來，兩人都是博學多才，對起話來也是這樣有情趣。

第一四四章

欒針之死

　　叔孫豹此人博學多才，隨和正直，風雅並濟。在歷史上，叔孫豹以「不朽」而留名。雖然這是後面的故事，不妨這裏先說。

　　一次，叔孫豹出訪晉國，士匄接待，問叔孫豹：「古人有句話叫做『死而不朽』，什麼意思？」

　　叔孫豹沒有回答，一來他有些討厭士匄，二來他知道士匄想要幹什麼。

　　果然，士匄沒等叔孫豹回答，自己就說了：「我們家在虞以前就是陶唐氏，在商朝是豕韋氏，周朝是唐、杜兩氏，現在晉國最強大，我們又在晉國是士氏，我們這個家族是不是不朽？」

　　叔孫豹一聽，差點沒笑出來，這也太沒檔次了。

　　「以我聽說的，好像不是你說的這些。你這叫世祿，世代做官而已，而不是不朽。魯國從前有個大夫叫做臧文仲，他死之後，他的話還能世代流傳，這才是不朽。我聽說啊，最高的境界是樹立德行，其次是建立功業，其次是留下言論。能做到這些，歷經多長時間都不會被廢棄，這才是不朽。至於您剛才說的，也就是保留了祖上的姓氏，守住了宗廟，使祖先能夠得到祭祀，這樣的家族，每個國家都有。並不是官越大，錢越多，就能不朽。」

　　叔孫豹一番話，說得士匄垂頭喪氣。

　　而叔孫豹的「不朽」論述被後人稱為「三不朽」，世代流傳，叔孫豹也因此而不朽。

　　哪三不朽？請看《左傳》原文：「豹聞之，大上有立德，其次有立功，其次有立言，雖久不廢，此之謂不朽。」

馬首是瞻

叔孫豹說到做到，第二天，魯軍率先渡河。

魯軍渡河，有一個人坐不住了，誰？

鄭軍統帥是子喬，鄭國從前的外交政策是以不變應萬變，也就是沒有外交政策。從前被晉楚兩國輪流踩躪的日子受夠了，如今能夠專心專意投入晉國的懷抱，他們覺得來之不易，應該珍惜。所以，鄭國人是很希望誠心誠意跟著晉國人幹的。

看著魯國軍隊渡河，子喬覺得鄭國軍隊也該渡河了。可是，子喬不太明白盟軍中這些亂七八糟的關係，又生怕貿然行動會有麻煩，於是，他決定去找衛國人一起行動。

其實這個時候，衛國人的心思是一樣的，衛軍統帥北宮括也正猶豫呢。

「既然投靠了晉國，又不死心塌地跟著他們，怎麼能指望今後他們來保護我們呢？兄弟，咱們渡河吧。」子喬說。

「正有此意，明天咱們一塊渡河。」北宮括說。

第二天，衛軍、鄭軍連袂渡河。

魯軍、鄭軍和衛軍都渡河了，荀偃和士匄再按兵不動可就說不過去了，於是，晉軍中軍渡河，上下兩軍隨後渡河，最後，宋軍和齊軍也不得不渡河。

匏有苦葉啊。

聯合國軍隊渡過了涇水，秦國再度震驚，秦景公作了最後動員，並且準備實在抵擋不住，向西逃遁。如果逃也逃不了，那就抹脖子自殺。至於講和或者投降，秦景公想都沒有想過，他說了：晉國人說話要算數，除非老母豬會上樹。

可是秦景公不知道的是，晉國人根本不想再進攻了。

聯合國大軍駐紮在涇水西岸，再次按兵不動，等待糧食吃完，然後撤軍。

欒黶氣得牙癢癢，要不是魏絳勸他，直接就去罵荀偃了。

齊宋兩國軍隊暗自高興，每天悠閒自在，權當西部自駕遊了。

一轉眼三天過去，大軍沒有動靜。可是，發生了一件事情讓聯合國軍不能不動了。

原來，秦國人在涇水上游放了毒藥，那時候的毒藥很厲害，沒有水貨，因此下游盟軍的士兵喝了下了毒的水，個別體質略差的就被毒死了，還有一些上吐下瀉。

「進又不進，退又不退，難道在這裏等死嗎？與其在這裏等死，還不如去跟秦國人戰死。」子喬憤怒了，他也不打招呼，率領鄭軍前進了。

鄭國人，其實是很有血性很有擔當的人。

鄭軍前進，魯軍和衛軍也隨後跟上。這時候，荀偃也就不能繼續按兵不動了，於是，盟軍跟著鄭軍前進了。當天，盟軍順利拿下棫（音域）林（今陝西涇陽縣涇水西南）。

拿下棫林，又是按兵不動。

到這個時候，大家都看得非常清楚了，荀偃根本就不想往前走了。不要說齊國和宋國軍隊了，就連魯國、鄭國和衛國軍隊也都覺得很沒勁了。

敵軍主力還沒有見到，盟軍就已經士氣低落，人人思歸。

盟軍統帥們又一次開會了，自從上次在河對面開會之後，就再也沒有開過會。

「各位，如今我們已經順利渡過了涇水，實現了戰略性的勝利，盟軍表現英勇，令人敬佩。那麼，我們下一步該怎樣行動，請大家發言。」荀偃又是這一套，等大家提出撤軍。

大家暗笑的暗笑，苦笑的苦笑，就是沒人發言。

最後，欒黶實在是看不下去了，他「騰」地站了起來，大聲說道：「元帥，磨磨嘰嘰幹什麼？你是元帥，你說了算，你說吧，明天該怎麼辦？」

欒黶把球踢回給了荀偃，看他怎麼說。

「這，這個——」荀偃掃視一番，確認實在是沒有人會再發言，沒辦法，只得說了：「這個，明天，啊，明天，『雞鳴而駕，塞井夷灶，唯餘馬首是瞻』。」

啥意思？天亮的時候就準備好戰車，填好井，削平灶，什麼也別問，跟著我的馬走就行了。

哄堂大笑。

「靠，你是元帥還是馬是元帥啊？還有這樣下命令的？管你馬頭向哪裡，老子的馬頭向東。」欒黶忍不住低聲罵了起來，荀偃聽得清楚，假裝沒聽見。

不管怎麼說，荀偃發明了一個成語：馬首是瞻。

第二天一早，聯合國軍隊早早起來，填井平灶，然後各國領軍都來荀偃的戰車前盯著他的四匹馬，基本上，十二個盟國的領軍，三個人盯一匹，要看看荀偃的馬頭到底去哪裡，萬一這四匹馬的馬頭不朝一個方向怎麼辦？晉國上軍的趙武和韓起輪流過來瞄一眼，只有下軍的兩個帥佐不知道為什麼沒有來。

荀偃很犯愁，昨天說的唯自己馬首是瞻，而不是說具體方向，就是因為自己也不知道該往哪裡走。想了一個晚上，也沒想好。前進吧，實在不願意；撤軍吧，又怕被嘲笑。

可是，不走還不行，因為填井平灶了，這地方也不能待了。

正躲在大帳裏頭疼呢，有人幫他作了決定。

「報元帥，下軍向東走，撤了。」

荀偃一聽，大吃一驚，不過心頭挺高興。

「怎麼回事？」荀偃還要假裝很嚴厲。

「欒黶說了，說不知道元帥的馬頭朝哪邊，他的馬頭向東，所以就跟著他的馬頭走了。」

「那，魏絳呢？也跟著走了？」

「他說了，他是欒黶的副手，當然要聽欒黶的。」

「嗯，這件事情不怪欒黶和魏絳，是我的命令下得不清楚。算了，

既然下軍已經撤了，那就全軍撤退吧。這次算便宜了秦國人。」荀偃借坡下驢，命令全軍跟隨下軍撤退。

就這樣，浩浩蕩蕩，盟軍沿原路後撤，到涇水西岸，齊宋兩軍先渡河，當天回到涇水東岸；第二天，魯鄭衛三國軍隊撤回東岸；第三天，其餘盟軍和晉國下軍撤回東岸。最後一天，晉國中上軍撤回東岸。

欒針之死

盟軍撤軍的消息迅速傳到了雍城，秦景公立即命令出動部分兵力前往涇水，準備收復失地。秦軍抵達涇水的時候，恰好是晉軍上軍和中軍在渡河。

秦軍遠遠地觀望著，他們並沒有發起進攻的意圖，實際上他們也不敢，因為謝天謝地聯合國部隊撤了，如果此時發動進攻，必然導致聯合國軍再次進攻秦國，那就得不償失了。

渡河中的晉軍有些緊張，他們不確定秦國人會不會來攻擊，明顯地，晉軍撤軍的速度在加快，而且開始慌亂，看上去，就有些像戰敗之後的逃跑。

看著晉軍狼狽而逃的樣子，中軍有一個人感到很窩火，誰？欒針，欒黶的弟弟。

欒家很奇怪，從欒枝到欒盾到欒書，欒家三代都是那種很忠厚很謹慎的性格。可是到了第四代，也許是由於欒家的地位已經完全不同，欒黶和欒針兩兄弟的性格都很暴躁、很意氣用事。鄢陵之戰的時候，欒針就是晉厲公的車右，那時候他沒有表現的機會，只玩了一回好整以暇。這一次，欒針作為公族大夫在中軍的公族部隊中效力。

「我們這算什麼？我們是來找秦國人報仇的，可是根本就沒有跟秦國人決戰就撤退了，跟逃跑有什麼區別？我們欒家兄弟參加了這場戰爭，這簡直讓我們欒家感到羞辱。」欒針很氣憤，對身旁的士鞅說。

士鞅是士匄的兒子，也就是欒黶的小舅子，跟欒針是轉折親，也是公族大夫，同事加親戚，所以與欒針的關係不錯。

「嗨，元帥都不覺得羞愧，你何必呢。」士鞅安慰。

「不行，我不能丟我父親的臉，我寧願死在秦國人的手上，也不願意就這麼回去。」欒針跟他哥哥一樣一根筋。

「那……」

「兄弟，是男人就跟我一起衝到秦軍那裏跟他們血拼，怎麼樣？」

「這……」

「走吧，不要猶豫。」

欒針招呼自己手下的士兵去衝擊秦軍陣地，願意跟他去的並不多，不過欒針並不在意，率領著十餘乘車，百十號人向秦軍衝殺過去，士鞅也只好跟著衝了過去。

秦軍人多，欒針的人少，一開始秦軍還有些吃驚，不知道晉國人又搞什麼詭計。可是後來看見晉軍大部隊並沒有尾隨殺來，這才集中精力絞殺這小股晉軍。

按士鞅的想法，欒針殺入敵陣，恐怕整個晉軍也不得不隨後殺來。可是眼看著小部隊被秦軍包圍，晉軍依然忙著渡河，根本沒有管他們。

「要命了，跑吧。」士鞅見勢不妙，急忙撞開一個口子，沒命一般逃跑，再回頭看欒針，還在那裏傻乎乎地拼命。

欒針戰死。

士鞅逃了回來，隨著大軍回到了涇水東岸。

欒黶在涇水東岸等待弟弟的到來，他們兄弟二人之間的感情非常好。

一直等到晉軍全部渡河，也沒有看到欒針，欒黶有一種不祥的預感，於是派人去中軍找弟弟。

不久，派去的人回來了。

「看見欒針了嗎？」欒黶問。

「元帥，欒針大夫戰死了。」

「戰死了？怎麼戰死的？」欒黶大吃一驚，急忙追問。

於是，被派去的人將事情的經過說了一遍。

「什麼？我弟弟戰死了，士穀跑回來了？」欒黶怒吼起來。他本來就看自己的小舅子不順眼，如今更覺得士穀不地道。「這麼不仗義，我弟弟就是被他害死的。」

說完，欒黶抄起一條大戟，衝出大帳，讓御者駕著車，直奔中軍而去。他要殺了士穀，為弟弟討個公道。

來到士穀的軍帳，軍士說士穀去了父親那裏。欒黶提著大戟，又直奔士匄的大帳。

士穀正在父親的大帳中，他不敢去見欒黶，因此來找父親商量。結果，士匄把兒子痛罵一頓之後，也沒有辦法可想。他知道這個女婿本來就瞧不起自己父子，這下肯定不會輕饒士穀。

父子二人正在那裏愁眉苦臉，外面早有人來報，說是看見欒黶手提大戟去找士穀，看上去氣勢洶洶，不知道要幹什麼。

「兒啊，不好了，你趕快跑，有多遠跑多遠，我不派人去叫你，你就別回來，聽見了嗎？」士匄知道女婿的脾氣，看這架勢，老丈人的面子也不會給，絕對要殺了小舅子才肯善罷甘休。

士穀還有點猶豫，就在這個時候，就聽見大帳外面欒黶大聲喊：「士穀，我非宰了你不可。」

士穀嚇得一個哆嗦，平時就有些怕欒黶，這個時候更是怕得要死。當時什麼話也不敢說了，一溜煙從大帳後門溜了出去。

這一邊，欒黶闖了進來，看見老丈人站在那裏，畢竟是老丈人，欒黶還是客氣了一點。

「岳丈，士穀在不在這裏？」欒黶一邊問，一邊四處掃視。

「女婿啊，消消氣，欒鍼的事情我都知道了，我悲痛萬分啊。士穀這個兔崽子當時也不說攔住他，唉。我狠狠揍了他一頓，把他趕走了，從此之後，我沒有這個兒子了，你也沒有這個小舅子了，我也不會再讓他當官了，讓他死在荒郊野外。」士匄說。一來為兒子辯解，二來也是告訴欒黶自己已經懲罰了士穀。

聽老丈人這麼說，欒黶的火消了一些，畢竟小舅子對於老丈人比

自己失去弟弟更重要一些。

「哼，欒鍼本來不想去，都是士鞅攛掇的。如今我弟弟死了，他跑回來了，就等於是他害死了我弟弟。岳丈，你要是不趕走他，我一定殺了他。」欒黶說。

士匄又安慰了半天，欒黶這才回去。

士鞅跑了

士鞅跑哪裡去了？

士鞅從父親的大帳中逃出去之後，不敢再在中軍大營待下去，一口氣出了中軍大營，來到了涇水岸邊。

「只要還在晉國，姐夫會隨時來追殺我啊。乾脆，一不做二不休，我投奔秦國吧。」士鞅想妥當之後，恰好天色黃昏，還沒有黑，江邊有船有艄公，士鞅就渡過了涇水，投奔秦國去了。

秦景公一看，好嘛，晉國人這仗打得太搞笑了，浩浩蕩蕩而來，灰頭土臉而歸，送了一個大夫的命，還送了一個活的過來。一問，這位投降的還是士會的重孫，熱烈歡迎。

為什麼秦景公歡迎士鞅，因為祖上留下的遺言中有這麼一句：晉國人都不是好東西，只有士會是個好人。

於是士鞅搖身一變，成了秦國的大夫。

「主公，這個被殺死的名叫欒鍼，這哥們不錯，夠義氣，咱們啊，索性表現一下大國風度，也讓晉國人感到慚愧，把欒鍼的屍首給送回晉國去吧。」士鞅建議，一來，良心上過得去；二來，也為自己今後回國作個鋪墊。

秦景公覺得士鞅夠義氣，立即批准。

「我聽說晉國的權力鬥爭那是波瀾壯闊，驚心動魄，一家接著一家被滅。請問，你覺得下面一家會是誰家？」秦景公問起這個問題，晉國的權力鬥爭那是全世界的話題。

「這個，說起來，權力鬥爭的基本規律是，誰倡狂，誰滅亡。你看

樂魘，身為下軍帥，目中無人，竟然跟中軍帥佐對著幹。說實話，他讓人想起先縠、趙家兄弟和三郤來了，我估計，下一家就是樂家了。」士鞅回答，儘管話中包含了對樂家的不滿，不過也很有道理。

「樂魘也不能逃脫嗎？」

「他應該能夠逃脫，其實他父親樂書是個好人，治理國家也很勤謹，因此朝野上下都很懷念他，包括晉國國君也很記他的恩德。靠著樂書的遺德，樂魘應該能夠善終。不過，他死之後，樂書的遺德基本上也就被他揮霍完了，而他得罪的人就要開始報復了，那時候，他的兒子勢力還不行，而仇人又那麼多，我想啊，他兒子那一輩恐怕就該遭殃了。」士鞅分析著，而這也是他的計畫。

「那，你跟樂家不是仇人嗎？」秦景公問，笑一笑，他能感覺到士鞅對樂魘的仇恨。

「那，誰家跟樂家不是仇人啊？」

說到這裏，秦景公突然有點擔心，他知道晉國人都是權力鬥爭的高手，這士鞅看上去就不像什麼忠厚之人，這位要是在秦國玩起權術來，豈不是要把秦國搞個天翻地覆？

於是，秦景公暗中派人前往晉國，找晉悼公為士鞅求情，請求讓士鞅回國。晉悼公也樂得作這個人情，找到樂魘和士匄，為他們調解，樂魘也只得表示不再追究士鞅。

不久之後，士鞅回到晉國，官復原職。

樂家和士家表面上和解，實際上，早已經結下了仇恨。

　　盟軍回到晉國，晉悼公早已經不在邊境，因為身體狀況很不好，回到了國都。

　　於是大軍就地解散，各諸侯部隊自行回國。

　　晉軍回到首都，六卿去見晉悼公。荀偃彙報了整個過程，其中自然避重就輕，誇大戰果，把撤軍的事情輕輕帶過，說是盟軍思鄉心切，不願前行，再加上發佈軍令的時候下軍理會錯了，因此趁機撤軍。主要是聽說主公身體欠安，大家也想回來看看。再說，秋天就要到了，也該回來收麥子了。

　　總之，荀偃早就想好了一整套話，遮掩一番，以便過關。

　　晉悼公其實什麼都知道，不過他什麼也沒有說，一來身體不好，不願意動怒；二來，晉悼公也明白，除了魏絳，這幾位就這水準，能平安回來就算不錯。

　　「各位辛苦了，討伐秦國，也就是教訓他們而已，到這一步已經夠了。另外有一件事情要大家討論一下，在你們討伐秦國的時候，衛國國君被趕走，公孫剽篡位，你們知道嗎？」晉悼公把伐秦的事情輕輕帶過，說起了衛國的故事。

　　「我們才回來，不知道。」荀偃連忙回答，士匄也應和著說不知道，兩人無意中碰了眼光，從對方的眼神中，兩人都看出一件事來：他實際上知道。

　　於是，晉悼公將衛國發生的事情簡單說了一遍，然後問：「我們作為盟主，是不是應該討伐叛逆？」

　　「我看不要，衛國已經有了新國君，如果討伐他，不一定能成功，反而驚動了各諸侯國。我們不如趁其穩定，快去安撫。商湯的左相鐘虺（音揮）說過：『亡者侮之，亂者取之，推亡固存，國之道也。』滅亡的國家我們要從中汲取教訓，動亂的國家我們可以吞併它。放棄滅

亡的，鞏固現存的，這才是我們作為盟主的方法啊，主公應該趕緊去安撫他們。」荀偃發言，他的意見不僅不討伐，還要趕緊承認。

「哦。」晉悼公略略有些意外，他看看大家，問：「你們看呢？」

「我們也和元帥的看法一樣。」大家異口同聲。

「那就這樣辦吧。」晉悼公說，他明白了。

晉悼公明白了什麼？衛國又發生了什麼？

孫良夫的訣竅

自從城濮大戰之後，衛國就徹底成為晉國的跟班，他們別無選擇。這樣也好，省心。而晉國對這個跟班也不錯，把佔領的衛國土地都還給了他們。

城濮之戰後晉文公捉拿了衛成公，並且試圖毒死他。可是衛成公很聰明，他賄賂了下毒的廚師，結果毒藥的劑量太小，竟然沒有毒死他，於是晉文公以為是上天的意思，釋放了衛成公，依然讓他做衛國國君。

衛成公薨了之後，兒子衛穆公繼位。

孫良夫成為衛國的上卿。孫良夫是誰？衛武公有個兒子名叫惠孫，孫良夫就是惠孫的後代，食邑在戚（今河南濮陽北），因此，孫良夫不僅是中國最大一支孫姓的祖先，也是戚姓的祖先。

孫良夫和晉國的郤克關係很鐵，因為兩人曾經一同參加過齊國的「殘奧會開幕式」（第三部第一一三章），後來又一同找齊國報仇（鞍之戰），結下了深厚的戰鬥友誼。

除了戰鬥友誼，孫良夫還搞明白了另外一件事情。

「孩子，爹要死了，爹死之後，就是你繼任上卿，這個國家就交給你了。說說看，你怎麼當這個上卿？」孫良夫臨死之前，把兒子孫林父叫來叮囑後事。

「爹，您說過，衛國是個小國，只能跟著晉國混，因此國內無大

事，國際無小事，伺候好了晉國，就算是高枕無憂了。」孫林父回答。

「那好，怎麼才能伺候好晉國？」

「爹，您說過，國際關係就像人跟人之間的關係。」

「錯了。」

「錯了？爹，您就這麼說的啊。」

「那是從前，現在我突然又明白了一點。國際關係不是像人和人之間的關係，它就是人和人之間的關係。就說衛國和晉國之間的關係，那就是我跟郤克之間的關係。我們兩人關係好了，衛國和晉國的關係也就好了，伺候好了郤克，也就是伺候好了晉國，明白嗎？」臨死之前，孫良夫竟然又開了一竅。

「明白了，爹，您還有什麼訣竅就趕緊說吧，別問我了。」孫林父有點急，怕老爹話沒說完就咽了氣。

「你呀，要跟晉國的權臣們搞好關係，有事沒事走動著點，逢年過節送送禮，特別是中軍帥佐那裏，出手要大方。這樣，對國家和對咱們自己家都有好處。為什麼呢——」說到這裏，孫良夫倒了一口氣，歇一歇。

孫林父沒有回答，他知道不用自己回答。他給父親倒了一碗水，孫良夫喝了一口，接著說。

「衛國每年給晉國上貢，上多少，那還不是他們一句話？把他們伺候爽了，這邊給咱們減一點，什麼都回來了。再說，送禮都是咱們去送，他們不會說這是衛國送的，他們會說這是孫林父送的，他們念誰的好？念你的好啊。等到晉國人別人不認，只認你孫林父的時候，衛國國君也就不敢把你怎麼樣了，這叫做擁晉自重，明白嗎？」

「用國家的銀子，換咱孫家的地位？」

「都一樣，那邊也是用國家的軍隊，換六卿的實惠。」

「那不是損了國家，肥了家族？」

「這還用說？看看天下各國，哪個國家不是這樣？」

「爹，您說得太對了。還有什麼叮囑？爹，爹，您醒醒，您醒醒，嗚嗚嗚嗚……」

孫良夫卒了，可是，他的理念已經傳授給了孫林父。

孫林父的應用

孫良夫卒的前一年，衛穆公已經薨了，因此孫林父現在的國君是衛定公。

孫林父按照父親的叮囑去做，全力搞好與晉國權臣們的關係，那時正是欒書執政。欒書這人非常清廉，孫林父送去的禮物多半會被退回。欒書領導下的內閣總體也比較清廉，除了三郤，其餘人也都不大敢收。

不管怎樣，至少孫林父把三郤伺候得很爽，而郤犨正是負責東部事務的，晉衛關係歸他管。

一門心思伺候晉國的大佬們，對自己的國君難免就有些懈怠。衛定公一向對孫林父很不滿意，到了衛定公五年（前 584 年），衛定公對孫林父的不滿已經非常強烈。

孫林父感到了自身的安全受到威脅，怎麼辦？跑吧。

孫林父逃到了晉國。

「老孫來了，歡迎歡迎。」欒書挺客氣，按照政治避難國際準則，破格半級給了孫林父上大夫的待遇。按理說，衛國的卿在晉國享受大夫待遇，考慮到兩國的實力差距，實際上應該是下大夫的待遇，不過欒書還是給了面子。

不久，衛定公來晉國訪問，根據國際慣例，晉國把孫林父在衛國的封邑戚也還給了衛國。

孫林父有些失望，甚至可以說是非常失望，因為晉國並沒有給他做主，而是公事公辦了。不過，他依然堅信父親的遺言，逢年過節，都會去八卿的府上拜會，平時，則時不時去拜見三郤，送財送物。

「老孫，別急，我們一定幫你衣錦還鄉。」三郤被伺候好了，答應要幫他。

三郤倒不是拿錢不幹活、只說不做的人。

衛定公十二年（前 577 年），也就是孫林父流亡晉國七年的時候，衛定公再次訪問晉國。

「主公，孫林父是個好人哪，身在晉國還很關心衛國，而且，外交經驗豐富，工作認真負責，我們都認為，他應該回到祖國的工作崗位上去。」郤犨先來找到衛定公，為孫林父求情。

「不好意思，神太大，我們廟太小。」衛定公也沒客氣，直接給頂回去了。

郤犨弄個大紅臉，一路上罵罵咧咧回去了。不過，他還有辦法。

第二天晉厲公接見衛定公，又提到了孫林父的事情。

「衛公，孫林父在晉國一晃就是七年了，這樣的人才不應該浪費啊。據我所知，你們之間其實沒有什麼問題，就是有點誤會。我看，給他個機會，你們見面好好聊聊，消除誤會，再做君臣，怎麼樣？」晉厲公受郤犨之托，也來做和事佬。

「見面就不要了吧？多尷尬。再說，我跟他之間沒有誤會啊，有誤會是他的事情，我又沒趕他，都是他自己跑出去的，難道我還請他回去？」衛定公還是很硬，連晉厲公的面子也沒給。

晉厲公有些生氣了，趁著上廁所的機會把欒書叫了出來。

「元帥，衛公這麼不給面子，是不是把他扣下來？」晉厲公想來硬的。

「主公，這不行，人家是內部事務，咱們做做和事佬可以，但是不能強迫人家啊。再說，你要扣了人家，今後誰還敢再來？」欒書給勸住了。

這一次，晉厲公親自出馬也不靈。

「老子還有辦法。」郤犨很惱火，不過他也很倔，為了朋友，或者準確地說為了銀子，他是可以做到兩肋插刀的。

衛定公訪問完了晉國，回到了衛國。

第二天，晉國人來了，誰啊？郤犨。

「啊，主公，我家主公說了，孫林父是個忠臣賢臣，你們之間應該消除誤會，為衛國的和諧穩定同心同德，共同努力。因此，派我把孫

林父送回來了。」郤犨這招太絕了，人給你送回來了，看你怎麼辦。

衛定公有點傻眼，看這架勢，晉國人不把孫林父弄回來是不肯善罷甘休的。這下人都送回來了，如果趕回去，那就是太不給晉國人面子了。可是如果留下，自己又太沒有面子。怎麼辦？衛定公進退兩難。

有困難，找老婆。

衛定公決定去請教老婆，這世界上他最佩服的人就是老婆。

老婆叫定姜，是從齊國娶回來的。齊國的女人通常有兩大特點：第一有學問，第二很漂亮。

定姜既漂亮又有學問，前一天晚上還在批評衛定公不應該拒絕晉厲公的建議。「這事沒完，你不信等著瞧。」定姜那晚斷言，沒想到第二天就兌現了。

衛定公去了老婆的宮裏，把事情彙報了一遍。

「老婆，怎麼辦啊？」

「你可以拒絕他，不過他們還會來，如果他們再來，恐怕你就要搬家了。所以，趁現在還沒到那一步，趕快答應吧。」定姜直接給了答案，連猶豫一下都沒有。

「這個……」衛定公還有些不願意。

「老公啊，孫林父再怎麼說也是同宗的卿，又有晉國為他請求。讓他回來，既對祖先有個說法，又能得到晉國的歡心，何樂而不為呢？」定姜繼續開導。

「那，那他回來什麼待遇啊？」

「嗨，好人做到底啊，恢復一切待遇，上卿，把戚再給他。」還是定姜有氣魄，有的時候，女人比男人大氣。

於是，孫林父在闊別祖國七年之後，衣錦還鄉了。

事實證明，老爹的遺言是正確的。

委蛇委蛇

孫林父爽了，衛定公就不爽了。

當年冬天，衛定公在鬱悶中薨了。由於定姜沒有兒子，因此衛定公臨死之前立了姜敬姒的兒子姬衎（音看）為太子，繼位後就是衛獻公。

衛獻公心智成熟比較晚，雖然他爹看著他挺可愛，其實有點沒心沒肺。在父親的葬禮上，衛獻公表現得一點也不悲哀，一點也不在意，似乎死的不是自己的父親，而是對門張大爺的親家母。

定姜對衛獻公的表現非常不滿意，當場就說了：「這小子沒心沒肺，他一定會把衛國帶滅亡啊，我們恐怕都不得善終了。早知道啊，就立他弟弟做太子了。」

定姜一言既出，在場所有人大嘩。這話很快傳了出去，衛國卿大夫們都開始心存恐懼，為什麼？如果定姜眼力準，那就證明衛獻公是個昏君，大家的日子都不好過；如果定姜眼力不準，那麼她就有可能收拾衛獻公，國家還是要亂。

孫林父不管這些，他把自己的家財都放在戚，自己的工作重點依然在與晉國權臣們的關係上。他知道，只要抱住晉國權臣這條大腿，孫家就能在衛國呼風喚雨。

孫林父並沒有把衛獻公放在眼裏，在衛獻公面前也沒有什麼禮節可講。

衛獻公十一年（前 566 年），也就是韓厥退休的那一年，孫林父出使魯國。兩國重溫了往日的盟約，登壇為盟的時候，魯襄公每上一級臺階，孫林父同步上去。上壇之後，叔孫豹在一旁悄悄提醒他：「老孫，諸侯盟會的時候，大家同樣步驟，因為大家都是諸侯，如今您和我們主公結盟，似乎應該稍稍靠後一點才對。」

孫林父沒有回答，也沒有一點慚愧或者後悔的意思。隨後的程式，依然這樣失禮。

沒辦法，習慣了，習慣成自然了。

等到孫林父走了之後，叔孫豹說了：「孫林父一定不會有好下場的，因為他太不知道自重了。《詩經》寫道：『退食自公，委蛇委蛇。』

這麼專橫而又得意，一定要受到教訓的。」

其實，叔孫豹完全不瞭解孫林父的家傳理念。在孫林父的眼裏，魯國人迂腐得不可救藥。

叔孫豹所引用的那首詩出於《詩經·召南·羔羊》，說起來，這是全世界最早的描寫公款吃喝的詩，原詩如下：

羔羊

羔羊之皮，素絲五紽。退食自公，委蛇委蛇。

羔羊之革，素絲五緎。委蛇委蛇，自公退食。

羔羊之縫，素絲五總。委蛇委蛇，退食自公。

翻譯過來是這樣的：

小肥羊

羊皮大衣暖洋洋，白絲銀線閃亮光；公款吃喝真愜意，悠閒自在心舒暢。

羊皮大衣閃閃亮，白絲銀線好輝煌；搖搖擺擺一路走，公款吃喝心蕩漾。

羊皮大衣品牌響，白絲銀線把眼晃；公款吃喝就是好，皆大歡喜沒商量。

委蛇委蛇，是悠閒自在的意思，讀作「委宜」。

今後說到公款吃喝的時候，就可以用「退食自公，委蛇委蛇」來形容了。

而成語「虛與委蛇」出於《莊子·應帝王》，指對人虛情假意，敷衍應付。

衛獻公請客

轉眼間衛獻公登基 18 年了，也沒有發生什麼大事。其實，衛獻公倒不是壞人，只是心智成熟較晚，到此時童心未泯而已。

這一年晉國徵集聯合國軍討伐秦國，於是，衛國派出北宮括領軍前往。

這一天，衛獻公約了孫林父和寧殖（寧俞的兒子）來吃中午飯，約完之後，衛獻公就跑園子裏打鳥去了。那邊孫林父和寧殖換好了正裝，規規矩矩來到宮裏，等著和衛獻公共進午餐。誰知道從上午等到下午，左等不來，右等不來，一直等到天色黃昏，衛獻公還沒露面，把兩位餓得饑腸轆轆，找人一問，說是在城外園子裏打鳥呢。

這兩位於是驅車來到園子，看看怎麼回事。一看，還在打鳥呢，打得高興，一打一天。

「主公，我們還等著您吃飯呢。」孫林父和寧殖壓著火，對衛獻公說。

「什麼？等我吃飯？吃什麼飯？」衛獻公早把吃飯的事情給忘了。

「上午您派人去請我們來吃中午飯啊，哪，就旁邊那位去的。」

「啊，什麼，有這事嗎？」

「主公，您派我去的啊，您忘了？」

到現在，衛獻公才算想起來，確實派人去請過，可是那時候沒想到打鳥這麼好玩啊。

「那什麼，你們看，中午已經過去了，午飯肯定請不成了，改天吧。你們先請回了，我再打會鳥。」衛獻公還要打鳥，說完，不搭理孫林父和寧殖了。

孫林父和寧殖一人歎了一口氣，合計是兩口氣，走了。

想當年，衛懿公養鶴把國家給養丟了。如今，衛獻公打鳥，國家也已經很危險了。

第一四六章
腐敗大會

被衛獻公忽悠了一次，孫林父非常惱火，一怒之下，第二天回到了戚，派他兒子孫蒯來隨朝聽令，自己懶得來見衛獻公了。

按理說，這個時候衛獻公應該有所察覺了，可是，沒心沒肺的衛獻公全然沒有警覺。實際上，他挺喜歡孫蒯，覺得這位小孫比老孫有趣，在一起吃吃喝喝比較帶勁。

基本上，孫蒯在首都楚丘也沒有太多事情幹，每天也就是「退食自公，委蛇委蛇」。

巧言

這一天，衛獻公又派人來請客，說是請吃晚飯。這一次，寧殖學了個乖，說是吐酸水帶拉肚子，沒法前來，推掉了。孫蒯不好推，老老實實來了。

這一次，衛獻公倒沒有忽悠人，到點開飯，好酒好菜，算是單獨請孫蒯。

衛獻公心情挺好，孫蒯的黃段子也不少，兩人越喝越高興，漸漸都喝得有點多了。

樂隊上來了，幾首保留曲目唱罷，孫蒯拍手叫好。衛獻公一看，更加帶勁。

「哎，來那首，那什麼，《巧言》。」衛獻公點了一首，這首歌名叫「巧言」，是他最愛聽的，堪稱亡國之曲。

歷朝歷代，最好聽的曲子或者歌曲都叫亡國之曲，因為這樣的曲子讓人如癡如醉，忘家忘國。

「那，不行，我不唱。」首席歌手拒絕了，那時候，歌手有拒絕的權力。

第
一
四
六
章
腐
敗
大
會

241

衛獻公乾瞪眼，正要發火。樂隊二號歌手叫做師曹的主動請纓了：「主公，我唱。」

「MUSIC。」伴奏聲起，師曹開始歌唱。

「彼何人斯？居河之麋。無拳無勇，職為亂階。既微且尰（音腫），爾勇伊何？為猶將多，爾居徒幾何？」這一首歌，師曹連唱三遍，聽得衛獻公手舞足蹈，如墜雲中。

再看孫蒯，已經是臉色煞白，遍體流汗。

孫蒯的酒已經喝到了八成，原本就有些發白，不過此時的白不是酒後的白，而是恐懼的白。孫蒯原本就在流汗，因為喝得渾身發熱，不過，此時的汗都已經是冷汗。

為什麼孫蒯會這樣？這又是一首怎樣的歌？為什麼首席歌手不肯唱？為什麼二號歌手要連唱三遍。

說起來，話兒並不長。

這首歌，見於《詩經·小雅·巧言》，整首詩就是在發洩不滿，罵老天爺不公，罵國君昏庸，罵大夫圖謀造反。最後一段，就是罵大夫圖謀造反的。而師曹連唱三遍的，就是最後一段。衛獻公沒有聽出奧妙來，傻乎乎在那裏陶醉。可是孫蒯就聽著不對勁了，衛獻公這時候給我唱這段，不是說我們父子要造反嗎？

所以，孫蒯的臉色大變，他是怕的。

頭號歌手為什麼不肯唱這首歌，就因為他知道這首歌把所有人都罵了一遍，不知道得罪誰，不知道誰會產生聯想，告你個影射，所以堅決不唱。

二號歌手不懂得這首歌的內容嗎？他當然懂。懂還要唱？不錯，就因為懂，所以要唱，而且專門唱最後一段。這不是要害衛獻公嗎？不錯，就是要害衛獻公。為什麼要害衛獻公？

說起來，話兒也不長。

原來，二號歌手是個琴師，衛獻公前些天讓他教自己的小妾彈琴，小妾不認真學習，二號歌手拿出師道尊嚴，打了小妾的屁股三下。可是，小妾的屁股那是專屬衛獻公的，別人怎麼能動？所以，衛獻公

很生氣，就打了二號歌手的屁股三百下。

三百下可不算少，打得二號歌手到現在還不能坐。所以，二號歌手懷恨在心，想了這麼個辦法來報復。

叛亂

孫蒯第二天就趕到了戚，把事情對父親作了彙報。

「這麼說來，他對我們是很不滿意了，隨時準備下手對付我們。既然如此，不如我們先下手為強。」孫林父覺得事態嚴重，必須立即動手了。

第二天，孫林父率領家兵，殺入衛國首都楚丘。當時衛國軍隊都隨聯合國軍討伐秦國去了，而衛獻公平時不得人心，因此大家都是看熱鬧，沒人願意幫他。

進了城，迎面遇上了大夫蘧伯玉，孫林父對他說：「小蘧，國君無道，國家因此而危險，你說應該怎麼辦？」

「我覺得國君就算無道，也不要輕易推翻他啊，誰知道下一個是不是就比他強呢？」蘧伯玉回答。

「唉，沒見識。」孫林父很失望，原本以為蘧伯玉能支持自己。

蘧伯玉是誰？衛國公族，大夫，蘧姓和璩姓以及部分曲姓和瞿姓的祖先。第六部有他的故事，這裏並不多說。

孫林父沒管蘧伯玉，蘧伯玉也很識趣，趕緊逃到了國外。

再往前走，衛獻公派來子喬、子皮和子伯來尋求和解，孫林父沒客氣，把這幾位都給殺了。

噩耗傳到宮中，衛獻公沒辦法了，逃吧。於是，衛獻公逃出城去。

逃出國都，衛獻公又派子行來講和，結果又送了命。孫林父還不甘休，派兵追趕衛獻公。衛獻公一路奔逃，逃到了齊國。在邊境，衛獻公設壇向祖宗報告這次逃亡的事情，並且要說自己沒有過錯。

「得了吧，啊。我告訴你，如果沒有神靈，你還報告個屁。如果有神靈，你說謊也騙不了他。你只知道打鳥，不管國事，這是第一條罪狀；怠慢孫林父等老臣，這是第二條罪狀；我雖然不是你親娘，但是

也是你的太后，可是你對我就像對個奴婢一樣，這是第三條罪狀。你呀，就說你逃亡的事情就行了，別說什麼自己沒過錯了，丟人不丟人吶，切。」誰把衛獻公罵了一頓？還有誰？定姜。

定姜的話充滿了辯證法，信神的應該好好學習，人家齊國女人真有學問。

衛獻公被罵得一愣一愣，也不好發作，畢竟現在到了人家娘家。

沒辦法，衛獻公就按著定姜的話做了禱告。

為了一個小妾的屁股，衛獻公背井離鄉。從此之後，小妾的屁股也屬於別人了。

孫林父和寧殖立了公孫剽為國君，就是衛殤公。

立了衛殤公之後，孫林父立即派人前往晉國打點，六卿家裏都走了一趟，還留下專人等待荀偃和士匄回來。晉軍回來當天，孫林父派來的人就攜禮拜會了荀偃和士匄，兩人本來跟孫林父的關係就不錯，如今又有好處，於是雙雙答應在晉悼公面前為孫林父美言。

晉悼公洞察一切，但是他不能改變一切，他知道這是六卿拿人手軟的結果，可是他也只能裝不知道。

晉悼公知道，這個口子一開，對於晉國的威望將是一個嚴重的打擊。但是，他也無能為力了。

因為，他病得很重。

當年十一月份，由晉國召集了一次聯合國關於衛國問題的理事會，士匄主持了會議，會議地點就在衛國的戚。與會各國代表表示，完全支持衛國人民的選擇，支持衛殤公作為衛國唯一的君主統治衛國。

在士匄的建議下，與會各國舉行了盟誓。

走的時候，與會各國代表大包小包，都裝滿了禮物。

晉悼公死了

晉悼公病入膏肓的消息很快傳到了全世界，有人擔憂，有人竊喜。

最擔憂的是魯國，他們早已經把自己的命運交給了晉國；最高興的是楚國、秦國和齊國，楚國和秦國不說了，一向陽奉陰違的齊國也看到了不用再裝孫子的曙光。

　　「該死的魯國人，仗著有晉國人撐腰，越來越不把我們放在眼裏，收拾他們。」齊靈公暗下決心，他找來崔杼商量。「你說，咱們現在能不能幹過晉國？」

　　「沒問題，你看去年他們打秦國，那是打仗嗎？荀偃和士匄除了貪污受賄，不會幹別的。」崔杼提起晉國人來就有氣，他生氣是有道理的：「那一次士匄借了我的斨，一直賴到現在還不還，什麼鳥人吶。」

　　齊靈公又把太子公子光找來，問他晉國的情況，公子光也說荀罃去世之後，晉國的官場越來越黑暗。現在還有晉悼公，大家不敢太過分，一旦晉悼公沒了，恐怕大家就要放開了搞腐敗了。

　　「那還怕他們什麼？」齊靈公決定動手了。

　　秋天，齊國聯合邾國南北夾擊魯國。魯國立即向晉國求救，晉國方面的回答是：國君病危，請魯國兄弟好自為之。

　　晉悼公十五年（前558年），晉悼公薨，終年29歲。

　　晉悼公的一生，是光榮的一生，是偉大的一生，也是不平凡的一生。在他執政的15年時間裏，晉國的權力鬥爭受到遏制，沒有一個人死於權力鬥爭。在對外鬥爭中，他採納魏絳的辦法，安定了北方；採用荀罃的辦法，讓楚國人無力爭鋒，讓鄭國人死心塌地投靠晉國。他對盟國以禮相待，實現了中原各國的和諧相處。

　　他提拔任用了大量的人才，同時為老百姓帶來了財產性收入。

　　晉悼公的去世，是晉國人民的巨大損失，也是全世界熱愛和平的人們的巨大損失。

　　隨著晉悼公的去世，世界上再也沒有這樣一位具有偉大人格和廣泛號召力的國家領導人了。

　　晉國，權力鬥爭的激化將不可避免，全面腐敗將無法阻擋。

　　世界，將再次陷入混亂。

現在，來回顧一下晉國的歷史。

從晉惠公十四年（前 637 年）晉文公登基，晉國開始走上稱霸之路，到晉文公五年（前 632 年），用了 5 年時間，晉國在城濮之戰擊敗楚國，開始稱霸。先軫、先且居父子先後執政，狐偃、趙衰全力輔佐，這段歷史是晉國政治最清明的時期。到晉襄公七年（前 621 年），趙盾執政，拉開了晉國權力鬥爭的序幕。從稱霸到開始權力鬥爭，共用了 11 年時間。

此後，儘管權力鬥爭不斷，但是趙盾、郤缺、荀林父和士會都還算盡心盡力，廉潔奉公。到晉景公十年（前 590 年）郤克執政，政治開始腐敗，不過還算有節制。這時候，距離稱霸 42 年。此後，三郤腐敗更加嚴重，但是執政的欒書、韓厥和荀罃都很自制，再加上晉悼公的強勢，腐敗被最大程度地壓制。到荀偃執政，全面腐敗已經不可避免。到晉悼公去世（前 558 年），晉國全面腐敗。

晉國從走上正軌到稱霸，歷時 5 年；從稱霸到開始權力鬥爭，歷時 11 年；從權力鬥爭到開始腐敗，歷時 31 年；從開始腐敗到全面腐敗，歷時 32 年。

也就是說，從晉文公登基開始，晉國用了 79 年完成了全面的腐敗進程。

79 年，很長嗎？很短嗎？

從團結走向鬥爭，從清明走向腐敗，從強盛走向衰落，是偶然，還是必然？

晉國的霸業到此結束，儘管他們依然是最強大的國家。

三大議題

第二年春天，晉悼公下葬。看起來，諸侯下葬的時間在縮短。

晉悼公的太子姬彪繼位，為晉平公，從年紀看，大致也就是 14 歲左右。

繼位之後，晉平公立即登船，順黃河而下，抵達溫，在這裏，會

見各盟國諸侯並接受他們的祝賀。

各大小國家都是國君親自前來，齊國依然秉持陽奉陰違的外交原則，派了上卿高厚前來。一向是楚國跟班的許國國君許靈公不請自到，也來參加會議。

根據大家在會前的交流情況，大會臨時設了三個議題。

第一個議題，魯國控告邾國和莒國暗中勾結齊國和楚國，騷擾魯國。荀偃等人都是收了魯國的好處的，因此，立即將邾宣公和莒犁比公逮捕拘留。

第二個議題，魯國控告齊國侵犯魯國。對這個問題，齊國代表高厚表達了不同意見，他表示，齊國其實並沒有侵犯魯國，而是越境捉拿本國罪犯。事實上，齊國並沒有佔領任何一塊魯國土地。對此，魯國人也承認齊國人並沒有佔領該國土地。

「好，這件事情再議，啊，老高，你有什麼意見？」荀偃對高厚使個眼色，荀偃的意思是我現在給你面子，會後你要表示一下。

高厚笑笑，說：「好吧，咱們會後交流。」

荀偃也笑了，這下要發財了。他為什麼在這個問題上不幫魯國？荀偃的算盤是這樣的，魯國給的那點東西，也就夠第一個議題的。第二個議題，要從齊國人身上發財。

第三個議題，許國要求搬遷到晉國。

國家可以搬遷的？

春秋時期，國家是可以搬遷的。那時候地多人少，人是最大的財富，地反而不如人值錢，不像現在人滿為患。

說起來，許國已經搬過一次家，那是在楚共王十五年（前576年），許國被鄭國欺負得夠嗆，於是向楚國請求搬家，結果在子重的幫助下，許國從現在的河南許昌一帶南遷到現在的河南葉縣一帶。當然，葉縣本來是楚國的地盤，但是人煙稀少，順便給許國人去開荒。而鄭國順勢把許國原來的地盤佔領了。

按照許國人的想法，我惹不起總躲得起吧，原來的地盤都給你

了，你不會再欺負我了吧？誰知道鄭國在晉國和楚國之間總受欺負，就看準了可以在許國身上出氣，所以，許國南遷之後，鄭國人還是動不動來搶人搶東西。

從前，許國受了欺負就去楚國人那裏告狀，有一次真告準了，楚國人扣押了鄭國的大夫，結果呢，鄭國人一生氣，投靠晉國去了。楚國人一算賬，為了小小許國就失去了鄭國，太不合算，所以以後也就不管這兩個國家之間的事情了。

許國眼看著楚國也不能保護自己，這才想出這麼個招來，乾脆，我搬到晉國去，投入晉國的溫暖懷抱。

鄭國人不地道，總是欺負人家許國；楚國人不地道，不對自己的屬從國提供有效幫助；許國人也不地道，有奶就是娘，人家楚國都給了你地了，你還想叛逃。

說來說去，究竟誰不地道？

國際社會，只有永遠的利益，沒有永遠的朋友，所以，無所謂地道不地道，弱小就要受欺負，這才是永恆不變的真理。

小國，永遠是大國之間利益爭奪或者交換的籌碼。

那麼，晉國願不願意接收呢？

其實，晉國早已經玩過這樣的模式。

在晉惠公時期，一支叫做駒支的戎族原本生活在瓜州（今甘肅敦煌），結果被秦國給滅了，駒支人民落荒而逃，整個部族逃到了晉國，請求給一塊地維持生活。

「那好，南面那塊地反正是荒郊野嶺，給你們了。」晉惠公發了慈悲，反正那塊地沒人住，給他們去開荒種地也不錯。

於是，駒支就在晉國西南部的荒郊野外住了下來，晉國也不管他們，但是，這塊地還是晉國的地，駒支相當於搞了個自治區類型的東東，一直到現在，過得也不錯。

此外，上次拿下彭城，把魚石幾族人弄到了晉國，晉國人也認為是占了大便宜。

所以，聽說許國要搬遷到晉國，晉國人非常高興。

「來吧，我們熱烈歡迎，幾塊地盤你們可以挑，靠邊境也行，包在晉國裏面也行，保證你們整個國家的安全不再受到侵擾。」晉平公當時就表態了。想一想，自己剛上任，就辦了這麼一件大事，晉國增添了人口，許國人民安全了，諸侯們更依賴晉國了，這簡直是奇功一件啊。

「那，多謝盟主。」許靈公也高興。

「那什麼，現在就討論搬遷計畫，各位盟國，大家都出點力，幫助許國搬家。」晉平公的效率很高，於是大家商談怎樣幫許國搬家，你出多少人，我出多少車等等。

當天，皆大歡喜。

正式的議題結束了，按照慣例，東道主還要搞個聯歡，組織大家看看歌舞、打打獵之類，因此還要住幾天。

就是這幾天，出問題了。

許靈公很高興，對身邊的人說：「早知道，早投靠晉國人了，看人家多爽，不愧是盟主。」

話沒說完，荀偃和士匄來了。

敘禮完畢，賓主落座。

寒暄完畢，話入正題。

「那什麼，這裏也沒有外人。這麼說吧，你也看見了，你們提出搬家，我們就全力幫助，別以為事情就這麼簡單，你不知道我們哥倆在我們主公面前為你們說了多少好話。」士匄說話，先表功。

「兩位元帥，多謝多謝，大國風度啊。晉國能夠稱霸，全靠你們這些元帥們兢兢業業，無私地工作啊。」許靈公沒有聽出話裏有話，真心奉承幾句。

按著程式，先表功，對方主動提出要表示表示，那最好；如果對方沒聽明白或者裝傻充愣，那就繼續。

「你看，我們為你們做了這麼多事，還有那麼多兄弟也都默默為你們工作，怎麼，表示表示吧？今後你們搬到了晉國，咱們還要多親近

親近呢。」荀偃把話就挑明瞭。

許靈公一愣，敢情這兩位是來索要賄賂的。

「那，那什麼，當然，應該的，應該的。」許靈公夠機靈，當時應承。

「那，現在？還是，明天？」

「我收拾收拾，明天吧。」許靈公推到了明天。

「嘿嘿，好。」哥倆滿意地出來了。

離開了許靈公的住處，哥倆沒回去，還要去另一個地方繼續敲詐。哪裡？高厚處。

儘管在會上逃過一劫，高厚還是心有餘悸。怎麼辦？高厚打的主意就是潛逃回國，於是派人悄悄溜出去探路。

有人敲門，應該是探路的回來了。高厚急忙開門，一開門嚇他一跳，原來，來人是荀偃和士匄。

「哎喲，兩位元帥大駕光臨，有何指教？」高厚心裏發虛，把兩人讓進了屋子。

高厚知道這兩位是黃鼠狼給雞拜年，沒安好心，這麼晚上門來，肯定是來索賄的。怎麼辦？滿足他們吧，不甘心，何況齊國現在也不怕他們，遲早鬧翻，給了他們太虧；不滿足他們吧，恐怕會有麻煩。

轉眼間，寒暄完畢，三人坐下，就要話進正題。

「老高，氣色不錯啊。跟你透個底吧，這次開會之前，我家主公已經決定了要討伐齊國，多虧了我們哥倆為你們據理力爭，你們才逃過一劫啊。你看，我們夠不夠意思？」又是士匄先開口，意思就是我們夠意思了，下面該你意思了。

看著士匄說話，很道貌岸然的樣子，高厚覺得有點可笑。

「士元帥，來之前，崔杼讓我幫他問一件事情，您借他的旄還用不用？」高厚一句話出來，士匄鬧了個大紅臉。

什麼叫話不投機？

荀偃和士匄敷衍了幾句，走了。

第一四七章
晉齊之爭

第二天，按照行程是打獵。

可是，集合的時候大家發現許靈公沒有來，只派了一個大夫來。

「怎麼回事？你家主公怎麼不來？」荀偃問，他覺得有點不對勁。

「回元帥，昨晚我國來人報告，說是國內的大夫們強烈反對遷移到晉國，正在謀劃叛亂，我家主公連夜趕回了。因為時間太晚，大家都睡了，因此沒敢打擾大家。」

荀偃一聽，立即明白了，許靈公是被他和士匄給嚇跑了。想想也是，還沒遷移呢你們就這麼明目張膽索賄，那要是到了你的地盤上，那不被你抽血吸脂？

「太無禮了，不打個招呼就跑了，派人抓回來。」欒黶發火了，要去抓人。

最恨許靈公的是荀偃和士匄，可是最怕把許靈公抓回來的也是他們。

「算了算了，誰沒有三急呢，人家有事，走就走了吧。」荀偃裝起大度來。大家一看，這不是他的風格啊，再一想，人人都明白了。

「那，搬家的事情怎麼辦呢？」晉平公問。只有他不知道怎麼回事。

「那先算了，等他們定了再說吧，反正咱不急。」荀偃說。

晉平公有點鬱悶。

逃跑

夜宴。

白天打獵，晚上開宴。

國君們正襟危坐，有說有笑，有吃有喝。大夫們原本也陪著吃喝，按著晉平公的意思，大家白天累了，表演一下歌舞也就行了。可

是荀偃的想法不一樣，他還有一件事情要做。

「我建議，各國的大夫輪流表演舞蹈，啊，歌舞歌舞，邊唱邊跳舞。」荀偃開始出么蛾子，大家不知道他什麼算盤。

高厚感到事情有點不妙了，為什麼這樣說？本來自己是代表齊國的，儘管不是國君，但是跟國君們坐在一塊，享受國君待遇，感覺很爽。如今各國大夫上臺表演，自己也不能不上去啊，不是立馬降一級？而且，自己是大國上卿，跟小國的大夫們同台表演，那簡直不是降一級，那是降了兩級。

不用說，荀偃是用這個辦法羞辱高厚。

晉平公同意了，他只是覺得這樣熱鬧，沒有考慮到高厚的情況。

誰反對？誰敢反對？

第一個登場的，是晉國下卿魏絳，荀偃自己當然不會上去表演。

魏絳的表演不錯，大家叫好。

之後，各國大夫輪流上場，有表演得好的，也有表演得一塌糊塗的，反正大家當樂子，都沒有在意。

最後登場的是高厚。

高厚這叫一個彆扭，明知道這是荀偃在羞辱自己，自己還不能推掉，看著大家嘻嘻哈哈指著自己，那叫一個窩火。

懷著這樣的心情，高厚開始歌唱並跳舞。歌聲有點淒涼，還有點走調，沒法不走調，大家開始狂笑起來。越是這樣，高厚就越是走調，歌唱走調了，腳底下自然也就踏不準節奏，看上去十分彆扭。

「別唱了。」荀偃一聲暴喝，把大家都嚇了一跳。「這唱的什麼？這什麼步法？在這麼多國君面前，你吊兒郎當，敷衍了事，太無禮了。」

當著眾人的面，荀偃訓斥高厚。

想想看，荀偃是晉國上卿，可是人家高厚那也是齊國上卿啊。如此訓斥，幾乎就等於晉國向齊國宣戰了。

高厚的臉上青一陣白一陣，憋了半天，終於說出一句話來：「不好意思，打獵的時候扭了叉腰肌，所以舞步有些亂。」

滿場的氣氛都很緊張，剛才還是歡聲笑語，如今各個心驚膽戰。

晉平公一看，這本來是大家高興的事情，弄成這樣實在不好。所以，晉平公打個圓場：「算了，高上卿累了，坐下來喝酒吧。」

「主公，高厚藐視聯合國，我建議，讓各國大夫與他盟誓，讓他發誓永不背叛晉國，否則全家死光光。」荀偃不肯這樣輕易放過高厚。

晉平公點點頭，荀偃的面子他是要給的。

「那，那我先去方便一下。」高厚沒有反對，但是要求先撒泡尿。

這邊，準備了公雞和盤子，大家等待高厚回來盟誓。

左等不回來，右等不回來。

「難道高厚也掉糞坑裏淹死了？」荀偃派人去找，找了半天，派去的人回來了。

「報告元帥，沒找到高厚，齊國代表團一個人也沒找到，連他們的車馬也沒影了。」來人報告。

得，連夜跑了。

一次聚會，跑了兩個國家。

而這，僅僅是個開始。

折騰齊國

溫地的聯合國大會讓荀偃和士匄很不爽，跑了兩個國家的事情也讓晉平公很不高興，而坊間在流傳兩人索賄的消息。

「屁大的許國，說來就來了，說跑就跑了，把我們聯合國當什麼？菜市場啊？」聯合國大會結束之後沒幾天，荀偃和士匄召開六卿會議，討論這個問題。

大家都知道怎麼回事，反正不便得罪這兩個人，也就順著他們的話罵了一通許國。

「不行，我們要教訓他們。從前，他們仗著楚國人的勢力不尿我們，現在，楚國人不行了，我們要讓他們知道誰才是世界的老大。」荀偃決定出兵，其實，開會之前他就已經決定了。

在如何討伐許國的問題上，大家進一步討論。

按著魏絳的建議，就不要動用盟軍部隊了，一來打這樣的小國家犯不著興師動眾，二來，頻繁調動聯合國部隊，大家也不勝其煩，該給盟國喘息的機會。

這個建議得到所有人的贊同，但是，士匄有點小小的不同意見。

「我贊成不要動用大多數盟國的力量，但是，」士匄說到這裏，掃視眾人一眼，大家不知道他葫蘆裏賣的什麼藥，但是後面還有什麼，「上次盟會跑了兩個國家，我們如果只討伐許國，人家說我們欺軟怕硬，這樣，別的國家咱們不召集了，就召集齊國人，折騰他們。」

哄堂大笑。

士匄這人聰明，從小就聰明。

春天才結束了聯合國大會，夏季六月，晉國就出兵討伐許國了。要說起來，公報私仇的效率比為公家幹活要高很多。

討伐許國，晉國出動的是下軍，不知道是不是荀偃借這個機會折騰欒黶和魏絳。不過，荀偃親自領軍。

鄭國聽說要打許國，人人的眼睛都散放出光芒，堅決要求上前線。於是，鄭簡公和子蟜主動領軍加入晉軍。

魯國早就聽說了晉軍要打許國，但是沒接到出兵的通知。怎麼辦？魯襄公和叔孫豹一商量，還是要出兵。為什麼呢？第一，按照慣例，晉國人是應該派人來召集出兵的，這次會不會是使者在路上犯了腦膜炎或者被娼匪勾結給害死了呢？第二，就算晉國人這次沒有召集，可是魯國的政策是「擦掉一切陪你睡」啊，你要我陪你睡我就陪你睡，你不要我陪你睡，我也要給你捶背啊。

所以，魯國出兵了。

說是不召集聯合國軍隊，但實際上還是成了聯合國軍隊。

齊國出兵沒有？

齊國人對於出不出兵的問題進行了討論，與會人員是齊靈公、高厚、崔杼、慶封。

大家首先達成一項共識，那就是這是晉國人在挖坑，如果齊國不出兵，就掉進晉國人的坑裏了，晉國人就有證據說齊國背叛聯合國，

就有藉口討伐齊國了。所以，不能上晉國人的當，應該出兵。

接下來，就沒有什麼共識了。高厚打死不去，因為他知道去了就要死；崔杼更不敢去，雖然他是債主，他現在很怕看見借債的士匄，旄他是不敢要了；慶封就沒帶過兵，更不敢去。

看見大家推三阻四，齊靈公一拍桌子：「算了算了，你們都不去，我去行了吧？我倒要看看，荀偃敢對我怎麼樣。」

就這樣，齊靈公親自率領齊軍參加聯合國軍行動了。

為什麼不派公子光去呢？他多次帶兵並且跟晉國人關係很好，他去不是很合適？後面會講。

四國軍隊在許國境內的函氏會齊，荀偃沒想到齊國軍隊會來，更沒想到竟然是齊靈公親自領軍。想想看，晉國國君出動的行動，齊靈公都不賞面，如今這樣一個小行動，齊靈公竟然親自來了。荀偃也有點傻眼，再加上士匄不在身邊，膽氣也差了很多。所以，荀偃對齊靈公恭恭敬敬，不敢再像對待高厚那麼專橫。

四國軍隊在許國搶了一通，欒黶覺得不過癮，於是，晉國軍隊屁股歪一歪，打到楚國去了，恰好公子格率領楚軍來救許國，兩國軍隊半路上相遇。別說，欒黶的下軍戰鬥力超強，大敗楚軍。之後，四國軍隊又在許國搶掠一番，各自回國。

臧堅之死

齊靈公親自走了一趟，感覺很好。

「誰說荀偃很專橫啊？啊，他看見我就跟老鼠見了貓一樣啊，哈哈哈哈……」齊靈公有些得意，他覺得晉國人不過如此，也就是虛張聲勢，連個許國也拿不下來。

「主公出馬，自然不一樣。」大家一起來拍馬屁。

「看來，我們陽奉陰違的外交策略是成功的。」

「是啊是啊。」

「那，我們什麼時候打魯國？」

「收完糧食再試試，看看晉國人怎麼反應。」

齊國君臣商量妥當，準備向魯國動刀。

就像鄭國喜歡動不動拿許國練一樣，齊國的心裏總是惦著魯國，其實也不是要把魯國怎樣，就是想打一打。就算搶了地盤，說不定哪一天一高興，又還過去了。

齊魯兩國，真是一對歡喜冤家。

秋收之後，齊國試探性進攻魯國，沒有任何收穫就撤兵了。

魯國立即向晉國報告，請求盟主主持公道。

齊國就等著，要看看晉國怎樣處置。

轉眼第二年夏天了，晉國人沒有任何反應。

「主公，聽說曹國的事情沒有？」高厚問。

「曹國什麼事？」

「年初的時候，衛國的孫蒯到曹國的重丘打獵，結果把人家汲水的罐子給打爛了，曹國人罵他。這不，上個月，孫蒯和石買出兵，把人家重丘給占了。曹國人到晉國人那裏告狀，也是石沉大海，晉國人根本不管。」

「那你的意思是？」

「打魯國啊，不打白不打，打了也白打。」

「哈哈哈哈……」

秋收之後，齊靈公親自領軍攻打魯國北部，拿下桃地，活捉守將臧堅。

齊國和魯國打仗，一般能不殺的都不殺，因為大家都沾親帶故。所以捉住了臧堅，齊靈公就派自己的心腹太監夙沙衛去開導他，勸他一定不要自殺，這一趟就當到齊國串個親戚，回了趟姥姥家。事實上，臧堅的姥姥家真在齊國，不過他姥姥是魯國人，嫁到齊國的。

「我家主公說了，千萬別自殺。老臧，你為什麼要自殺呢？你看我，一個太監，不也湊合活著嗎？你怎麼也比我活得滋潤吧？」夙沙衛來開導臧堅。

臧堅是誰啊？臧家的人啊，有學問有地位的人。本來，臧堅也沒

有想要自殺，被夙沙衛這一通勸，聽上去全是在諷刺自己。再看夙沙衛，不男不女不陰不陽一個太監，就這樣一個人竟然來開導自己？

臧堅感到受到了極大的侮辱，比被俘更讓他難以忍受。

「替我謝謝你家主公吧，他不讓我死，卻又派你這麼個太監來開導我，我還不如死了呢。」臧堅氣哼哼地說。

夙沙衛一聽，這不是狗咬姜太公，不識好心人嗎？當時，夙沙衛甩袖而去。

夙沙衛一走，臧堅找了一根木刺，正好肚子上有個傷口，順著傷口桼了進去，當即身亡。

所以，自古以來，勸人也要講究身份，勸人也要會勸。否則，越勸越糟糕。

齊國勇士

如果說衛國人違反聯合國公約還能忍受的話，齊國人兩次三番陽奉陰違攻打魯國的事情確實讓晉國人無法忍受。

據駐鄭國地下辦事處的消息，鄭國人又開始跟楚國人眉來眼去了。

再沒有反應的話，聯合國就將崩潰了。

荀偃和士匄坐不住了，他們決定要採取某種措施。

第二年，也就是晉平公三年（前555年），荀偃和士匄終於還是出手了。

兩人先派人去衛國捉拿了石買和孫蒯，做做樣子，顯示盟主很公正。勒令衛國將重丘還給曹國，同時對石買和孫蒯進行了批評教育後釋放。

重丘還給了曹國，但是，衛國從重丘搶走的大量財物沒有歸還。當然，曹國能夠得回重丘已經謝天謝地，哪裡還敢再要財物？

這件事情，荀偃和士匄發了兩筆財，一筆是衛國人送的贖金，另一筆是曹國人送的酬金。

秋天的時候，齊靈公再次攻打魯國。他不知道的是，晉國人已經準備好了來討伐齊國。

晉國人借著這件事情召集聯合國軍隊，於是，到十月份，十一國聯軍組成，魯宋鄭衛曹等國全部出兵，跟從晉軍三軍，在晉平公的親自率領下從魯國渡過濟水，攻擊齊國本土。

齊靈公也不示弱，率領齊軍進抵平陰（今山東平陰縣），挖壕溝防禦。

從戰爭的角度來說，晉軍的戰術思想已經非常先進，齊軍根本不在一個層次上。晉軍在所有能達到的山澤都插上了晉軍旗幟，同時佈置戰車拖上樹枝來回馳騁，造成大量塵煙，讓齊國人以為晉軍人數數不勝數。

聯合國軍開始進攻，齊軍在城門外列陣，兩軍交戰，齊軍大敗，退守平陰城。

士匄看見齊國大夫子家在城上，對他大喊：「哎，夥計，咱們是老朋友了，告訴你個消息，就告訴你，別跟別人說。」

城上的齊國士兵一聽，什麼消息？還不跟別人說，所有人都豎起耳朵來聽。

「魯國人和莒國人都要求各出一千乘戰車來夾擊你們，我們已經同意了。等他們來的時候，齊國估計就完蛋了。我就告訴你一個人啊，你趕緊找後路吧。」士匄又喊。所有人都聽在耳朵裏。

齊軍人心惶惶，這個消息很快傳到了齊靈公的耳朵裏，登城一看，看見晉軍陣地後面塵土大作，好像千軍萬馬來到。

「我的娘啊！」齊靈公的臉色變得煞白。

看來，晉國人不是想像中那麼好對付的。

當晚，齊軍棄城而逃。

第二天，聯合國軍隊順利佔領了平陰空城。之後，荀偃命令下軍追擊齊國人。

從平陰向首都臨淄撤軍，中間有一段山路，因此齊軍的撤軍並不順利，齊靈公命令夙沙衛斷後。可是，齊靈公手下還有兩個勇士，名

叫殖綽、郭最。這哥倆在齊國是有名的勇士，如今看見齊靈公讓一個
太監斷後，感覺自尊心受到傷害。

「老夙，你前面走，我們哥倆斷後。」兩人主動要求斷後，夙沙衛
正心慌呢，一看這倆主動來接班，樂樂呵呵前面趕路去了。

殖綽和郭最乘了一乘車，故意在後面晃晃悠悠，準備把這段斷後
經歷變成今後吹牛的資本。可是，他們顯然忘了對手是誰。

欒黶的手下有兩員大將，他們是州綽和邢蒯，這也是晉國的兩名
勇士。

下軍追擊齊軍，州綽的戰車衝在了最前面。趕過一程，就看見前
面一乘齊國戰車晃晃悠悠慢慢走著，不知道的以為是掉隊的齊軍，實
際上是殖綽和郭最哥倆在這裏故意賣弄。

現在，殖綽遇上了州綽，齊國勇士遇上了晉國勇士。

勇士的最大特點是就是決不逃跑。

所以，當齊國勇士看見了晉國勇士，他們調轉了車頭，他們等的
就是晉國人。

殖綽抽出了箭，州綽也抽出了箭。殖綽的箭出手，射在了州綽的
戰車的橫木上，箭尾嚶嚶作響，等他抽第二支箭的時候，他發現自己
已經沒有射箭的可能了，因為另外一個肩膀上已經插上了一支箭。隨
後，他把手中的箭扔在了地上，因為這個肩膀上也插上了一支箭，他
再也拿不穩手中的箭。

說時遲那時快，兩乘戰車到了近前。

「夥計，要麼投降，要麼我再一箭射死你。」州綽用箭瞄準殖綽。

「別別別，我家裏有 80 歲老娘，我投降行嗎？不過，你要發誓不
能殺我。」齊國勇士就這兩下子，認栽了。

「我對天發誓。」晉國勇士發誓。

「那，夥計，你呢？」殖綽問郭最。

「我，你投降了，我不能丟下你不管啊，我也投降吧。」另一名齊
國勇士也認栽了。

於是，州綽下車，用繩子把殖綽綁了起來。州綽的車右具丙也把
郭最綁了起來。

第一四八章
齊國國變

聯合國軍隊一路向東挺進，直抵齊國首都臨淄，隨後分兵攻城。

到了這裏，其實晉國已經有機會滅掉齊國。問題是，滅掉齊國對於大家並沒有現實的好處。與其滅掉齊國，不如大家在這裏搞些實惠。

所以，晉軍的攻城成了一個搞笑的節目。

士鞅攻打雍門，看見一條狗悠閒地坐在哪裡。

「齊國的狗也這麼無禮，看見我們來了竟然裝聾作啞。去，宰了這條狗。」士鞅下令，御者下車，提著長戟殺狗去了，大家坐在車上看熱鬧。

齊國的狗比齊國的勇士有骨氣得多，與晉國人進行了殊死搏鬥，最終壯烈犧牲。於是，士鞅收兵，戰績為：殺死齊國惡狗一條。

士弱率領盟軍燒了申池竹林，也給自己記成功勞一件。州綽攻打東城的東閭，因為擁擠不堪，左邊的馬在原地轉圈不肯前進，於是州綽跳下車來，利用這段時間把城門上的釘子數了一遍。

晉軍在那裏自欺欺人，盟軍當然也有樣學樣，忙著搶東西。孟獻子的兒子孟莊子看見一棵枸木不錯，讓部下砍了下來，後來回去做了一把琴送給了魯襄公。

基本上，臨淄城郊搶得差不多了，聯合國軍隊又向東、南兩個方向進軍，看看搶夠了，到第二年的春天，這才收兵回朝。

荀偃死了

聯合國軍隊再次進入魯國，從魯國分頭回國。這一趟大家的心情都不錯，因為大家都是滿載而歸。

在魯國，荀偃逮捕了邾悼公，因為邾國多次勾結齊國進攻魯國。然後重新劃定了魯國疆界，把邾國的漷一帶的土地劃給了魯國。

「幹革命要跟對人啊，我，我，我們擦掉一切陪你睡。」魯襄公興

奮得猴子見到香蕉一般，這一次魯國算是發了大財了。

晉平公先行回國，六卿以整頓軍隊為由逗留在魯國。其實，大家是惦著再弄點實惠。

魯襄公很醒目，他知道幾位留下來的意思，要趕緊打發，否則他們不知道留多久。晉國大軍留在這裏，不說別的，每天要吃掉多少糧食啊。

魯襄公以最快的速度準備好了禮品，六卿每人贈送三命禮服一套，其餘司馬、軍尉的中級軍官，每人一命禮服一套。卿大夫的禮服分為一命二命三命，三命為最高等級，而魯國的禮服是全世界面料和做工最好的。

除此之外，另外贈送荀偃錦緞十匹，玉璧兩對，豪華車一乘，駿馬四匹，還有當年吳王壽夢贈送給魯國的銅鼎一座。

這樣，荀偃賺得盆滿缽盈，哼著小調，率領晉國三軍回國了。

俗話說：有命掙，沒命用。

荀偃這一趟收穫頗豐，可是命中註定了他無法享用了。

晉國大軍回國路上，荀偃身上毒氣發作，長了一頭的惡瘡。過了黃河之後，還沒能回到新絳，荀偃就已經卒了。不僅卒了，還卒得很沒有面子，滿頭流膿，兩隻眼睛突出來，面部浮腫，嘴張不開，以致費了很大功夫才撬開他的嘴，把玉放了進去。

那時大夫下葬，要口中含玉。如果現在有人盜墓說盜到了春秋時期卿大夫的墓，那一定可以找到玉，如果沒有玉，那就說明這不是春秋的墓，或者，這墓早就被人盜過了。

荀偃就這麼死了。

荀偃死後，士匄遞補為中軍帥，荀偃的兒子荀吳為卿。

神經病之死

晉國人高高興興走了，魯國人高高興興走了，聯合國軍隊都高高興興走了。

可是，齊國人民哭了。什麼都被聯合國軍隊搶走了，沒搶走的要麼破壞了，要麼燒了，這簡直就是一群野蠻人。

「該死的晉國人！」齊國人民恨死了晉國人。

「該死的晉國人！」齊靈公欲哭無淚，他怎麼也想不通晉國的一幫貪污腐敗分子還有這麼強大的戰鬥力。

走出臨淄城，看到的就是殘垣斷壁，一片狼藉。

齊靈公病了，他很後悔招惹了晉國人。

「我真傻，我偏知道晉國人不好對付，招惹他們幹什麼？嗚嗚嗚嗚……」每天，齊靈公不停地說這樣的話。

「哈哈哈哈，好一個陽奉陰違，哈哈哈哈……」有的時候，齊靈公又會仰天大笑。

齊靈公瘋了。

到夏天的時候，齊靈公臥床不起，只會喃喃地說「陽奉陰違，陽奉陰違」。

齊國戰敗，有一個人很高興，誰？太子公子光。

齊靈公的夫人是魯國人顏懿姬，可是她沒有生孩子，於是就把陪嫁的聲姬的兒子拿過來養，就是公子光。

齊靈公的妾中還有仲子和戎子，是從宋國娶過來的。齊靈公非常寵愛戎子，恰好仲子生了兒子，叫做公子牙，就託付給戎子去養。戎子仗著自己受寵，枕邊風一吹，請求齊靈公立公子牙為太子，廢了公子光，齊靈公真就答應了。

仲子聽說之後，連忙去勸齊靈公，說是廢嫡立庶不吉利，何況公子光已經帶兵出去這麼多趟，諸侯都已經認可了他的地位，如果廢了他，今後恐怕是國家動亂的根源。

「這個國家，我說了算。」齊靈公是個軸脾氣，本來還有點猶豫，你越這麼說他，他越上勁了。

於是，三年前，齊靈公把公子光趕到海邊釣魚去了，立了公子牙為太子。讓高厚做太傅，夙沙衛做少傅，輔佐公子牙。

為什麼那次討伐許國沒讓公子光去呢，因為那時候他已經釣魚去了。

公子光跟誰關係好？崔杼。

齊靈公得了神經病之後，崔杼就看到了機會。他悄悄地把公子光從海邊接回了臨淄，等到五月中旬齊靈公病危的時候，崔杼動手了。

崔杼去了一趟後宮，名義上是看望齊靈公，實際上也就看了一眼望了一眼，合共兩眼，然後就出了宮，來到朝廷，召來卿大夫們宣佈：「主公剛才迴光返照的時候說了，公子牙能力有限，讓公子光做回太子，繼承君位。」

大家都知道，崔杼是齊靈公最器重最信任的人，他說的話應該沒錯。再說了，就算崔杼在胡說，這事情是人家齊靈公的家務事，干我們鳥事？

之後，公子光從後臺冉冉升起，坐到了國君的位置上。

夙沙衛一看形勢不妙，趕緊找到公子牙，跑了。

公子光可不是善類，立即進宮捉拿公子牙，沒找到公子牙，就把戎子抓來砍了，然後暴屍朝廷。對於公子光的行為，大家都很不滿意，為什麼？因為春秋時期，「婦人無刑」，沒有針對婦女的刑罰，也就是說，在法律上，婦女不受刑罰。譬如當初三郤被殺，郤犨的老婆就可以帶著兒子回娘家。從這個角度說，春秋時期的婦女權益還是不錯的。

即便一定要對婦女用刑，也不應該在公眾場合。

公子光不管這些，殺了戎子，緊接著追殺公子牙，終於將公子牙也殺掉了，而夙沙衛逃到了高唐（今山東高唐）據城自守。

兩天之後，神經病齊靈公說了最後一句「陽奉陰違」之後，咽下了最後一口氣。公子光正式繼位，就是齊莊公。崔杼立下頭功，擔任執政。

齊莊公用兵

崔杼是個下手很果斷的人，他看到了獨攬大權的機會。

「殺了高厚，當初廢你就是他的主意，所以他做了公子牙的太傅。據說，他對主公很不滿。」崔杼建議。

於是，齊莊公殺了高厚，把高家的財產全部給了崔杼。不過，高家的封邑保留，由高厚的兒子高止繼承。

殺了高厚之後，齊莊公命令慶封討伐盤踞在高唐的夙沙衛。

慶封根本不會打仗，連續攻城一個月，拿不下來。

「真是沒用。」齊莊公有點惱火，於是御駕親征。

齊莊公到了高唐城下，上面恰好夙沙衛在巡城。

「哎，老夙，好久不見，怪想你啊。」齊莊公在城下跟夙沙衛打招呼。

「哎喲，公子，什麼風把你吹來了？」夙沙衛也打個招呼。

「怎麼樣？我明天要攻城了，你們準備好沒有？」

「嗨，準備什麼，我們沒準備。」

知道的說這是兩個要打仗的人，不知道的以為是串親戚呢。

客氣歸客氣，客氣完了，該怎樣還要怎樣。

夙沙衛知道齊莊公是個會打仗的人，不能再像對付慶封那樣，下城之後，立即命令分發食物，準備明天守城。對於守城，夙沙衛是有信心的。不過他忘了，齊莊公是經常跟晉國人混的。

齊莊公並沒有佈置攻城，慶封感到有些奇怪。

「主公，要不要準備明天攻城？」慶封問。

「不用了，你睡覺去吧，看看我怎麼解決問題。」齊莊公瞥了慶封一眼，把他趕走了。

下半夜，天上只有一個小小的月牙。

高唐城頭的守軍都已經昏昏入睡，城下兩個身影迅速靠近，然後在最矮的一處拋上繩子，爬上了城頭。那兩個人揮揮手，又有十多個人影靠近了城下，一個個爬上了城頭。

隨後，十多個人影消失在了城頭。

第二天天亮的時候，城門大開。齊莊公率領齊軍大搖大擺進城，沒有人抵抗，因為大家都看見夙沙衛的屍體就掛在城頭上。

就這麼輕鬆，齊莊公解放了高唐。

齊莊公的辦法很簡單，他派了殖綽和工僂會爬上城頭，然後帶領十多個兄弟潛入夙沙衛的住處，殺死了夙沙衛，就這麼簡單。

殖綽不是被晉國人活捉了嗎？是的，不過他越獄成功，和郭最雙雙逃了回來。

解決了國內的問題，齊莊公立即派人前往晉國，賄賂士匄之後，與晉國和解，雙方再次結盟。

「陽奉陰違沒有錯，可是陽奉很重要啊。」齊莊公說。他覺得在跟晉國人打交道這個方面，自己比較有心得。「我感覺，晉國快出事了。」

晉國真的快出事了嗎？

欒家

這裏，先要補充交代一下晉國幾大家族的姓氏問題。

早在荀林父為中軍帥的時期，他弟弟荀首為下軍帥。出兵的時候，中軍和下軍都有「荀」字大旗，出現混淆。所以，兩人同時更改了大旗，荀林父此前做過中行主帥，因此大旗改為「中行」；荀首封地在智，因此改為「智」字大旗。其後人也就分別以中行和智為姓。

所以，荀偃又稱為中行偃，荀吳又稱為中行吳。從這裏開始，荀吳就改稱中行吳。

荀首又稱為智首，荀罃又稱為智罃，荀盈又稱為智盈，現在開始，荀盈就改稱智盈。智，有的版本又作「知」。

由於士會封邑先後在隨、范，後世又稱隨會、范會，其後人改姓范。士燮又叫范燮，士匄又叫范匄，士鞅又叫范鞅。從這裏開始，改用范匄和范鞅。

欒黶卒了。
魏絳遞補下軍帥，欒黶的兒子欒盈為下軍佐。
魏絳也卒了。
欒盈遞補下軍帥，魏絳的兒子魏嬴早死，魏絳的孫子魏舒接掌魏

家。因為荀罃的孫子智盈還沒有長大，魏舒得以出任下軍佐。

最新的晉國內閣如下：中軍帥范匄，中軍佐趙武，上軍帥韓起，上軍佐中行吳，下軍帥欒盈，下軍佐魏舒。

欒盈的性格不像他的父親那麼專橫跋扈，也不像他的爺爺欒書那麼低調隱忍，他的性格更像他的叔叔欒針，有俠氣還有智謀。

早在父親在世的時候，欒盈就勸告過父親，要父親改改脾氣，不要得罪太多人。可是，欒黶的性格，會聽兒子的話嗎？

欒盈見勸不住父親，他很害怕。爺爺在的時候，故吏門生不少，欒家算是平安無事。可是，父親得罪了太多人，把爺爺留下的政治資本消耗殆盡。他想起了趙家，趙衰為趙盾留下了政治資本，可是趙盾得罪了太多人，於是到了趙朔這裏慘遭滅門。

「難道我這一輩也要遭受趙家同樣的命運？」欒盈常常這樣問自己，然後告訴自己：「不行，我要先做準備。」

他分析了一下形勢，如今的晉國，權勢都在家族手中。范匄雖然是自己的姥爺，但是跟欒家的關係一向不好，特別是欒針死的那一次，兩家的關係鬧得非常僵，舅舅范鞅更是恨死了欒家，對自己也是一向沒有好臉色；趙家對欒家一直心懷仇恨，因為當初滅趙家，欒書在其中推波助瀾；韓家和趙家一向互為支持，與欒家則一直沒有往來；中行吳是荀偃的兒子，因為在秦國時候發生的事情，荀偃暗中仇視欒家，中行吳自然也是如此；智盈歲數還小，一切都聽中行吳的，對欒家也說不上好。欒黶當年唯一的朋友就是魏絳，魏絳還死了，而欒盈對魏絳非常尊重，跟魏舒是朋友，可是魏舒實力有限。

遍地都是敵人，朋友只有一個。

分析清楚之後，欒盈一身冷汗。

如果這個時候有人喊一聲「滅了欒家」，恐怕萬人回應，就像當初滅趙家滅三郤一樣。

「事到如今，唯有自己救自己了。」欒盈看清了形勢，暗自為自己設計策略。

欒盈性格豪爽，原本就喜歡結交各類朋友。如今，他更加刻意地樂善好施，禮賢下士，聚攏人才。同時，爭取搞好和各大家族的關係。

欒盈的朋友很多，來自各大家族的都有，還有更多來自士的階層。他慷慨，豪爽，講義氣，他還很機智，很懂得尊重人。所以，他的朋友很多，死黨很多。同時，他的名聲極好，漸漸地為欒家挽回了在普通民眾中間的形象。

可是，欒盈發現，與各大家族之間的關係始終沒有進展，他覺得自己已經很謙恭了，自己已經很主動了，為什麼大家對他依然是保持距離，依然是皮笑肉不笑，依然是警惕和仇視？他想起趙朔，儘管他沒有見過趙朔，可是爺爺常常跟他說起，爺爺其實很喜歡趙朔，說趙朔是一個好人，也是一個聰明人，並且大家其實都很喜歡趙朔。可是，趙家的存在妨礙了大家的利益，趙盾的陰影籠罩著大家，因此，大家還是毫不猶豫地滅了趙家。

於是，欒盈明白了，大家並不是仇恨自己，而是仇恨欒家。大家並不是忌諱自己，而是忌諱欒家。大家並不是跟自己過不去，而是大家的利益糾結在一起，他們已經形成了一個圈子，容不得欒家踏足。

欒盈知道，現在擺在自己面前的是兩條路。第一條，學習當年的士燮求死，早死或者主動找病退休，離開大家的視線，寄望於大家淡忘掉欒家，放過欒家；第二條路，擴充自己的力量，讓大家不敢對欒家輕舉妄動。兩相權衡，欒盈認為第二種方法更主動，更能自己掌握自己的命運。

在當時的晉國，沒有人比欒盈更有才能，可是，他不得不把自己的才能用在保護自己身上。

欒家的勢力在上升，果然一時沒有人敢動欒家。

欒盈的精力都用在結交朋友之上，家裏的事情則很少管。可是他萬萬沒有想到的是，家裏出事了。

第一四九章
欒家家變

政治聯姻自古以來就有，但是在很多國家存在操作上的困難。譬如魯國和鄭國，所有的卿都是公族，他們之間無法通婚，因此也就無所謂政治聯姻。

最適合政治聯姻的是晉國，晉國的卿們有姬姓、趙姓和士姓，因此他們之間可以聯姻。趙姓就多次與公室聯姻，而欒家就和士家聯姻。欒、荀、魏、韓同為姬姓，不能通婚。

當初，欒士兩家聯姻都是看中了對方的家族勢力以及對方的低調風格，以為這樣可以互相支持，長久地繁榮下去。而欒書知道自己的兒子脾氣暴躁，因此更希望借助親家的力量來抵消兒子壞脾氣的影響。可是他萬萬沒有想到的是，恰恰自己兒子得罪最深的就是親家，原本應該最親近的兩家，反而成了最仇恨的兩家。

「再怎麼說，我孫子也是他外孫，是我們兩家的骨肉，他們一定不會錯待了他吧。」欒書生前這樣想。

可是，事情全都在他的意料之外。

如此夫婦

當初欒鍼死後，欒黶跟老丈人家鬧翻了。回到家裏，老婆欒祁很不高興。欒祁是范匄的女兒，范鞅的姐姐，也不知道怎麼就脫了種了，脾氣非常暴躁。

原本，范匄把欒祁嫁給欒黶的時候，就是指望著欒家家風平和，女婿性格溫和，能讓著自己的女兒一點。可是誰知道，成親之後才發現這兩口子一個德性，平時誰也不讓誰，兩句話就能翻臉。欒書在的時候，好歹兩人還不敢太放肆。欒書去世之後，這兩位就放開了，整天不是吵架就是打架，欒黶是個戰將，身手不用說了，欒祁是個不要

命的，動起手來要死要活，也不是善類，所以欒黶也有點怵她。

本來兩個人的關係就緊張，這回欒祁聽說欒黶把自己的弟弟給趕到秦國去了，當時就不幹了。欒黶死了弟弟，也正在火頭上。於是，兩口子從第二句話開始就幹上了，這一回，欒黶沒客氣，扎扎實實揍了老婆一頓，不過也被老婆抓破了臉。要不是管家州賓拼命拉開，那就要鬧出人命來了。

欒祁被打得臥床一個月，范匄知道之後，把女婿恨得牙癢癢。

從那時候開始，欒黶兩口子徹底反目為仇，誰也不搭理誰。欒盈一看老爹老媽都成仇人了，幾次找機會勸他們，結果勸誰被誰罵，最後欒盈也死了心，該幹什麼幹什麼了。

直到欒黶死，兩口子都沒再說一句話。

欒黶死了，欒祁興高采烈。一來，仇人死了；二來，可以追求自己的愛情了。

欒祁跟管家州賓一向就有些眉來眼去，從前不敢太放肆，如今欒黶死了，可以放開了夜夜銷魂了。

州賓是什麼人？管家啊，欒家的理財師啊。欒家的一草一木、一分一厘都在他的手中掌握著。

「親愛的，咱們把欒家掏空，然後咱倆結婚。」欒祁夠狠，跟州賓商量。

州賓當然願意，理財師的特長是什麼？就是把別人的財產理到自己這裏來。這下有了欒祁的支持，更加得心應手了。

不到兩年的短短時間內，欒家的財產被掏得差不多了，都到了州賓的名下。

欒盈不是傻瓜，他早就看在眼裏，不過為了母親的名聲，他一直在忍。現在，他有些忍不住了。

如此老娘

晉平公六年（前 552 年），終於有人行動了。

　　欒祁非常擔心兒子會動手，如果兒子動手，州賓一定沒命。怎麼辦？欒祁決定找自己的弟弟范鞅商量一下。

　　「姐姐，欒家就沒有好人，現在咱爹是中軍元帥，咱們趁機滅了他們。」范鞅夠狠。

　　「可是，欒盈是我兒子啊。」

　　「什麼兒子，跟他爹一個德性，你就當沒生他。」范鞅確實夠狠，因為那不是他兒子，可是那也是他外甥啊。

　　「好，捨不得孩子套不住狼。這孩子，我捨了。」欒祁下了決心，為了情人。

　　如此舅舅，如此老媽。

　　姐弟倆去找父親了。

　　「爹，我，我舉報。」欒祁說，多多少少還有點內疚的意思。

　　「舉報？舉報什麼？」范匄覺得有些奇怪，難道要舉報州賓？

　　「我，我要大義滅親。」

　　「孩子，算了，你跟州賓的事情我早就知道了，注意點影響就好了，也不要大義滅親了。」范匄還勸呢。

　　「爹，不是州賓，他不是壞人。我要舉報的，是欒盈這小兔崽子。」欒祁說，罵兒子的同時，實際上也在罵自己。

　　范匄吃了一驚，老婆舉報老公聽說過，老媽舉報兒子，自古以來沒聽說過啊。

　　「欒盈他準備叛亂，他總是說他爹是被我們范家害死的，所以一直在積蓄力量，圖謀造反，滅了我們范家。」欒祁說。

　　俗話說：賊咬一口，入骨三分。娘咬一口會怎樣？

　　范匄想了想，他覺得事情有點荒唐。

　　「范鞅，你知道這事情嗎？」范匄要問問兒子。

　　「爹，這事情，地球人都知道。」范鞅連眼都沒眨一下，直接就說出來了。

　　范匄沒有說話，他知道這事情就是兒子女兒在這裏編的故事，就是胡說八道。不過，話說回來，他一直有想法要收拾欒家，只是礙于

女兒和外孫這點親情。現在，女兒不用考慮了，既然女兒都可以不用考慮了，外孫算個屁啊。再說，欒盈這麼優秀，欒家遲早還會再站上權力的制高點，那時候說不定欒盈就會回過頭來收拾范家了。

「先下手為強啊，既然證據確鑿，我們就要當機立斷了。」范匃下定了決心。

這是中國歷史上最為奇特的一件公案，女兒原告，兒子作證，老爹當法官，誣陷親外孫。

正是：今有熊外婆，古有范外公。

先家、趙家、郤家的命運，終於輪迴到了欒家。

如此姥爺

范匃老奸巨猾，同時還是稍稍有些不忍心傷害自己的外孫，從內心說，他其實很喜歡這個外孫。所以，他決定趕走欒盈，而不是殺掉他。

「欒盈，我給你派個活，我們準備在著地築城，你去監管這個事吧。順便，還能撈點油水，嘿嘿。」范匃把欒盈找來，給他派了個出差的活。

「是，姥爺。」欒盈高高興興走了。

聽說欒盈要離開首都，那幫兄弟們紛紛送行，其中，智起是智家的子弟，隱隱約約聽到些對欒盈不利的消息。

「元帥，我看這事情有點古怪，怕不是件好事。」智起悄悄對欒盈說。

「不會吧，怎麼說，那也是我姥爺啊。再說，還特地告訴我能掙點外快。如果要害我，還會說這些嗎？別擔心，范元帥是要栽培我。」欒盈覺得不太可能，他覺得姥爺是善意。

智起沒有再說什麼，說多了就不太好了。不過，他覺得還應該提高警惕。

欒盈走了，築城去了。

這一邊，范匃召開六卿會議。

「各位，日前有人舉報欒盈謀反，情報相當可靠，因為舉報人就是他的母親，而他的舅舅願意作證。大義滅親啊，偉大的母親啊，為了

國家利益，舉報了自己的兒子。」范匄開門見山，大家一開始還沒回過神來這個偉大的母親是誰，之後就明白了過來，這個偉大的母親就是范元帥的女兒，而這個偉大的舅舅就是范元帥的兒子。

「元帥，您也是個偉大的姥爺啊。」趙武適時地拍了一個馬屁。

「大家看，怎麼處置？」范匄問，老臉感到有些發熱。

換了別的地方，大家就該為范元帥的外孫求情了，可是這裏，沒人求情，因為大家知道范元帥根本就不認這個外孫了。

「元帥，都聽您的。」韓起說，大家附和。

看見大家紛紛附和，特別是趙武和中行吳的躍躍欲試，范匄更放心了。

「這樣，大家知道欒盈死黨眾多，要討伐欒盈，必須先滅了他的死黨。我這裏有一份名單，大家分個工，分頭抓捕。這一邊，我去向主公彙報。」范匄早已經籌劃好了，當下拿出一個將近20人的欒盈死黨名單，分配給在座的四人，分頭行動。

抓捕行動進行得很有效率，到晚上，已經抓捕了13人，他們是箕遺、黃淵、嘉父、司空靖、邴豫、董叔、邴師、申書、羊舌虎、叔羆、伯華、叔向、籍偃。

另一邊，范匄向晉平公作了彙報，晉平公一看，你們既然都已經動手了，那我還有什麼辦法？

「范元帥，你看著辦吧。」晉平公也不喜歡欒黶，再加上木已成舟，也只好如此。

范匄沒客氣，把捉拿到的13個人中的前面十位都給砍了，後面三位因為名聲非常好，所以監禁起來，暫不動手。

智起早有防備，因此見勢頭不對，急忙通知了州綽、中行喜和邢蒯，這四個人躲過一劫，逃去了齊國。

如此王民

欒盈在著得到了消息，他吃驚得半天合不上嘴，他怎麼也不敢相

272

信，自己的母親、舅舅和姥爺竟然聯手來害自己。

「天哪，天底下竟然有這樣的事情！」欒盈的大腦一片空白，這個時候，他有兩個選擇，一個是回到自己的封地曲沃，據城造反；另一個是立即出逃，流亡國外。

到這個時候，欒盈哪裡還有心情造反。

欒盈一面派人火速前往曲沃，通知兄弟們逃命，一面收拾了眼前的細軟，帶著手下，向南而去。去哪裡？世界雖大，能夠立足的地方卻只有兩個：西面的秦國和南面的楚國。

欒盈的逃亡隊伍一路向南，狼狽不堪。正是：急急若漏網之魚，慌慌如驚弓之鳥。

眼看進了王室的地界，總算放下一點心來。晉國雖強，也還不至於追到周王的地界裏。

可是，人要倒楣了，喝口涼水都塞牙。

在周王的地盤上，欒盈的車隊成了人們看熱鬧的物件，許多人都來看。

看著看著，有人說了：「這個晉國人這麼多東西，咱們這麼窮，何不搶一點來用？」有人起了貪念，然後提出建議。

「好啊好啊。」大家都贊同。

於是，周王的臣民們一哄而起，不管三七二十一，將欒盈的財物搶了一大半走。欒盈人少，而且也不敢在別人的地盤上殺人，因此眼看被搶，無可奈何。

「天哪，這都什麼世道，首善之都的良民們都這樣了？白日行兇啊，真是沒有王法了。」欒盈氣得兩眼冒火，本來被老娘一家陷害就倒楣透頂了，如今竟然又無緣無故被搶，哪裡說理去？

「不行，老子要找周王給個公道。」欒盈雖然落難，但是世家大族的盛氣還在，當時也不走了，派人前往雒邑找周王評理。

欒盈派的人到了偉大首都，而偉大首都的人們正在談論欒盈。偉大首都的人們一致認為，欒書一向對王室很尊重也很照顧，是個大好人。而欒盈沒有犯任何罪就被放逐，真他媽沒天理。

正因為大家都同情欒盈，因此欒盈的使者見到了周靈王，便代欒盈申訴：「欒盈遭受不白之冤而逃亡，卻在大王的郊外被搶劫。我無處躲避，這才冒死來申訴。當年我的爺爺欒書效力於王室，也得到王室的賞賜。可是我的父親得罪人太多，以至於今天無法守住自己的家業。如果大王還記得欒書的功勞，那麼我這個亡命之徒還有地方逃避。但如果您不念欒書的貢獻，只想到我父親的罪過，那麼我就只有死路一條了。冒死申訴，請天子定奪。」

「嗯，我也知道欒盈是被陷害的，怎麼能落井下石呢？」周靈王還算明白。

於是，周靈王派人前去，抓捕了搶奪欒書財產的暴民，把欒書的財產都還給了他，之後派軍隊一直護送他到周楚邊境。

欒盈進入楚國，但是之後並沒有繼續南下。

欒盈這時候有兩條路可以走。第一條，投奔楚康王，這樣他可以得到國際避難規則中的待遇，而以他的能力，可以得到更高的待遇。但是這條路是不歸路，再也不要想回到晉國；第二條，停留在楚國邊境，不要楚國的待遇，但是還有可能回到晉國。

顯然，第一條比較保險，第二條更加冒險。而他是個喜歡冒險的人。

權衡之後，欒盈決定走第二條路，他實在不能忍受欒家數代人在晉國打下的基業就毀在自己的手裏，何況，他還有很多兄弟可以出力。

就這樣，欒盈停留在了楚國邊境，楚國邊境官員為他提供了食宿方便。由於他沒有提出避難申請，因此邊境官員也就沒有上報楚王。

如此世界

范匄並沒有要殺掉外孫的意思，甚至對於整個欒氏家族，也放了一馬。

范匄派人前往曲沃，宣告了欒盈的罪行。之後，依然任命胥午為曲沃大夫，管理曲沃。此外，欒家的家臣全部赦免，不過，如果有人

要去追隨欒盈，格殺勿論。

大家都很為欒盈不平，但是欒盈自己都已經跑了，大家也只能認命。有人偷偷去追隨欒盈嗎？當然有。可是有一個人決定公開去追隨欒盈，誰？辛俞。

辛俞大搖大擺地去追隨欒盈了，他不僅要追隨欒盈，還要示威兼做姿態。

辛俞被捕了，而這就是他的願望。他被押解到了朝廷，由晉平公親自審問。

「你膽兒肥了，竟然違抗國家命令。」晉平公發話。

「不對，我是聽從國家命令的。命令說不要跟隨欒盈，要跟隨君主。我聽說『三世事家，君之；再世以下，主之』。從我爺爺那一輩開始來到晉國，那時候人生地不熟，兩眼一抹黑，是欒家收留了我爺爺，從此做欒家的家臣，欒家一直對我們很好。到我這輩已經三代了，欒盈就是我的君主了。命令說要跟隨君主，我這不是跟隨君主嗎？如果您要違反這個命令來殺我，行啊，讓司寇開庭公開審我吧。」

辛俞一番話，大義凜然，視死如歸。

「那——你不要追隨他，我讓你做大夫，怎樣？」晉平公利誘之。

「不，我如果接受了您的賞賜，等於自己打自己的耳光。我如果背叛我的君主，今後不是還會背叛您嗎？」辛俞不接受利誘。

晉平公本來就知道欒盈是被冤枉的，如今看辛俞的表現，知道欒盈實際上是個好人，所以家臣才會這麼忠於他。

「你走吧。」晉平公放走了他。

這一幕，是不是很像當初楚莊王放走了解揚？

辛俞前往楚國，投奔欒盈去了。

范匄的內心有些矛盾，一方面他陷害外孫，心存愧疚；另一方面，他知道欒盈的性格和能力，他絕不會就此甘休。所以，一方面，他放了欒盈一條生路；另一方面，他又要提防欒盈殺回來。

范匄的想法，外孫最好投奔楚王，這樣大家都安心，自己的良心

上有所交代之外，安全上也放心。問題是，他不可能派人去勸告欒盈投奔楚王，那屬於資敵行為。

所以，當知道欒盈就停留在楚國邊境之後，范匄急了，他要想辦法逼欒盈投靠楚王。

當年冬天，范匄主持召開了聯合國大會，大會只有一個議題：要求與會各國不要收留晉國叛臣欒盈。

「那當然，那當然，晉國的叛臣就是我們的叛臣。」與會各國紛紛表示。

「他要是來了，我們抓起來送到晉國來。」齊莊公更進一步。

「那也不用，驅逐他就行了。」范匄說。他知道齊國人的話不能相信，說得越好越不可靠。

是這樣嗎？

真是這樣的，別忘了齊國人的外交政策：陽奉陰違。

齊莊公回到齊國，立馬派人前往楚國，邀請欒盈來訪。

齊莊公的算盤打得很好：聯合欒家，對付晉國，報兩次戰敗的仇恨。齊莊公說得好啊：你范匄能陰人家欒盈，我就不能陰你？

欒盈收到邀請，他非常高興，投靠齊國是可以的，何況，他也知道齊國陽奉陰違的政策。

於是，第二年秋天。欒盈悄悄啟程，悄悄抵達了齊國。齊莊公也非常高興，親自接見了欒盈，隨後悄悄地安置了他。

晉國人得到了線報，於是，范匄又在冬天召開了聯合國大會，又是只有一個議題：各國不得收留欒盈。

「沒有啊，沒有啊。」大家都說。

「有人說在齊國看見了欒盈。」范匄說。

「真的嗎？真的嗎？我們一定要認真盤查。」崔杼說，這次是他來的。

大家都笑了，只有范匄皺了皺眉頭。

國際鬥爭的形勢很複雜啊。

第一五〇章
生死時速

　　那一邊在開聯合國大會，這一邊齊莊公和欒盈就在討論怎樣把欒盈送回去。

　　首先從國際形勢入手。

　　國際方面，晉國還是霸主，無論是南面的楚國還是西面的秦國都無意與晉國作對。而聯合國各國中，儘管對晉國逐年加大進貢的額度非常不滿，卻也僅此而已，沒有任何國家敢反對晉國。

　　另一方面，對於荀偃和范匄的相繼執政，諸侯各國都已經很厭倦，恨不得這兩個腐敗分子早死。

　　綜合以上，如果欒盈回到晉國並設法剷除范匄，將是各諸侯國樂見的局勢。因此，即使得不到國際社會的支持，大家也會裝聾作啞，隔岸觀火。

　　而齊國將提供最大限度的支援，甚至出兵。

　　晉國國內方面，曲沃儘管名義上已經不在欒家的手中，但是，欒家的根基沒有動搖，曲沃城中軍民對於欒家還是非常懷念，曲沃大夫胥午也是欒盈的兄弟。

　　而在新絳，魏舒是欒盈的兄弟，欒盈已經跟他取得了聯繫，只要欒盈起兵，魏舒就在新絳接應。

　　因此，只要能夠回到曲沃，欒盈有把握立即掌握曲沃，以曲沃為基地攻擊晉國首都新絳。

曲沃之夜

　　機會很快就到了。

　　吳國向晉國求婚，於是，晉平公決定把女兒嫁到吳國去。按照周禮，吳國也是姬姓國家，兩國不能通婚。可是，吳國是蠻夷，不講究

這個，而晉國也不是太講究。為了國家利益，周禮算個屁。

按照當時的規矩，大國嫁女，小國為媵。大國國君嫁女兒，兩個小國國君的女兒要作為陪嫁，也就是二夫人和三夫人。通常，應該找同姓國家的女兒做媵。可是在這件事情上，一來是同姓成婚，晉國不好去找同姓國家，怕被罵沒文化沒教養；二來，也想炫耀一下實力，不從太小的國家找，要從大國找。所以，這次的媵要從齊國和宋國找。

對於齊國來說，這本來是一件沒什麼面子的事情，可是這一次不一樣，齊莊公從中看到了機會。

「樂元帥，機會來了。晉國人要我們出一個媵，那麼正好，你就混在我們送人的隊伍中回到晉國，然後潛去曲沃，從中起義。我這邊，齊國軍隊同時出動，討伐晉國。咱們兩面夾擊，一定能夠擊敗晉國，掃蕩范匄那個老狗，為你找回公道。」齊莊公找來欒盈商量。

「好，一言為定。」欒盈也認為這是個機會。

雙方商定，一旦欒盈掌權，將把晉國的朝歌割讓給齊國，作為酬謝。同時，幫助齊國兼併莒國。

商量妥當，分頭準備。

第二年春天，齊莊公派析歸父送自己的女兒去晉國，準備做媵。根據陽奉陰違的原則，其實這不是齊莊公的女兒，而是從國家大妓院隨便找了一個年輕女子，培訓了幾天，冒充齊莊公的女兒。

欒盈帶著幾名得力隨從，混在送行的人群中。原本，欒盈想要帶著州綽和邢蒯兩人，這兩人有勇有謀，非常得力。可是齊莊公打了小算盤，因為這兩個人來得早，齊莊公已經把他們編到了自己的侍衛當中，而且齊莊公很看好他們，想要留下他們。因此，齊莊公拒絕了欒盈的請求。沒辦法，欒盈只好帶了其他的人，其中一個勇士名叫督戎，勇猛程度還在州綽和邢蒯之上，只可惜有勇無謀。

送親的隊伍一路順利，進了晉國。之後，該送親的去送親，欒盈悄悄地回到了曲沃。白天不敢進城，到了傍晚，悄悄地爬城頭進了曲沃。

一行人回到了自己的地盤，不用說自然是地形熟悉，直奔曲沃大夫胥午的官邸。

胥午還沒有睡，突然看見欒盈現身，嚇了一跳，連忙請進屋裏。

「元帥，你怎麼回來了？」胥午急忙問。

「我回來報仇來了，胥大夫，你要幫我啊。」欒盈也沒有遮掩，把自己怎樣回來，回來又要做什麼，簡單說了一遍。

「這個……」胥午有點猶豫，他是胥家的後人，而胥家跟欒家是有仇的，可是欒盈和他的關係一直很好。「我不是怕死，我只是擔心這個事情沒有成功的可能。」

「我也知道這個事情很難，但是就算死了，我也決不後悔。想想我們欒家，世代為國，我不甘心就這樣無聲消失了。再說你們胥家，同樣也曾經是晉國顯赫的家族，你難道不想在自己手中復興嗎？」欒盈勸說。

胥午思考了一下，覺得欒盈說得也有道理，搏一把也未嘗不可。

「那好，你先躲在我這裏，我來召集人。」胥午同意了，之後開始具體行動。

所以，勸說一個人跟著自己冒險，一定要給他看到好處。

胥午連夜把曲沃城裏的頭面人物們召集來開會，大家不知道發生了什麼，稀里糊塗來到了胥午的家裏。

「今天月亮好圓，心情好，所以請大家來喝酒。」胥午臨時找了個藉口，總算月亮確實比較圓。

大家都笑了，這樣的節目從前好像沒有過，而這樣的天氣賞月似乎又涼了一點。

不管怎樣，篝火點起來，熱酒端上來，歌舞跳起來，大家感覺還是有點新鮮。

酒過三巡，大家都喝暖和了，胥午逐漸就把事情往正題上引了。

「唉，想想三年前的這個晚上，還是跟欒盈一起賞月啊，想不到世事難料啊。」胥午開了個頭。

於是話題開始，大家談論起欒家的事情來。所有人都認為欒家太冤，而欒盈人太好。

眼看著大家為欒家憤憤不平，漸漸地激動起來，胥午說話了。

「各位，大家都很懷念欒盈，我也一樣。我問大家，如果現在我找到了欒盈的話，我們怎麼辦？」胥午問大家。

「如果找到了主人，我們就是為他死，也死而不朽。」大家激動地說，有的人站起來揮舞雙拳，有的人流下了熱淚。

火候差不多了，胥午舉起了手中的碗。

「各位，為了欒盈，乾一碗。」

「乾。」

大家又是一碗就進肚，更加激動。

「大家發誓，找到了欒盈，都聽他的。」胥午說。

「我們發誓。」

欒盈款款而出。

突襲新絳

欒盈回到了曲沃，曲沃在一個晚上又成了欒盈的地盤。

一切，秘而不宣。

欒盈派人迅速與魏舒取得了聯繫，魏舒表態支持欒盈，會在新絳接應欒盈；與魏舒一樣願意幫助欒盈的還有七輿大夫。

夠了，有他們的支持，已經夠了。

實際上，更多的支持，也爭取不到。

四月十五日，天上的月亮分外的圓。

曲沃的部隊連夜行軍，第二天上午，抵達了新絳。

新絳的城門大開著，這是魏舒安排人幹的。

曲沃的部隊一聲吶喊，衝進了新絳城。新絳守軍猝不及防，倉促抵抗。

范匄早已經得知欒盈在曲沃，因此新絳城的防守加強了許多。不

過，欒盈的突然襲擊是大家沒有想到的，因此難免慌亂。

欒盈的人馬並不多。遠道來襲，在精不在多。

「先去元帥府，捉拿范匄。」欒盈的思路很清晰，擒賊先擒王。

元帥府裏，范匄早已經得到了消息。按理說，打了一輩子仗的人，這個時候應該沉著應對，可是范匄已經全然亂了方寸，不知道該怎麼辦。還好，身邊恰好有一個叫做樂王鮒的大夫。

「元帥，不要怕。欒盈剛從外回來，他的人馬不會太多。而且，樂家在這裏的仇人這麼多，大家都會出兵對抗他的。如今，元帥要趕緊保護主公，不要讓主公落在欒盈的手中。」樂王鮒的思路倒很清晰。

「那，那我該怎麼辦？」范匄聽了樂王鮒的話，不像剛才那樣緊張，可是還是不知道怎麼辦。

「趕快找到主公，然後到固宮堅守，一面通知各大家族到固宮聚集，圍攻欒盈。」樂王鮒還想得挺周到，心裏在說「虧你還是中軍元帥」。

固宮是哪裡？晉平公的別宮，以堅固而得名，就是為了防備不時之用的。

「那，那，我要是在去保護主公的路上遇上欒盈的人馬，怎麼辦？」范匄竟然不敢去。

樂王鮒聽了，差點沒氣得樂出來，這什麼中軍元帥啊，就是一膽小鬼啊。

「那這樣吧，打扮一下吧。」

別說，樂王鮒真是有辦法，他趕緊讓人取了一身黑色喪服給范匄穿上，叫了一輛輦車，輦車是幹什麼的？專給女眷坐的車，有棚。再特地找來兩個中年女人，也都換上喪服。范匄與兩個女人上了輦車，范匄埋著頭，假裝悲傷過度，兩個女人哭哭啼啼。

一輛女眷哭喪的車，就這麼從中軍元帥府出發了，直奔後宮而去。

欒盈的部隊掃清了抵抗，向中軍元帥府挺進。新絳的百姓聽見外面喊殺一片，都躲在家裏不敢出來。欒盈早已下過命令不許濫殺無辜，

有不懂事的出來看熱鬧的或者來不及躲閃的，倒也沒有被傷害。

前面，一輛輦車駛來，一看就不是尋常人家的車，因為太豪華。輦車比戰車要寬很多，占了大半個道，欒盈皺了皺眉頭，用長戟挑開輦車的門簾，只見裏面有三個人，兩個婦女哭哭啼啼，另一個人伏在一個女人的懷裏，看不出是男人還是女人，似乎也很悲傷。

「原來是哭喪去的女人，不知道誰死了。」欒盈自忖，放過了那輛車。

欒盈的部隊遠去了，喪車裏發出范匄的催促聲：「快、快。」

范匄嚇出了一身冷汗，甚至有些發抖。

到了後宮，范匄跳下車來。一看，兒子范鞅早已經在這裏了。

「好嘛，不先保護爹，先跑這裏來了。」范匄開口就是這麼一句，想起剛才被欒盈碰上，還有些後怕。

「爹，君為重，爹為輕啊。」范鞅說，看著爹著一身喪服，分外的刺眼。

「去你的，少跟我說這些。趕快，帶上主公，前往固宮固守，等候支援。」范匄下令。這個時候，他有些底氣了，中軍帥的威嚴也出來了。

「爹，你帶領主公轉移吧，我趕緊派人通知各大家族到固宮增援。魏舒這小子是欒盈死黨，他一定會增援欒盈，我必須在他動手之前制止他。」范鞅說。他比父親想得更周到些。

於是，中軍帥范匄親自坐鎮後宮，指揮宮甲保護晉平公轉移。

另一邊，范鞅駕著一輛快車，直奔魏舒家中。

生死時速

欒盈的隊伍包圍了中軍元帥府，大將督戎當先，踹開元帥府大門，衝了進去。

「報告元帥，只捉到一個下人。」元帥府中，早已經逃得精光。這個下人之所以沒有逃走，是因為拉肚子躲在廁所中，不知道外面的

情況。

下人被拉了上來。

「說，范元帥跑去了哪裡？」欒盈問。到這個時候，他也沒有直呼自己姥爺的名字。

「不，不知道啊。不過，那一會他還在。」

「不好，想起來了，剛才輦車裏那個沒有抬頭的就是他。」欒盈突然回過神來，那樣的輦車只有范家才有。

范匄跑了，下一個目標不用說就是後宮了。

欒盈沒有遲疑，帶領人馬轉撲後宮。

范鞅的車駕得飛快，他知道，如果魏舒和欒盈合兵一處，那不僅僅是對方戰力提高的問題，那在心理上對雙方的影響都是巨大的。欒盈的隊伍會士氣大增，而自己這邊就會軍心動搖。

快到魏舒家的時候，就看見魏舒家裏旌旗飄搖，人聲鼎沸。來到魏舒的家，果然魏家的隊伍已經集結完畢，正在整理佇列，準備出發。

魏舒準備帶領隊伍直撲後宮，在那裏與欒盈回合。之所以還沒有出動，因為自己的車右還沒有穿好皮甲。

范鞅毫不遲疑，他跳下了自己的車，一縱身上了魏舒的車，就站在車右的位置上。

「魏元帥，欒盈作亂，所有家族都已經保護主公去了，主公讓我來請你，快走。」范鞅右手持著長劍，大聲說道。

魏舒大吃一驚，他萬萬沒有想到這時候范鞅會來，也沒有料到他竟然就上了自己的車。而魏舒手中只有弓箭，兩人在同一乘戰車上，動起手來，顯然自己吃虧。

激烈的思想鬥爭，魏舒在思考對策。

但是，范鞅不會給他思考對策的時間。

「還愣著幹什麼？快走，去固宮。」范鞅大聲呵斥御者，用劍抵著他的後背。

御者看了還在發愣的魏舒一眼，無可奈何，一記長鞭，戰車出動。

魏家出兵了，向固宮方向。

魏舒還在發愣，而范鞅不會給他思考的時間。一路上，范鞅在向
他講述中行、趙、智、韓幾家出兵的情況，講他們早就知道欒盈要來襲
擊，已經在固宮佈置好包圍圈的情況。其實，所有這些都是他編的，
他要嚇住魏舒。

「一定要趕在欒盈到達之前到達，否則一切都完了。」范鞅一邊大
聲說著話，一邊暗暗祈禱。

生死時速。

欒盈的隊伍趕到了後宮。

後宮的絕大多數防守力量已經轉移去了固宮，這裏剩下的幾號人
馬看見欒盈的部隊，立即逃散。

兵不血刃，欒盈的隊伍佔領後宮。

可是，晉平公早已經不在這裏。一問，和范匄父子去了固宮。

捉范匄沒捉到，捉晉平公又沒有捉到，欒盈的心中有不祥的預感。

「魏舒怎麼動作這麼慢？」欒盈抱怨了一聲，一邊派人再去魏舒家
裏催促，一邊撤出後宮，轉奔固宮。

一路上，欒盈的心裏有點亂，他在想魏舒這裏是不是出了什麼問
題。他不知道的是，魏舒這時候也正在奔向固宮。

「快，要在各家族救兵來到之前拿下固宮。」欒盈下令。

生死時速。

范鞅挾持著魏舒和他的部隊趕到了固宮，看到欒盈的人馬還沒有
到，他大大地鬆了一口氣。宮門口，范匄降階相迎，他一把抓住魏舒
的手，緊緊地握住：「小魏，太好了，你來了，我就放心了。那什麼，
欒家的曲沃，我代表主公就給你們魏家了，啊，那什麼，趕快進來。」

魏舒現在是徹底沒有辦法了，他回頭望瞭望遠處，心說：「老欒，
兄弟對不住了。」

魏家的部隊進了固宮，協同宮甲和范家的部隊進行防守。

范匄為什麼這麼激動呢？第一，他感到慚愧，感到對不起魏舒。

當初欒盈逃走，空出了下軍帥。按照規矩，這個位置就是魏舒的，晉平公也建議給魏舒，可是范匄認為魏舒是欒家的同黨，因此寧可空著也不給魏舒。如今看見魏舒來幫助自己，范匄還以為他是主動的，所以心存愧疚。其次，魏家是武將世家，魏家的部隊和欒家的部隊都是晉國著名的精兵，欒魏合兵，其餘幾家還真是難以抵擋，所以，一定要穩住魏舒。

就因為這兩點，范匄一激動送掉了曲沃這座大城。可是，這絕對是病急亂投醫。一來，曲沃是座大城，魏舒這樣的級別不能擁有；二來，曲沃有晉國宗室的祖廟，要封也只能封給晉國公族，而魏家不是。

不管怎樣，這個時候，保命要緊，身外之物，送也就送了。

欒盈的隊伍到了，他看到魏家的最後一乘戰車進了固宮。然後，固宮的大門關上了。

「唉。」欒盈歎了一口氣。

錯過了一步，也就錯過了無數。

錯過了一時，也就錯過了永遠。

歷史，往往在一步一時中改變。

第一五一章
欒盈之死

　　欒盈的隊伍在固宮之外，固宮之內，是宮甲、范家的隊伍和魏家的隊伍。數量來看，雙方基本相當。

　　但是，雙方的策略是不同的。

　　欒家的隊伍遠道來襲，一路疲頓，再加上擔心各家族的人馬殺到，因此利在速戰，必須迅速攻克固宮，結束戰鬥。

　　而對於范家父子來說，固宮內儘管兵力不少，但是魏家的隊伍隨時叛變，而宮甲中也有很多人同情欒家，因此戰鬥力不強並且可能在關鍵時刻叛變。所以，能夠依靠的也僅僅是自家的隊伍。這樣的情況下，上策就是固守，等待各家族援兵來到，兩面夾擊，擊敗欒盈。

　　兩邊都是會打仗的，自然都懂得這個道理。

　　因此，欒家進攻，范家死守。

靠誰不如靠自己

　　欒盈的隊伍在攻城的時候很吃力，因為遠道來襲，都是輕裝，誰帶攻城的器具？現在要攻城了，儘管是小城，可是就這樣進攻也是不行的。欒盈緊急命令軍士砍樹拆房，準備攻城器具。可是這個時候，時間就是生命。

　　攻城器具還沒有打造好，各大家族的部隊已經趕到了。趙家、韓家、中行家、智家在週邊包圍了欒家的隊伍。可是，這是一幫老油條和小油條，多年的政治鬥爭經驗教育了他們，面對強悍的欒家部隊，這四家誰也不肯率先發動攻擊。

　　「讓他們甥舅火拼，最後一塊打死。」幾家都是這個想法，欒家固然不是他們喜歡的，范家同樣也是他們討厭的。

　　范家父子看見援兵來到，總算又放了一點心，可是又看到大家遲

延不進，隔岸觀火，心裏就明白了。

「加強防守，準備迎擊他們攻城。」范鞅算是看明白了，這年頭靠誰也靠不住。想想也是，老娘和舅舅、姥爺都能合夥害自己的兒子了，還能指望別人好到哪裡去？

欒盈腹背受敵，一時間感到絕望。可是看見大家都不進攻，自然明白是怎麼回事。

「事到如今，也只有一條路了，攻破固宮，殺死范家父子，再挾持國君，聯合魏家，就能立於不敗之地。之後再跟外面的幾家和解，就萬事大吉了。」欒盈很短時間內想到了對策，他知道，現在必須盡快拿下固宮。

欒盈的部隊開始進攻，首先是一陣亂箭射入宮中，就聽得一陣劈裏啪啦，范匄躲在屋裏，嚇得一陣哆嗦。

「兒啊，快想辦法吧，這箭都射到腦袋上了。」范匄這個時候遠不如兒子鎮定。

「爹，眼下這個形勢，死守就是等死了，外面的幾家就等著我們兩敗俱傷呢。要等他們雪中送炭，那就一定被凍死了。為今之計，必須主動出擊，如果能不處下風或者稍占上風，那幫王八蛋就會來錦上添花了。」范鞅太聰明了，句句話都在點子上。

「兒啊，你說得對，那就拜託你了，主公和爹的老命就都靠你了。」

范鞅瞪了老爹一眼，心說老爹常常鼓吹自己在鄢陵之戰如何英勇善戰，看來都是忽悠。

欒盈的部隊已經開始攻城，宮牆本來不高，再加上欒軍十分英勇，眼看著形勢危急。

「開宮門，殺出去。」范鞅命令。

「不行啊，督戎在外面手舞雙戟，太猛了，誰去誰送死啊。」沒人敢殺出去，因為督戎在外面，此人力大無窮，綽號賽魏犫，手舞兩隻大戟跟玩一樣，誰看見不怕？

「打仗還怕？養兵千日，用在一時。」范鞅大怒，強令開了城門，不過沒有整隊衝鋒，而是派了手下兩員猛將牟剛、牟勁兩兄弟。兩人

各舞一條大戟，開了宮門，殺了出去。他們的任務就是幹掉督戎，為衝鋒掃平障礙。

督戎在宮門之外大聲叫罵，隨時準備城破之後殺將進來。猛然之間看見宮門開了，出來兩員大將。

「該死的，送死來了。」督戎大喝一聲，迎了上去。

說起來，牟家兩兄弟也算是猛將，可是在督戎的面前就是兩棵白菜。看看兩人走近，督戎一人一戟，兄弟兩個用戟去格，就感覺如撼泰山。再想躲，哪裡來得及？兩兄弟命喪當場。

「哇！」范鞅在宮門裏看得清楚，一聲驚叫，服了，怪不得大家都不敢去。

現在，更沒人敢去了。

范鞅愁死了，怎麼辦？守怕守不住，出擊又不敢衝鋒，不是只好等死？

這個時候，套用《水滸傳》一句話：該著范家命數未絕。

「將軍，讓我去吧，反正我活著也沒什麼勁。不過說好，我要是殺了督戎，把我從奴籍中除名，讓我當公民。」一個人說話了，范鞅一看，誰啊？斐豹，一個奴隸士兵，爹娘都是從北狄捉回來的奴隸，因此在奴籍中，也就是戶口本的成分一欄是「奴隸」。

「那還用說，沒問題，我要是騙你，就像，啊，就像太陽一樣。」范鞅見有人主動出戰，非常高興，當時一激動，找不到什麼發誓的對象，於是來了句「有如日」（《左傳》），不知道什麼意思。

開了城門，斐豹出去了。

督戎一看，又出來一個送死的，而且這個會死得更慘，因為這個身材還不如剛才兩個高大，手中提著大戟，感覺拿著都費勁。

斐豹來到近前，督戎也不客氣，一戟刺去，直接要命。斐豹根本不抵擋，把大戟一扔，叫了一聲「媽呀」，轉身就跑。跑也就罷了，還不往回跑，向側面跑。

督戎一看，大怒，心說能從我手下逃命的還從來沒有過，豈能放走你？當時，督戎放開腳步，追了上去。跑不遠，前面有一處民居，

剛剛被欒盈的隊伍拆了大門和房樑，斐豹一下躍了進去。督戎趕到，也直接鑽了進去。為什麼斐豹是躍進去，督戎是鑽進去？因為民房較矮，而督戎高大，最糟糕的是，兩條大戟進了屋裏，根本擺弄不開。

督戎趕進屋裏，再看斐豹，哪裡還有人影？當時督戎就覺得有些不妙，因為這裏根本施展不開。正要退出來，大戟頂在了門框上，還沒等他把大戟順過來，就聽見門口有聲音，轉頭一看，誰？原來是斐豹剛才從窗戶躍了出去，此時手中持一把短劍刺來。

督戎要躲，已經來不及，要抽大戟，又被卡住，眼睜睜看著斐豹的劍從自己的後心刺入，「撲」一聲，刺了個透心涼，劍一拔出，鮮血噴濺，督戎倒在地上，連牆都被壓垮，整間房塌了下來。

斐豹躲閃不及，被房壓倒，也是命中註定，恰好督戎的大戟隨房倒下，就砸在斐豹的太陽穴上，登時也是血流如注。

斐豹自由了，徹底自由了。

命中無福，只能被追認烈士了。

欒家兵敗

督戎之死的消息，迅速傳遍交戰三方，范家部隊士氣大振，欒盈則心情大壞，週邊的幾個家族開始準備發起攻擊了。

范鞅開了城門，率領范家部隊衝了出來。

欒盈趕緊下令停止攻城，迎擊范家。兩軍交手，一陣混戰。週邊幾大家族看到機會來了，一陣鼓響，發動進攻。

欒盈知道，這下大勢已去了。

「突圍。」欒盈下令，可是這個時候怎麼突圍？逃命而已。

欒家軍潰散。

欒樂是欒盈的同母弟弟，也是欒祁的兒子，聽到撤退命令，掉轉車頭突圍。身後，舅舅范鞅大聲喊道：「欒樂投降吧，就算殺了你，我也會向老天爺為你祈禱的。」

好一個舅舅，能為外甥做的就是殺了他再祈禱。

「去你姥姥的！」欒樂大罵一句。他恨死了姥姥家，原本他還夢想著能借助姥姥家的勢力把自己也混成卿呢。

罵完，欒樂拈弓搭箭，對著范鞅就是一箭，略偏。欒樂再抽出一支箭來，這一次瞄得更準，正要放箭。

還是《水滸傳》上那句話：范鞅命不該絕。

欒樂的戰車輪子碰上了一個槐樹根，因為車速太快，整輛戰車翻了過來，欒樂摔到了地上。身後戰車上的欒家士兵急於要救欒樂起來，當時也是慌了神，竟然用大戟去撈他，戟鉤本來就很尖厲，再加上一時慌亂，結果不僅沒有把欒樂撈起來，反而砍斷了他的胳膊。後面范鞅的戰車上來，范鞅的車右補上一戟，將欒樂刺死在地。

欒樂死了，欒盈和另一個弟弟欒魴在欒家精兵保護下，衝出重圍，奪路而逃，奔回曲沃。所帶精兵，十死八九。

范匄當即下令，立即集合三軍，攻打曲沃，消滅欒家。

第二天，晉國三軍出動，包圍了曲沃。

曲沃城高牆固，欒盈一時還能守住，但是，不可能永遠守下去。

「齊國人呢？齊國人出動了嗎？這個時候，只有他們能夠救我們了。」到這個時候，欒盈也只能把希望放在齊國人身上了。

齊莊公出動

齊國人出動了沒有？

齊莊公並沒有如約出動，他在等欒盈的消息。如果欒盈沒有動而自己動了，那就太主動了。

直到欒盈奔襲新絳兵敗，被晉國三軍包圍在曲沃，齊莊公才知道那邊已經動手了，不過沒成功。

儘管時機不對，齊莊公還是決定出兵。崔杼和晏弱的兒子晏嬰都表示反對，認為正面對抗晉國並不明智，鞍之戰和平陰之戰兩次戰爭早已經證明，齊國在軍力上根本不是晉國的對手。即便這一次趁著晉國內亂能夠在晉國人身上占點便宜，但是等到晉國內亂結束，必然會

有更激烈的報復，到時候得不償失。

可是，齊莊公拒絕聽從他們的建議，執意出兵。

七月，齊莊公親自領軍，穿越衛國討伐晉國。

晉國全副精力都在曲沃，東部基本不設防，因此齊軍一舉拿下晉國的朝歌（現河南淇縣），朝歌是商朝的偉大首都，商朝滅亡之後，封給了衛國，後來被晉國奪走。

首戰告捷，齊莊公兵分兩路，一路攻入孟門，一路直上太行山，擄掠一通，然後班師回朝。為什麼要回？齊莊公心裏沒底，生怕晉軍主力出動，所以做做姿態，也算是凱旋。

誰知道就在撤軍的時候，被晉國將軍趙勝尾隨追擊，將齊軍斷後的部隊擊潰，活捉了晏嫠的兒子晏萊。

對於齊軍攻擊晉國本土，全世界的共同反應是：現在耗子敢拿刀追殺貓了。

晉國人完全沒有在意，他們知道齊國人沒有膽量深入，所以依然全副兵力加緊攻擊曲沃。

范匄說了：「攘外必先安內，打我們的曲沃，讓齊國人蹦躂去。」

衛國眼看著齊國在自己的國家玩穿越，一聲不敢吭，生怕齊國人順道把自己給滅了。

宋國人全當沒這回事，如果晉國人來求援，再考慮是不是援助晉國。

鄭國人已經準備了戰車輜重，單等晉國人下令，就奔赴抗齊前線。

要說，還是人家魯國人「擦掉一切陪你睡」，不等盟主下令，叔孫豹已經率領魯國軍隊出發，駐紮在魯衛邊境，威脅齊軍側翼。只要齊軍繼續深入晉國境內，魯軍就從側後主動發起攻擊。

欒盈之死

就在齊軍撤離晉國的同時，晉國軍隊終於攻破了曲沃。

欒盈戰死，欒家被滅族，只有欒魴乘亂逃出，逃到了宋國。

至此，欒家滅亡。

歷數晉國中軍帥，先軫、趙盾、郤缺、荀林父、士會、欒書、韓厥、荀罃，欒家算是插了一個隊，在中行家和范家之前滅亡了。那麼，中行家和范家能逃得過覆滅的命運嗎？

對於欒盈的死和欒家的覆滅，史上頗多惋惜之聲。欒家是晉國公族，歷代都是忠勇之士，欒枝、欒書都是著名的戰將，而只有欒黶暴躁一些，得罪了許多人，但是似乎也沒有什麼劣跡可循。欒盈更是青年才俊，本來應該是國家棟樑，卻被親娘一家陷害，最終身死滅門，實在是令人扼腕歎息。

不過話說回來，在欒盈被驅逐之後，他所採取的策略是不恰當的。

從當時的國際國內形勢看，欒盈實際上有上中下三條策略。

上策是投奔楚國，從此當楚國人。以欒盈的級別和能力，以及手下一班兄弟的能力，如果他投奔楚國，他在楚國受到重用毫無疑問，甚至做到楚國令尹也不足為奇，比在晉國的地位只高不低。當然，楚國也有楚國的權力鬥爭。

中策是找宋國或者鄭國這樣的國家避難，然後暗中請人疏通晉國的關係。其實，范家父子也並沒有對他趕盡殺絕，一點起碼的良知還是若隱若現的，如果所托得人，決不排除范家父子良心發現，為欒家平反昭雪，請欒盈回國的可能。而晉國同情欒盈的大有人在，即便等待時間長一點，欒盈回國決非難事。而且，晉國國君有反思的傳統，基本上過一段時間就會啟用老功臣的後代，晉景公、晉悼公都做過這樣的事情。

下策，就是聯結齊國，武裝造反。

遺憾的是，欒盈選擇了下策，也就選擇了滅亡。

欒家被滅，欒家的地盤面臨重新分配。

魏舒如願拿到了曲沃，再一次印證了「出賣朋友是發財捷徑」這條定律。

州縣是欒豹的封地，受欒盈連累被沒收。對這塊地盤，趙武首先

提出歸自己，理由很簡單：這塊地盤原來屬於溫，而現在溫是自己的地盤。可是，范匄和韓起也看中了這塊地盤，三人爭吵起來。最終趙武害怕了，決定放棄，范匄和韓起也怕了，也放棄，於是這塊地盤意外地收歸公室了。

六卿的位置騰出來了一個，原本應該給荀盈，可是歲數還不到，於是晉平公把下軍佐給了自己的寵臣程鄭。程鄭又高興又害怕，高興的是當上了卿，害怕的是憑自己的家底，說不定什麼時候被滅門了。從當上下軍佐的那一天起，程鄭就開始了提心吊膽的生活，天天做夢被殺。

後來鄭國的公孫揮到晉國訪問，程鄭跟他關係不錯，專門問他有什麼好辦法能給自己降一級。

結果，提心吊膽一年之後，程鄭終於在惶恐中結束了自己的一生。還好，病死的。

齊軍撤離晉國，回到了齊國。齊莊公的心情巨好，覺得晉國人也不過就這樣，齊國的實力看來已經是世界一流了。

「趁著士氣正高，咱們也過家門而不入，再接再厲吧。」齊莊公一高興，乾脆，大軍到了臨淄也不回去，直接從臨淄南郊過去，偷襲莒國。

這一趟，基本上等於晉國軍隊偷襲莒國了，因為齊軍是從晉國出發，橫跨了衛國和齊國兩個國家。

按齊莊公的意思，天下無敵的齊國軍隊將摧枯拉朽，一鼓作氣滅掉莒國。

可是，事情的進展大大出乎他的意料，遠道來襲的齊軍疲態畢逞，而莒國軍隊早有防備。第一戰下來，齊莊公大腿受傷；第二戰下來，大將杞梁陣亡。

兩戰下來，齊莊公傻眼了。

還好這個時候莒國出動求和，齊莊公順坡下驢，要了些賠償，灰溜溜撤軍了。

回到臨淄，齊國駐晉國辦事處的報告也就到了，說是曲沃被攻

克,欒家滅門。

　　當初的計畫至此全部落空,齊莊公不得不冷靜下來思考現實的問題了。

　　齊軍的戰鬥力在與莒國的戰鬥中得到檢驗,檢驗結果是不及格,這樣的軍隊根本不可能是晉國軍隊的對手。現在齊莊公算是明白齊國為什麼總是打不過晉國了,戰爭靠的是實力,而不是人有多大膽,地有多大產。

　　毫無疑問,在騰出手來之後,晉國人一定會率領聯合國來討伐齊國。打,是肯定打不過;投降,恐怕也不是那麼簡單。

　　想到這裏,齊莊公一身的冷汗。

　　想來想去,最後齊莊公一拍桌子:「大不了老子投靠楚國!」

　　在陽奉陰違外交政策無法繼續實施的情況下,齊莊公決定換個隊站站。

　　第二年夏天,齊莊公派人前往楚國,表示齊國願意追隨楚國,希望能夠前往楚國朝見楚康王。楚康王一聽,高興得不得了。自古以來,齊國國君從來也沒有來楚國朝見楚王啊,自己這不是要創歷史紀錄嗎?再說現在世界上都是晉國的跟班,現在晉國頭號跟班要當我們的跟班了,面子無限大啊。

　　楚康王也沒猶豫,立馬派大夫蒍啟強前往齊國,商討齊莊公來楚國的具體事宜。

　　蒍啟強來到了齊國,齊莊公熱烈歡迎。不過,這個時候的齊莊公已經不像一開始那樣迫不及待地要去楚國了。一來,畢竟覺得楚國是個低檔次國家,自己去朝見太沒面子,就是晉國這邊的活動,齊國國君實際上也很少親自出席啊;二來,從來沒有跟楚國人打過交道,不知道楚國人會出什麼么蛾子,萬一被楚國人扣留了呢?第三,要是跟楚國人靠得太近,等於也就斷了重回聯合國大家庭的後路。

　　所以,齊莊公決定拖著蒍啟強,看看形勢再說。

　　可問題是,楚國人來了,總不能把人家晾這裏啊。

　　於是,齊莊公準備了一次閱兵給蒍啟強看,此外,專人陪同吃喝

玩樂，基本上也就是觀光購物逛妓院，東家西家吃個遍。

為啟強在齊國過得很爽，逢人就說：還是齊國好，我以後還願意來。

一轉眼，從夏天到了秋天，晉國人在秋收之後果然組織了聯合國軍，在晉國夷儀集中，要討伐齊國。

怎麼辦？齊莊公有什麼退敵之策？

第一五二章
從來偷情常遇難

齊莊公這個時候後悔沒有去朝見楚王了，不過這時再去顯然已經來不及了。於是，齊莊公一面佈置防禦，一面趕緊派大夫陳無宇跟為啟強去楚國，請求楚國出兵救援。

齊莊公非常緊張，可是，命中註定他可以躲過這一劫。

聯合國軍順利集結，但是在準備出發的前一天突降暴雨。這一場暴雨覆蓋了整個北方地區，因此造成洪水氾濫，不要說戰車，人走路都費勁。

「算了算了，讓他們再多活一年吧。」沒辦法，范匄下令解散，各自回國參加搶險救災。

聯合國軍各自回國，齊國安全了。

晉國勇士

再說陳無宇跟著為啟強到了楚國，拜見了楚康王。

楚康王原本有些不高興，因為齊莊公說來又不來了。不過為啟強在齊國過得那個爽啊，而陪他的正是陳無宇，吃人家喝人家拿人家還玩人家，當然要給人家說好話。

為啟強把齊國吹得天花亂墜，又說了很多齊莊公的好話並且替齊莊公解釋，最終，總算把楚康王說高興了。

「那這樣吧，我們遠道北上支援齊國呢，也不太可行，我們還是老辦法，楚軍攻擊鄭國，逼晉國人來救，為齊國解圍。」楚康王答應了，不過還是老套路，避免和晉國人直接對抗。

楚國人不知道的是，聯合國軍早解散了。

楚國軍隊進攻鄭國，鄭國軍隊此時還沒有到家，急忙聯絡晉軍，於是，晉軍緊急南下，支援鄭國。

這一下，倒搞了楚國人一個措手不及。原以為晉國人此時正在齊國戰場，等晉國人趕到的時候，楚軍就可以從容撤軍了。而如今楚軍剛剛抵達鄭國首都榮陽，晉國人就到了，如果楚國人這麼快就撤軍，不是太沒有面子？

楚國人硬著頭皮，紮下大營。

其實，晉國人也不願意跟楚國人交手，因此進入鄭國之後就放慢了前進的速度，希望楚國人主動撤退。可是再這麼磨蹭下去，又顯得自己心虛膽怯。

范匄想了一個辦法，他決定派兩個人去楚軍大營挑戰，也算主動出擊。

范匄派了兩個勇士張骼、輔礫前往，不過提出要一個鄭國人駕車，因為鄭國人比較熟悉地形。於是，鄭國人派了宛射犬。

於是，三人出發了，乘了兩輛車，一輛普通戰車，一輛裝甲戰車。什麼是裝甲戰車？裝甲戰車叫做廣車，比較寬，而且，後面兩個位置有遮罩，兩人都可以射箭。這種車主要用來衝鋒，相當於裝甲車。

眼看遠遠能夠看到楚營，三人找了一個隱蔽的地方，紮了一個帳篷，吃飽喝足再去挑戰。兩個晉國人根本沒把鄭國人放在眼裏，兩人在帳篷裏面休息，卻讓宛射犬在帳篷外面喝西北風；兩人吃飽了之後，才讓宛射犬吃。

宛射犬那也是鄭國公族啊，平時也吃香的喝辣的，誰知道如今受這樣的屈辱。宛射犬暗暗發誓：「該死的晉國人，今天要讓你們死都不知道怎麼死的。」

吃飽喝足了，三人上路，準備衝鋒。宛射犬在前面駕著廣車，晉國人在後面自己駕著戰車，逼近楚軍大營的時候，兩個晉國人才跳上廣車，然後躲在後座彈琴。

宛射犬一看，這倆晉國人什麼時候了還要玩風度？好，讓你們牛，讓你們馬上就牛不起來。

「啪！」宛射犬一鞭下去，四馬奔騰，戰車直接衝進了楚軍大營。

後面兩個晉國哥們還彈琴呢，突然發現到了敵人大營了。哥倆急

忙戴盔穿甲，跳下車去，一通狂殺，又活捉了兩個楚國士兵，捆好了夾在腋下。楚國人被打個措手不及，等到回過神來，整裝殺來的時候，宛射犬一看形勢不妙，也沒等他們兩個，也沒打招呼，駕車就跑。這兩位緊跑兩步，追上車跳了上來，然後用箭射擊追兵。

等到脫離了危險區域，哥倆又開始彈琴了。

「嘿，兄弟，咱們在一輛戰車上，那就是兄弟了，怎麼進出都不招呼我們一下？」兩個晉國人問。

到這個時候，宛射犬真的挺佩服他們了。看來，晉國人是真厲害。

「開始呢，是一門心思要衝進去；後來呢，是害怕了，想快點逃出來。因此，都沒顧上招呼你們。」

「哈哈哈哈，兄弟，我們就是急性子，想不到你比我們還急啊。好兄弟，回去好好喝一頓。」晉國人高興了。

晉國人，有時高傲得讓人討厭，有時又痛快得讓人喜歡。

終於，還是楚國人率先撤軍了。

崔杼娶妻

晉國人走了，齊莊公鬆了一口氣。至少，給自己爭取到了一年的時間。

可是，明槍易躲，暗箭難防。搶人家土地可以容忍，搶人家老婆那是絕對不能容忍的。而齊莊公就犯了一個錯誤，他不該碰別人的老婆。誰的老婆？誰的老婆誰知道。

說起來，這是一件很丟人的事情。

東郭偃也是齊國的公族，可是混得不好，只能混到崔杼的手下做家臣。東郭偃有個姐姐，嫁給了棠公，因此叫做棠姜。

一年前棠公腦膜炎發作，鞠躬盡瘁了。崔杼前去弔唁，就是東郭偃駕車去的。到了棠公家裏，棠姜出面表示感謝。崔杼一看，哎呀媽呀，棠公死得太虧了，這老婆太漂亮了。

從棠公家回來的路上，崔杼就對東郭偃說了：「小舅子，哎，叫你

呢，把你姐姐嫁給我怎麼樣？」

崔杼急啊，所以先認了小舅子。

按理說，能找到這麼個姐夫，那絕對是東郭偃的造化。可是他不幹，他說了：「別叫我小舅子，咱可都姓姜，都是太公的後代，同姓不婚啊，不行。」

東郭偃拒絕了。

「那是一婚，二婚就不講究了。」崔杼一定要娶。

「不行，三婚也不行。」東郭偃挺有原則。

「那，那占卜，看看老天爺怎麼說。」崔杼提個折中的辦法，也就是看上了東郭偃的姐姐，否則，東郭偃這樣頂撞他，崔杼早就把他炒掉了。

回到家裏，請占卜師來占卜，占卜的結果是困卦轉大過卦。

「好，好卦，沒問題。」占卜師閉著眼睛說。他知道崔杼想聽什麼。

「看見沒有，好卦。」崔杼很高興。

恰好陳無宇來串門，崔杼就請他也看看，陳無宇看完，認為不是好卦，是凶卦，對男方不利。

「切，她的兇險早就已經在她前夫身上應驗了，我怕什麼？」崔杼這樣說。看來，見色忘命不僅是魯國男人的特點，也不僅僅是楚國男人的特點，還不僅僅是晉國男人的特點，也是齊國男人的特點。

說來說去，男人基本上都是見色忘命的，不分國籍。

就這樣，崔杼把棠姜娶了回來。

崔杼強娶棠姜的事蹟很快傳遍了齊國，大家都說：「哇，棠姜該有多騷？」

齊莊公也聽說了，他也想知道棠姜究竟有多大吸引力。於是，齊莊公找了個藉口到崔杼家裏做客，自然，棠姜要出來見客。齊莊公一看，哇噻，當時就理解崔杼為什麼要強娶棠姜了。

從那之後，齊莊公就經常來看望崔杼了，不過主要是在崔杼不在家的時候去探望他，實際上就是去探望崔杼老婆了。一來二去，就探

望到崔杼的床上去了。

崔杼不是傻瓜，早就發現老婆被齊莊公弄上床了，儘管老婆是個二婚，可是二婚也不能隨便跟人上床啊。

「我，我也是沒有辦法啊，他非拉我上床，我怎麼敢不上呢？你是個男人，連自己的女人都保護不了，難道還要怪我？」在一個沒有月亮的晚上，棠姜哭著把事情說了，不過並沒有認錯，而是說崔杼有錯。

崔杼本來對老婆一肚子火，聽聽老婆說的有道理啊，男人要是不能保護女人，女人為什麼要嫁給男人？

「親愛的，我不怪你，我，我一定要報仇。」崔杼發誓，兩口子抱頭痛哭。

崔杼儘管發了誓，可是真的要弒君，還是有很多顧忌的。

可是，齊莊公似乎在變本加厲，他不僅經常上崔杼的床，甚至還要從崔杼的家裏拿戰利品。崔杼的帽子、衣服，一件件都被齊莊公拿回家裏去了。

有一次，齊莊公把崔杼的帽子送人了，那人不知道是崔杼的，很炫耀地戴著到處走，把崔杼氣得咬牙切齒，這不是一頂普通的帽子啊，這就是一頂綠帽子啊。

齊莊公身邊的人勸齊莊公不要這樣，齊莊公不以為意，笑道：「難道老崔就這一頂帽子嗎？帽子嘛，誰都可以戴啊，哈哈哈哈，就像他老婆，哈哈哈哈……」

現在，崔杼真的下定了決心。

從來偷情多遇難

賈舉是從晉國逃到齊國的，他原本是欒盈手下的勇士，如今和州綽一樣做了齊莊公的貼身侍從。一次，因為一件小事，齊莊公鞭打了他。於是，賈舉懷恨在心。想當初在晉國的時候，欒盈對大家就像兄弟一樣，別說鞭打，就是斥責也沒有過。

賈舉的懷恨在心被崔杼知道了，於是崔杼悄悄地找到賈舉。

「兄弟，有仇不報非好漢啊，怎麼樣，跟著我，讓你升官發財。」崔杼輕易地跟賈舉達成了共識，於是，一齣精心安排的謀殺案開始了。

這一天，齊莊公又要去看望崔杼了，因為根據線報，崔杼出門了。

一聲令下，齊莊公率領著七八名貼身侍衛出發了。來到崔杼家裏，果然崔杼出門去了。齊莊公非常高興，這下又能爽一陣子了。

「聽說老崔病了，特地來看望啊。」齊莊公對迎到門口的棠姜說，使個眼色。

棠姜會意，滿面春風地將齊莊公一行迎進了大院，然後來到了內院。

「各位兄弟，門外等候，門外等候。」賈舉把侍衛們都擋在了院外，關上了門。

齊莊公一門心思跟著棠姜走，正在欣賞棠姜的屁股，全然沒有注意到自己的侍衛們都被卡在了門外。

來到臥室的門口，棠姜轉過身來，在齊莊公的臉上抹了一把，摸得齊莊公渾身發燙。

「親愛的，稍等一下，我把裏面收拾一下，搞點情調，你再進去。」說完，棠姜進了屋子，把門閂上。

屋子裏面，崔杼看見老婆進來，輕輕地開了側門，拉著老婆的手溜了出去。

門外，齊莊公等了一陣，還沒見棠姜開門，有些按捺不住，於是，唱起了情歌。《左傳》的說法叫做「拊楹而歌」，拍著柱子打節拍，唱起了情歌。歌詞大意是這樣的：想敲開你家大門，你家大門，你聽了敲門聲。別讓我站在門外，六神無主地徘徊。你有些不應該。

歌聲纏綿淒婉，伴著節拍，時而低沉，時而高亢。

一曲歌了，齊莊公陶醉在自己的聲情中。

一曲歌了，崔杼的家兵們已經悄悄地來到了齊莊公的身後。

棠姜的門沒有開，地獄的大門卻已經敞開了。

「兄弟們，別殺我啊，別殺我啊。」轉過身來的齊莊公再也沒有

心情唱情歌了，面對著冰冷的大戟和一雙雙渴望殺人的眼睛，他只好求饒。

所有人都在搖頭。

「兄弟們，放了我，我讓你們都當大夫，啊，一、二、三、四……十二個，十二個人都當大夫，我們現在盟誓，我發誓，行不？」利誘。

所有人都在搖頭。

「那，那別讓我死得這麼難看，讓我在祖廟自殺行不？」詭計。

終於有人說話了。

「崔杼大夫病重在身，不能來聽取國君的指示了。而我們得到的命令就是來誅殺淫賊，我們聽到你唱歌勾搭良家婦女了。」領頭的那個人說。

齊莊公知道靠忽悠是沒戲了，這個時候，只能靠自己了。還好，他是個打過仗的人，還夠冷靜。

「哎呦，老崔，你來了。」齊莊公向著門口的方向高聲說。

大家都回頭去看。

說時遲，那時快，齊莊公撒腿就跑，從側面跑了出去，等到崔家家兵們回過神來，齊莊公已經到了牆下。一縱身，齊莊公的雙手已經攀上了牆頭，向上爬去。

如果沒有弓箭手，齊莊公就逃走了。可是，崔杼知道齊莊公的身手，所以，為他特地安排了兩個弓箭手。

兩支箭出去，一支擦著頭皮飛了過去，另一支紮在了齊莊公的屁股上。

「啊──」一聲慘叫，齊莊公從牆上掉了下來。

家兵們這次再也沒有廢話，追上去，一人一戟，完成了各自的指標。

正是：自古英雄多磨難，從來偷情常遇難。

齊莊公被殺，隨後，崔家家兵四面湧出，剿殺齊莊公的侍衛們。

侍衛們儘管都是知名的勇士，可是，餓虎難敵群狼。

「別殺我，別殺我，自己人，我是臥底啊。」賈舉慌了，大聲喊道。

「臥你個頭，殺的就是臥底。」

最終，包括賈舉、州綽在內，齊莊公的侍衛們全部遇難。

自古以來，當臥底的風險都是很大的，特別是在情色案件中。

四種反應

齊莊公被殺的消息立即傳遍了大街小巷，下面，來看看齊國官場的各種反應。通常，遇上這樣的事情會有以下反應：聲援或者支援崔杼；為齊莊公效忠並討伐崔杼；逃亡；躲在家中探聽消息並靜觀其變。

絕大多數人是最後一種，也就是躲在家裏，派出家人前去現場探聽消息。

慶封是第一種，他立即趕往崔杼家中，表態支持。

申蒯是第二種，他是一個負責漁業的官員，聽說齊莊公被殺，於是對自己的家臣說：「帶我老婆孩子逃亡吧，我要為國君而死。」

家臣說：「那不行，我要跟你一塊去。」

結果，申蒯和他的家臣一塊戰死在崔杼家中。

閭丘嬰和申鮮虞是第三種，他們都是齊莊公的寵臣，很擔心崔杼和慶封來殺自己，於是聯合出逃。申鮮虞趕著車到了閭丘嬰家門口，閭丘嬰把老婆裹得嚴嚴實實，放到了車上，準備著著老婆一塊逃。

「去你的！」申鮮虞一腳把閭丘嬰的老婆踹下車去了，心說老子都沒帶老婆，你憑什麼帶老婆？嘴上說：「國君死了你都不肯去為國君戰死，卻要帶走老婆，哪個國家肯收留你？」

沒辦法，閭丘嬰只好跟申鮮虞兩人駕車出逃，任老婆又哭又鬧又罵「天殺的」。兩人奔逃兩天，逃到了魯國。其實，根本沒人要殺他們。後來申鮮虞在魯國雇了人為齊莊公守喪，不知道為什麼感動了楚國人，結果把他作為優才計畫的對象引進到了楚國，擔任了右尹。

所以有的時候，靠哭喪也能升官的。

晏嬰是第幾種？哪種也不是。晏嬰的故事本是放在第六部，因為這一段實在無法割捨，先在這裏說說。

晏嬰來到了崔家的門口，卻沒有進去。

「你要為國君戰死嗎？」有人問他。

「憑什麼？他又不是我一個人的國君。」晏嬰反問。《左傳》原文：「獨吾君也乎哉？」這句話幾千年來受到批判，因為既然可以說「獨吾君也乎哉」，豈不是也可以說「獨吾國也乎哉」？

「那，你要逃亡嗎？」有人又問。

「我又沒犯罪，憑什麼逃亡？」晏嬰又反問。《左傳》原文：「吾罪也乎哉？」

於是有人又說了：「既然不為國君戰死，也不想逃亡，那回家去吧。」

「君死，安歸？君民者，豈以陵民？社稷是主。臣君者，豈為其口實，社稷是養。故君為社稷死，則死之；為社稷亡，則亡之。若為己死而為己亡，非其私昵，誰敢任之？且人有君而弒之，吾焉得死之，而焉得亡之？將庸何歸？」（《左傳》）這一段話，意思是這樣的：國君死了，我們能去哪裡呢？還不是要在這個國家過日子？作為百姓的君主，他應該是管理好這個國家，而不是欺凌百姓；作為國君的大臣，應當為這個國家服務，而不僅僅是為了工資獎金。國君要是為了國家而死，我當然也要為國家而死；國君要是為了國家而流亡，我也要為國家而流亡；若是他為了自己的私欲而死，為了自己的私欲而流亡，去他的，除了他的親信跟班，誰也不會也不應該跟他去死去流亡。再說了，國君當初也是崔杼立的，現在也是他殺的，干我鳥事？我是打醬油的，憑什麼我要去死去流亡？唉，混吧。

晏嬰這番話，在歷史上被認為是大毒草。

但事實上，這是絕大多數人的心聲，不過被晏嬰說了出來。

晏嬰，直爽人也。

就這樣，晏嬰一直在門口看熱鬧。等到崔家的戰鬥徹底結束，打開大門準備收屍的時候，晏嬰才走了進去。他來到齊莊公的屍體旁，

趴在大腿上哭了幾聲，起來跳了三下，匆匆走了。

在晏嬰看來，做到這分上，自己已經夠意思了。

崔杼的手下問要不要殺了晏嬰，崔杼說：「算了，人家其實代表了大多數人的想法，殺他幹什麼？」

崔杼很聰明，他知道，只要不殺晏嬰，絕大多數人就會安心了。

第一五三章
和平探索

為了削弱國高兩家的勢力，齊國公室幾代人在扶持崔家和慶家，可以說卓有成效，國高兩家被有效削弱，崔慶兩家則異軍突起。可是，齊國公室沒有料到的是，幾百年來國高兩家也沒有殺過國君，而崔慶兩家在短短不到十年時間，已經幹掉了兩任國君。

事實證明，老牌貴族通常保守嚴謹，不會輕易做太出格的事情；而新貴往往作風潑辣，心黑手狠，六親不認。

所以，扶持新貴要謹慎。

齊國太史

殺了齊莊公，崔杼和慶封立齊莊公的弟弟姜杵臼為國君，也就是齊景公。齊景公，是公孫敖的外孫。

立了齊景公，崔杼召集大臣們在齊國祖廟盟誓，誓言是這樣的：「誰要是不親近崔家和慶家，全家死光光。」不過晏嬰沒有這樣說，他說：「我晏嬰要是不跟忠君利國的人親近，請上天懲罰我。」

對於晏嬰，崔杼儘管不高興，也無可奈何。

大事辦完了，一切都還順利。崔杼突然想起一件事情來，那就是要給自己留下一個好名聲。於是，他找來齊國的太史。

「喂，這事情就這樣寫：齊莊公姦淫良家婦女，被憤怒的群眾所殺。」崔杼指示。

「不好意思，我早就寫好了，給你看看。」齊國太史把記錄歷史的竹簡遞了上來。

崔杼接過來一看，臉色就變了，因為上面赫然寫著「崔杼弒其君」。

306

「改過來。」崔杼下令。

「不改。」

「不改?不改我殺了你。」

「你敢?國君也不敢殺太史。」太史夠硬,不過說的也是實話,國君也沒有資格殺太史。

「老子偏要殺。」崔杼不管這些。

「殺了也不改。」

「殺。」崔杼命令手下,將太史殺害了。

太史這個職業,屬於家族產業。所以,齊國太史被殺之後,就輪到他的弟弟做齊國太史。

「你怎麼寫?」崔杼把太史的弟弟找來了,威脅他。

「崔杼弒其君。」太史的弟弟說,眼都不眨一下。

「你,你也不想活了?」崔杼有些惱火。

「你以為太史家族有軟骨頭嗎?」崔杼想不到的是,太史的弟弟同樣硬氣。

「我殺了你。」

「殺了我也這樣寫。」

「殺。」

崔杼又殺了太史的弟弟。

現在,輪到了太史的弟弟的弟弟。

「看見你兩個哥哥的下場了嗎?你準備怎樣寫?」崔杼問。他特地讓太史的弟弟的弟弟看到兩個哥哥的屍體。

「崔杼弒其君。」太史的弟弟的弟弟說,毫不畏懼地盯著崔杼。

「你,你也要找死?」

「怕死的不做太史,有種的就來吧。」這位更硬。

「你,你真不怕?」崔杼有點心虛了,他感覺自己在氣勢上被震懾了。

太史的弟弟的弟弟沒有理他,只是輕蔑地看著他。

「來人，殺，殺了他。」崔杼有些受不了了，又讓人殺了太史的弟弟的弟弟。

太史一共是四兄弟，如果老四被殺，那就成了滿門抄斬了。
所以，當老四來到的時候，崔杼感覺自己有些把握。
「你，怎麼樣？」崔杼問。
「崔杼弒其君。」老四說。
「何、何必呢，人生苦短，何必這麼認真呢，啊？你難道不怕你們家斷子絕孫嗎？只要你聽我的，金玉美女任你挑選，怎樣？」威脅不成，崔杼決定利誘。
「崔杼弒其君。」老四沒有回答他，重複了這句話。
「你們家難道都不怕死？」崔杼還不甘心。
「崔杼弒其君。」還是這句話。
「唉。」崔杼歎了一口氣，他認栽了。「我服了還不行嗎？你走吧。」
老四撿起了被崔杼扔在地上的竹簡，走了。
剛出崔杼家的門，看見南史氏家的兄弟來了。
「四哥，怎麼樣？我來了，我兄弟在後面準備著。」來人說道。
南史氏是太史家族的別支，一旦太史家族滅絕，就輪到南史家族擔任太史。聽說太史兄弟全都被殺了，南史家族派人來了，他們也準備這麼寫。
於是，齊國的歷史就這麼記載：崔杼弒其君。

春秋的歷史為什麼這麼精彩這麼真實？因為我們有許許多多偉大的史官們。從某種意義上說，春秋的歷史是他們用鮮血和生命寫成的。相比于他們，後世的史官們應該感到羞恥。
春秋史官永垂不朽，他們是真的不朽。
這一年，是齊莊公六年（前548年）。

三軍過後盡開顏

崔杼和慶封達成了緊密合作關係，兩家商量好，要像國家和高家一樣互相支持。

於是，崔杼出任右相，慶封出任左相。至此，齊國以左右相取代了上卿的地位，在形式上進一步架空了國高兩家。

齊國的事情發生在夏天，秋收之後，晉國人又糾集了十二國聯軍準備討伐齊國。

「各位，我真倒楣，剛當上國君就遇上這種事，怎麼辦吧？」齊景公急忙召集內閣會議，討論當前嚴峻的國際形勢。

「好說，咱們派人前去求和，把從前的事情都推到莊公的身上，死人嘛，又不會說話，都推到他身上。」崔杼出主意了，他早就想好了。

於是，就這麼辦了。

後世喜歡把壞事都推到死人身上，以否定前任來肯定現任，就都是從崔杼這裏學來的。

說是這樣說，但是崔杼沒有膽量去與晉軍求和，他知道范匄看見他非砍了他不可。於是，這個光榮任務就交給了慶封。

慶封沒辦法，只能硬著頭皮來到聯合國軍駐地。聯合國軍已經做完了動員，正準備出發。

慶封知道該怎樣做，他帶了兩樣東西：藝人、禮品。

帶藝人幹什麼？先說禮品。

慶封沒有首先去見晉平公，而是去見了范匄和趙武。當然，大包小包的禮品拎著。

「兩位元帥，我代表齊國來投降來了。前幾年我們得罪了晉國，可是那都是齊莊公那老東西搞的，如今我們殺了他，立了新國君，撥亂反正了，我們日思夜想要重新加入聯合國，在晉國各位元帥的領導下，為了世界和平而奮勇前進呢。那什麼，兩位元帥辛苦了，我們準備了一點小意思，不成敬意，啊，不成敬意。」慶封先把責任都推到齊莊公

的身上，然後直接拿出禮品。

范匄和趙武對於誰負責任其實沒有任何興趣，他們對禮品有興趣。兩人當即收下禮品，一看，笑了，禮品還不錯。

「那什麼，我們也知道這事情肯定不是齊國人民幹的，肯定是齊莊公等一小撮人幹的，只要齊國人民迷途知返，重新投入聯合國的懷抱，我們的懷抱就是敞開的。不過，話是這麼說，我們兩人能夠感受到你們的誠意，可是，下面的兄弟們不一定理解啊。」范匄是個老油條，話說得很藝術，意思就是只給我們禮品，怕大家有意見。

慶封聽完笑了，來之前崔杼就跟他交代好了，晉國人是個官就腐敗，只打點中軍元帥是不夠的。所以，來的時候，就按著人頭準備了禮物，此外還備份了幾份。當時慶封還覺得崔杼有點神經過敏，現在看來，崔杼是對的。

「元帥，我們齊國就算沒有貴國強大，也不至於連這點事也不懂啊，元帥放心，我已經準備足了禮物，犒勞各位首長。那什麼，麻煩給我們個花名冊。」慶封連忙表示。

范匄和趙武也沒客氣，叫人進來準備了花名冊，這些人是：六卿、五吏、三十個領軍將領、三軍大夫、各部門主管、本地地方官。

一百多份禮物，慶封派人一一送到，齊國人折騰得夠嗆，晉國人則「三軍過後盡開顏」。

禮送到位了，事情就好辦了，自古以來都是這樣。

之後，范匄和趙武親自帶著慶封去見晉平公，晉平公也有禮物，就是祭祀用的器皿和樂器。禮物送足了，再加上六卿們一窩蜂為齊國說好話，基本上把齊國吹得天花亂墜，只有一個壞人叫齊莊公，其他都是賢人。

「主公，為了表達我們的誠意，我還特地帶了一幫男女，現在已經在您的大帳外面排成了兩排，請您檢閱。」慶封看一切順利，又使出了最後的絕招。

「什麼？」晉平公沒弄明白什麼意思，不過沒關係，看看就明白了。

晉平公帶著六卿出了大帳，只見外面排了兩排齊國人，男女都有，穿的都是卿大夫的服裝，不過是投降用的服裝，一個個低垂著頭，等待晉平公受降。

原來，慶封從齊國後宮把齊莊公的藝人們給弄來了，相當於齊國的中央歌舞團。讓這幫人裝扮成齊國的高官，在這裏現場表演投降。

「哈哈哈哈，你們齊國人太有才了。」晉平公忍不住大笑起來，群官都放聲大笑。

慶封也笑了，他知道，世界和平又來到了。

所以，不要小看藝人的力量，他們常常改變世界。

此後，藝人們在聯合國軍中巡迴表演，算是勞軍。

和平會議

世界和平了。

范匄決定退休，一來是年紀大了，老年癡呆的症狀越來越明顯，二來是必須要給兒子騰位置了，兒子總是幹不上卿，混不進那個圈子，會影響今後的發展。再說，范匄越來越覺得跟那幫小兔崽子們說不到一起，大家的觀念完全不同，也就是俗話說的「有代溝了」。

所以，范匄申請退休了。晉平公假惺惺挽留了幾句，還是批准了。

現在，晉國的六卿是：中軍帥佐趙武和韓起，上軍帥佐中行吳和魏舒，下軍帥佐范鞅和智盈。這，也就是晉國的六大家族。

按照晉國的不成文的規矩，只要上輩做過中軍帥，後輩自然進入卿系列。看看現在的六卿，范家、趙家、智家、韓家、中行家都符合這個條件，如果魏舒今後能夠混到中軍帥，也就意味著晉國六卿完全世襲，別人再也沒有機會。

現在的現實就是，六卿的能力普遍不高，可是叔向、張侯、籍偃這些能力和人望都很高的人卻沒有可能成為卿。

已經說不清楚這是第幾代國家領導團隊了，只能說現在的國家領導團隊是富二代、富三代甚至富四代。這一代領導團隊最大的特點就

是沒有真正打過仗，都是在家族的優越條件中成長起來的。對於他們來說，爭霸是個沒有什麼意義的辭彙，吃香的喝辣的什麼都有，爭什麼霸？冒著生命危險與跟楚國人戰鬥，圖個什麼啊？

這麼說吧，這一代人是享樂的一代，而不是戰鬥的一代，更不是創業的一代。

「各位，和平的生活無限美好，為什麼要打仗呢？」六卿會議，新任中軍主帥趙武提出了這個問題，大家喝著茶，還有歌舞助興。

「是啊，放著好日子不過，為什麼要去打打殺殺呢？我們討厭戰爭。」大家都這麼說。

「那，我建議我們展開世界和平計畫吧。」趙武建議。

「我沙發。」韓起贊同。

「我板凳。」中行吳擁護。

「我，我地板。」魏舒支持。

「我頂。」范鞅回應。

「我再頂。」智盈叫好。

「你們呢？」趙武問正在歌舞的藝人們。

大家沒有說話，都露出了笑臉。

純表情跟帖。

話不是這些話，意思就是這麼個意思。

這是一次具有重要意義的六卿會議，儘管這次會議沒有被歷史記載下來。

和平曙光

新官上任三把火，趙武決定點一把火。

按照「上任做加法，下任做減法；上任做減法，下任做加法」的原則，趙武上任做的第一件事情就是減少諸侯的貢品。

自從荀偃和范匄先後擔任中軍帥以來，兩人連續做加法，對於諸侯的盤剝日甚一日，諸侯的貢品定額逐年增加，搞得聯合國怨聲載道。

後來鄭國的子產給范匃寫了一封信，針對貢品定額太高進行了譴責和勸誡，因為信寫得好，范匃作了作姿態，將定額減少了一部分，但是依然很高。

子產的信中有這樣一句：「毋寧使人謂子『子實生我』，而謂子浚我以生乎？」

什麼意思？你是願意讓大家說「老范給了我們好生活」，還是要讓大家說「老范靠壓榨我們而過上了好生活」？

其實，歷朝歷代的統治者們都應該摸著良心問自己這個問題。

趙武上任，因為自己沒有戰功，只是靠年頭熬上來的，因此需要做一些事情來讓諸侯擁護自己，想來想去，就幹這件事情最得人心。

「其實，晉國也不差這點東西，大家表達個心意也就夠了。今後東西少給點，平時的禮節到位一點，諸侯得實惠，晉國得面子，不是雙贏嗎？」趙武對六卿們說。大家都覺得有道理。

這件事情一做，全世界齊聲歡呼。諸侯們都說：「趙元帥真是個好人哪，為我們做了一件實事。」

從那之後，諸侯的使節們跑晉國跑得更勤了。

趙武還有更進一步的和平計畫，那就是跟楚國人展開和平談判，兩大陣營今後和平相處。而為這件事情，他先後找來了魯國的叔孫豹和宋國的向戌，對他們說：「齊國剛剛發生了內亂，崔慶兩家肯定沒心思在世界上惹是生非。兩位跟楚國的令尹關係也不錯，今後不妨找機會跟楚國人坐下來談談，從今之後摒棄武力，讓大家都過上安生日子。」

為什麼趙武沒有找鄭國人？因為鄭國人不具備這樣的地位。

對於這個建議，叔孫豹和向戌都紛紛叫好，誰不想過安生日子啊？

不過具體做起來就不一樣了，魯國人習慣了「擦掉一切陪你睡」，因此儘管擁護，但是卻沒有多少主動性；再說了，這項方案對他們來說，意義不是太大。

而宋國不一樣，他們的外交方針是「獨立自主」，他們謀求獨立地

位，而辦成這件事情恰好有助於他們的地位。另一方面，宋國緊鄰楚國，是兩個超級大國爭霸的主要受害者，因此晉楚和平對於宋國的好處是看得到的。

所以，向戌對這件事情很賣力。

向戌先去晉國和六卿們探討了和平模式，晉國六卿經過討論之後制定了和平方案，具體就是：第一，晉楚兩國互相承認對方的霸主地位以及對方的勢力範圍；第二，雙方的扈從國除了朝拜自己的盟主之外，還要朝拜另一個霸主。

向戌拿著這個方案去了楚國，楚國人這時候正處於下風，看到這個平等方案當然非常滿意，於是立即同意。

這兩個超級大國同意之後，大的局面基本就確定了。但是，還有兩個國家需要單獨說服，一個是秦國，一個是齊國。秦國表示同意，因為他們也在謀求和晉國之間的和平，而齊國在一開始並不願意，因為他們覺得沒面子，朝拜一個國家也就算了，還要朝拜兩個國家，太沒面子了。可是，經過討論之後，齊國還是同意的。

晉平公十年（前 548 年）趙武接任中軍帥，到晉平公十二年（前 546 年），兩年時間裏，宋國的向戌竟然把事情辦妥了。

周靈王二十六年、晉平公十二年、楚康王十四年、齊景公二年、秦景公三十一年、魯襄公二十七年、宋平公三十年、鄭簡公二十年、衛獻西元年，這一年的六月，全世界諸侯將在宋國首都睢陽聚首，見證世界和平的到來。

在世界和平到來之前的短暫時間裏，我們要抓緊時間介紹一下這些年來楚國發生了什麼。

在中原正面戰場，楚國人在瘋狂的軍事競賽中最終敗下陣來。

之所以不再與晉國人逐鹿中原，其實不僅僅是楚國耗不起，還有一條重要的原因，那就是在東面的側面戰場上，吳國人不定期地侵擾楚國，讓楚國人根本沒有辦法全副精力對付晉國。相對于爭霸中原，當然是本土的安全更為重要。

相對於正面戰場的失利，側面戰場更讓楚國人心煩和窩火。狡猾的吳國人自從得到晉國軍事專家的支援之後，戰鬥能力和軍事理論都有大幅提高，而且他們不講禮法，專門趁楚國有事的時候來騷擾。由於兩國邊境多是山區，楚軍也沒有辦法深入作戰，只能被動防守。

與吳國人的幾次戰爭中，吳國人基本上採取「敵進我退，敵駐我擾，敵疲我打，敵退我追」的戰略，因此，楚軍儘管實力占優，卻是勝少負多，連續兩任令尹子重和子囊都是因為被吳國擊敗之後心情鬱悶，突發心臟病而死。

中原被晉國人佔據，東面還有吳國人騷擾，楚國人實際上所能號令的只有三個小國：陳國、蔡國和許國。這三個緊鄰楚國的國家實際上是可以隨時滅掉的，楚國之所以留下他們，也是為了面子——晉國人手下有十二個跟班，我楚國總不能一個也沒有啊。

然而，令楚王鬱悶的是，就這麼三個跟班，還總想著投靠晉國。

為什麼呢？

廉政風暴

既然春風可以吹遍神州大地，腐敗之風同樣可以吹遍神州大地。

楚國人的腐敗，與晉國人相比也毫不遜色。

按理說，楚國為自己的扈從國們所制定的進貢標準是很低的，基

本上也就是象徵性的。可是，楚國官僚們到各國索賄受賄以及吃喝玩樂的瘋狂程度比晉國人有過之而無不及。因此，三個屓從小國很受不了，他們很嚮往加入聯合國，擺脫楚國人的壓榨。他們幻想著加入聯合國就能過上有尊嚴不被敲詐的日子，因為他們不知道晉國人跟楚國人是一路貨色，天下烏鴉一般黑。

從楚共王到楚康王，他們看到了晉國人的腐敗，也看到了自己手下的腐敗。他們常常困惑于晉國人對於腐敗問題的無能為力，也就常常下決心要在解決腐敗問題上比晉國人做得好。

晉國是內閣制，腐敗生於內閣成員。而內閣成員之間往往不願意互相得罪，即便是中軍元帥也睜隻眼閉隻眼，一來這國家不是自己的，何必那麼認真；二來誰沒有死的時候，自己死了，誰知道誰當中軍元帥，要是得罪了人，自己的兒孫可就不好混了。所以，面對腐敗，中軍元帥基本上不聞不問。而國君權力較小，一切交給了內閣，自己也很少會干預這一類的問題。

而楚國不一樣，他們不是內閣制，而是國王制。所以，楚王可以隨時處置腐敗分子。

楚共王二十年（前 571 年），楚國發起了第一次「廉政風暴」，右司馬公子申在諸侯國中索賄受賄，被諸侯投訴。楚共王一點沒客氣，殺了公子申，傳首諸侯，算是給大家一個說法。大家一看，楚共王把國防部副部長都給砍了，看來今後大家的日子能安生一點了。

後來到了楚共王二十三年（前 568 年），陳國暗中準備投靠晉國，楚共王知道後責問陳國人，陳國人就說殺了公子申，還有後來人，現在子辛索賄受賄比公子申還過分，逼得大家沒有活路了。子辛是誰？子重之後的楚國令尹。

楚共王也沒客氣，把子辛也給砍了。這一次，是第二次「廉政風暴」。

所以，說起反腐來，楚王的決心是很大的，先殺了國防部副部長，又殺了總理。

可是，即便如此，楚國的腐敗還是很嚴重。

看來，反腐需要一個制度，單靠領導人砍人是不夠的。

偷雞不成蝕把米

子辛被砍之後，子囊接任令尹。說起來，子囊是個廉潔奉公的好領導。在子囊擔任令尹時期，楚國的腐敗有所遏制。

到楚康王二年（前 558 年），也就是晉悼公去世的那一年，子囊去世，於是子庚（即公子午）被任命為楚國令尹，公子罷戎為右尹，蒍子馮為大司馬，公子橐師為右司馬，公子成為左司馬，屈到為莫敖，公子追舒（子南）為箴尹，屈蕩為連尹，養由基為宮廐尹。

子庚也是個比較廉潔的領導，之後的幾年，楚國比較內斂，百姓的生活則比較安定。

到楚康王五年（前 555 年），這一年，荀偃率領聯合國軍隊討伐齊國。楚國人原本準備看看聯合國內部狗咬狗就算了，誰知道還是有人找上門來了。

誰？鄭國的子孔。

自從鄭國西宮事變（見第一四章）之後，子孔掌握了大權，但是，時間長了，難免露出馬腳來，漸漸地，就有人懷疑子孔是當年的內線，兄弟們被害都是他幹的。

時間對子孔很不利，因為真相就像沉在水底的屍體，時間長了，總會浮出水面的。子孔隱隱感覺到不妙，似乎大家都已經準備好了要剷除自己。

怎麼辦？子孔暗暗下定了決心，他要投靠楚國，然後依靠楚國人的力量剷除身邊的威脅，也就是自己的侄子們。

而現在正是大好時機，因為鄭國一半的兵力都跟隨晉國去了齊國。

子孔的私人特使來到了楚國，找到了令尹子庚，先說了一通晉國怎樣橫徵暴斂貪污腐敗的劣行，然後表達了鄭國人民嚮往重新回到楚國懷抱的強烈願望，最後希望楚國能夠抓住這個天賜良機，討伐鄭國，子孔為臥底，一舉拿下鄭國。

「臥底？我討厭臥底。」子庚拒絕了，他不喜歡子孔這樣的人，也不喜歡偷偷摸摸的行事風格。

子孔的人於是找到了楚康王。

「什麼，這麼好的機會？我繼位都五年了，無所作為，再不出兵，別人都以為我是貪圖享樂的人了。」楚康王興趣很大，於是他立馬派人去找子庚，要求他出兵。

子庚這下沒辦法了，只能出兵了，不過他提了條件：「我先領軍出征，行的話大王再隨後增援，不行的話我就撤。」

還沒出征，先提這樣的條件，基本上這次出征就不會有什麼成果了。

楚軍兵分三路侵入鄭國，左右兩路進展順利，所到之處，鄭國守軍不敢迎戰，楚軍到處進行擄掠。

中路由子庚親自率領，進抵滎陽。按著子孔的說法，此時就該裏應外合，獻出城池。可是子孔沒有料到的是，子展和子西看透了自己的計畫，一方面加強守城，另一方面對自己嚴密監視，竟然沒有時機裏應外合。

子庚在滎陽的純門外駐紮了兩天，看裏面沒有子孔的動靜，再看看天氣似乎不太好，似乎要變天了，子庚沒有耐心再等下去，下令立即班師回國。

可是，晚了。因為，西伯利亞寒流來了。

西伯利亞寒流來勢洶洶，所到之處，狂風大作，氣溫驟降。楚軍在沙河渡河的時候遇上雨雪，本來就凍得渾身哆嗦，如今雨雪下來，無處可躲。結果三軍凍死過半，剩下一半也多數被凍傷。

楚國歷史上至今，征戰無數，損失最慘重的就是這一次。

楚軍淒慘回國，通知各家領屍。

楚軍撤了，這邊子孔的日子可就不好過了。等到聯合國軍隊討伐齊國完畢，鄭軍回國，弟兄們就動手了，結果子孔當然不是那幫侄子們的對手，全家被殺，還連累子革和子良兩家被驅逐。子革和子良兩

人逃到了楚國，後來子革還擔任了楚國的右尹。

楚國官制，令尹相當於首相，軍政一把手，其下為左尹、右尹，左右尹協助令尹管理國家，地位僅次於令尹。此外，還有大司馬、左司馬和右司馬，屬於令尹在軍隊中的助手。

申鮮虞和子革先後擔任右尹，說明楚國很重視外來人才在國家管理上的才能，因此大膽使用。但是，在軍隊體系，外來人才很少有機會。

蒍子馮的妙計

元氣大傷的楚國人再也沒有力量北上了。

三年之後，也就是楚康王八年，令尹子庚鞠躬盡瘁。康王的意思，蒍子馮接任比較合適。

當不當令尹呢？蒍子馮很猶豫。因為楚國的腐敗已經很嚴重，自己要是不管呢，說不定哪天廉政風暴來了，自己的腦袋也保不住；要是管呢，那絕對得罪人。所以，他很猶豫。

於是，他去找申叔豫求教。

「大王的寵臣很多，而他又沒什麼主見，千萬別當。」申叔豫這樣忠告。他是申叔時的孫子，楚國最智慧的家族的傳人。

蒍子馮覺得很有道理，可是又不能直接拒絕，怎麼辦？

「裝病。」申叔豫給提了個建議。

蒍子馮派人去見楚康王，說是臥床不起，不能接受任命。於是楚康王派醫生去看望蒍子馮，順便看這傢伙是不是裝病。醫生來到蒍子馮家裏，蒍子馮正臥在床上呢，一看，醫生嚇了一跳，就看見蒍子馮穿了兩件棉襖，外面還套了一層皮大衣，正躺在床上睡覺呢。大夏天的，別人恨不得光膀子，他竟然穿這麼多。

醫生來到床邊，就覺得寒氣逼人，看來，蒍子馮是病得不輕。看臉色不太好，醫生摸了摸脈，就覺得一股寒氣從蒍子馮的身上吹來，令人發抖，不過，脈搏似乎又還沒什麼問題。

醫生怎麼想也想不通這會是什麼病，沒辦法，回去回覆的時候就說了：「大王，他的身體很虛弱，但是血氣沒什麼問題，是一種怪病。」

楚康王沒脾氣了，只得任命子南為令尹。

那麼，蔿子馮究竟得了什麼病？什麼病也沒有。他就是弄了很多冰放在自己的床下，又把自己餓了半天。

寒氣逼人，那是冰，不是病。

早在春秋以前，人們就已經在地窖裏藏冰了，到了夏天拿出來避暑，相當於開空調。

蔿子馮是對的嗎？

看看事情的發展吧。

子南當上了令尹，他決心像子庚一樣做個廉潔的令尹，他把孫叔敖的座右銘貼在自己家的牆上，還加上了兩句：一身正氣報楚國，兩袖清風掃世界。

子南一開始還拒腐蝕永不貪，但是，你不貪，不等於你的親戚朋友們不貪。所謂一人得道，雞犬升天，自從子南擔任令尹起，子南的親戚老表，親信哥們就打著子南的旗號，到處招搖撞騙，大發橫財。

對於家族和親信們的腐敗行為，子南知道嗎？他當然知道。一開始他還管管，後來嚐到了甜頭，就懶得管了。再後來，乾脆同流合污了。

「孫叔敖過時了，我要學習管仲。」子南說。他的意思是他發財要學管仲。

子南上任一年，楚國的腐敗之風越刮越烈。楚國人民的反腐呼聲也越來越高，要求調查腐敗官員們的財產來源。而幾個諸侯小國又發出抱怨的聲音，暗中開始準備投靠晉國。

子南終於有點坐不住了，他找來幾個親信，討論目前的形勢。

「看來，不反腐是不行了。幾位，談談看法。」子南首先發言，看要不要展開反腐運動。

所有在座的都是腐敗分子，都是腐敗的既得利益者。與腐敗分子

討論反腐，結果當然只能有一個。

「日子過得好好的，反什麼腐？」一個叫做觀起的小兄弟立即反對。觀起官不大，但是不到一年時間就暴富了，家裏有十多輛車，幾十匹馬。

「可是，國家在衰落啊，我身為令尹，不能坐視啊。」子南說。

「令尹啊，你想想，現在全楚國都在說我們腐敗，真要反腐，只怕是搬起石頭砸自己的腳啊。」子南的小舅子提出。

在座的，沒有一個人支持反腐。

「反腐，家族完蛋；不反腐，國家完蛋。」子南得出這樣的結論。那麼，究竟是反腐還是不反腐？

「堅決不能反腐。」腐敗分子們一致表示，寧可亡國，不能亡家。「楚國完蛋了，咱們還能去晉國、去齊國過好日子啊。家族完蛋了，咱們別說好日子，連命都沒了。」

子南決定，不反腐了。

腐敗分子們繼續腐敗，不過，有的腐敗分子未雨綢繆，選擇了移民國外或者把老婆孩子送到國外以及轉移財產，自己留守楚國繼續腐敗，而移民目標主要是齊國。

腐敗分子們顯然低估了楚康王的力量。

對於楚國的腐敗現象，楚康王看在眼裏。對於子南的腐敗行為，楚康王已經到了忍無可忍的地步。他決定，楚國要開展第三次「廉政風暴」了。

子南的一個兒子叫做棄疾，現在在宮中擔任衛士，盡心盡力，楚康王很喜歡他。如今準備對子南動手，楚康王就覺得有些對不住棄疾。所以，最近接連三次見到棄疾，楚康王都會默默流淚。

「大王，您已經在我的面前三次流淚了，是不是我有什麼罪過？」棄疾終於忍不住要問一問了。

「棄疾，你父親貪污腐敗，觸犯國法，我準備懲罰他，請問，你今後還能留下來嗎？」楚康王問。他並沒有準備殺棄疾，而是希望他能

繼續留下來。

棄疾恍然大悟，其實最近這段時間他已經感覺到楚康王會有大的行動，沒有想到是針對自己父親的。

「大王，父親被殺了，即便兒子留下來，大王還會相信他嗎？不過，洩密也是嚴重犯罪，大王放心，我不會告訴我父親的。」棄疾哭了，他知道，自己是救不了父親的。

康王也哭了，但是他知道，自己必須行動了。

第三次「廉政風暴」

第二天，子南上朝的時候被當場捉拿。

「大王，為什麼？」子南大叫。

「為什麼？把觀起帶上來。」楚康王沒有回答他，他事先捉拿了觀起。

觀起被押了上來。

「觀起，貪污腐敗，索賄受賄，敲詐勒索，你認不認罪？」楚康王親自審問。

「大王，冤枉啊！」觀起大聲喊冤，腐敗分子都會這樣。

「冤枉？經查，你有豪華車輛十三乘，良馬五十匹，此外，家中還有牛羊皮若干張，錦若干匹，銅器若干。以你的薪水及田地收入，要1000年不吃不喝才能掙到這麼多。說，不是貪污腐敗，你的財產從哪裡來？」楚康王厲聲問。他是做了充分調查的。

「這，這個……」觀起張口結舌。

那年頭，還沒有股票，也沒有彩票，老婆炒股孩子中彩之類的憑空洗錢術還沒有，觀起也只能乾瞪眼。

觀起沒話說了，楚康王又開始問子南。

「子南，你怎麼說？」

「我，我堅決擁護大王處置觀起，我真是瞎了眼，怎麼沒看出觀起是這麼個腐敗分子來呢。」子南連忙轉移話題。

「不是說他，說你自己，你家裏的財產比他多多了，你也說說哪裡來的。」

「我，我，我真不知道啊，都是我老婆在打理。」到了這個時候，子南也只好把老婆推出來。

「你是令尹還是你老婆是令尹啊？啊，你這就是巨額財產來源不明，你還有什麼話說？」

「我——我——唉！」子南歎了一口氣，裝作很後悔地說，「我，我對不起大王的栽培和信任，我、我慚愧啊，在今後的工作中，我一定改正錯誤，百尺竿頭，更進一步。」

「進你個頭，沒有今後了。來人，拉下去砍了。」楚康王下令。

武士上來，不由分說，將子南拉了下去，片刻，正法完畢。

子南被殺，觀起怎麼樣？

觀起被五馬分屍，然後全國展覽。

「這就是腐敗分子的下場。」這就是展覽的解說詞。

這，就是楚國的第三次廉政風暴。

子南的屍體，在朝廷外示眾。

三天之後，棄疾請求收屍，楚康王批准了。

埋葬了父親，有人問棄疾是不是要流亡海外了。

「我參與了殺自己的父親，哪裡還會收留我呢？」棄疾說。

「那，繼續在朝廷上幹？」

「父親被殺，卻去為殺父仇人賣命，我怎麼能做得到呢？」棄疾又說。

流亡也不行，繼續在楚國工作也不行，那不是無路可走了？還真是。

棄疾埋葬了父親之後，就上吊身亡。

棄疾，一個有原則有骨氣的人，卻被貪污腐敗的父親連累了。

第一五五章
楚才晉用

廉政風暴，子南被殺。

楚康王再次任命蔿子馮為令尹，這一次，不能再裝怪病了。沒辦法，只好硬著頭皮當了令尹。

當了一段時間，蔿子馮在朝廷上遇到申叔豫。

「老申，早上好。」蔿子馮打個招呼。

申叔豫就像沒聽見一樣，只是用眼睛的餘光掃視了蔿子馮半眼。

「老申，早上好。」蔿子馮又說一句。

這一次，申叔豫甚至沒有用餘光掃視蔿子馮。

「老申，早上好。」

這一次，申叔豫不僅沒有回答，還匆忙走開了。

玩深沉？蔿子馮就覺得有什麼問題，急忙追了出去。來到朝廷外，就看見申叔豫在前面急速地走，蔿子馮追了上去，申叔豫顯然知道他在後面，於是一拐彎來到一處集市，消失在人群當中。

下了朝，蔿子馮沒有回家，直接去了申叔豫的家。因為擔心申叔豫不見他，索性自己一個人駕車前往。

「老申，三次跟你打招呼，都沒理我，我難道有什麼過錯嗎？你為什麼不告訴我呢？」蔿子馮對申叔豫說。他知道申叔豫那樣做肯定是有緣由的。

「我之所以不敢在朝廷搭理你，是怕受到你的連累。」

「怎麼連累你呢？我不貪污不腐敗啊。」

「從前觀起受到子南寵信，結果子南被他連累，觀起也被五馬分屍，親近子南的人也都遭了殃。你說，我怎麼能不害怕呢？」

「老申，說明白點好嗎？」

「我說得夠明白了，你要是連這也聽不明白，我也沒必要再跟你說什麼了。」

蒍子馮有點鬱悶，悶悶地離開了申叔豫的家。

一路上，蒍子馮就在想申叔豫的話，一路想一路駕車，車子總是偏離正道。快到家的時候，他終於恍然大悟。

原來，蒍子馮手下有八個人受他寵信，這八個人並不是政府公務員，可是最近都發了財，人人有車有馬。蒍子馮想明白的就是，這八個人就是自己的觀起。

「各位，大路朝天，各走一邊，明天開始，各位自便吧，我這裏沒你們的茶位了。」蒍子馮沒客氣，把八個人都趕走了。

從那之後，楚康王才算對蒍子馮放心了。

不過，蒍子馮在令尹的位置上還是幹得小心翼翼，提心吊膽，恨不得早一點死，結果僅僅幹了三年就鞠躬盡瘁了。在這一點上，蒍子馮和晉國的士會父子倒頗為相似，不同的是，士會父子怕的是權力鬥爭，蒍子馮怕的是廉政風暴。

上下其手

蒍子馮去世，屈建（子木）擔任令尹。

相比于蒍子馮，屈建更喜歡對外用兵，上任當年就滅了吳國的附庸舒鳩國。第二年，屈建聯絡秦國，楚秦聯軍進攻吳國。

楚秦兩國軍隊抵達吳國邊境的時候，發現吳國人早已經有了防備，於是決定撤軍。可是就這麼回去又覺得挺失敗，乾脆兩國聯軍屁股一歪，打到鄭國去了。

鄭國守衛邊境的是皇頡，猛然發現楚國人和秦國人來了，倉皇之間率軍出戰。鄭軍當然不是楚秦聯軍的對手，大敗虧輸。

皇頡棄車而逃，結果被楚軍的穿封戍活捉。穿封戍正要押著皇頡回去，迎面過來一員大將，誰啊？楚康王的弟弟王子圍。

「哈哈，我活捉了鄭軍主將，哈哈……」王子圍來到近前，一把揪住皇頡，大喊起來。

穿封戍一看，分明是自己捉住的，這位怎麼上來就說是他捉

住的？

「喂，搞錯了吧？沒看見我正押著他嗎？」穿封戌說。

「我可沒看見你押著他，是我抓住他的。」王子圍索性來個不要臉。

「是我捉住他的，你不要臉。」

「你才不要臉，是我捉住他的。」

兩人爭吵起來。

穿封戌只是個小軍官，他難道不知道對面這位是楚康王的弟弟？知道，可是他咽不下這口氣。

正在爭吵，來了一個人，誰？伯州犁。

「哎，咱們別爭了，伯老來了，楚國最有學問的人來了，咱們問他，讓他判斷。」王子圍提出建議。

「那，那行吧。」穿封戌沒辦法，只好答應。

兩人把問題交給了伯州犁，要說呢，還是晉國人有辦法。

「這還不好辦？誰捉的他，他自己最清楚啊，問他不就行了？我來問。」伯州犁有辦法，聽上去還真不錯，穿封戌挺高興，心說這一回該真相大白了。

晉國人總是比楚國人有辦法，這一點要承認。

伯州犁來到皇頡面前，先做一下鋪墊：「這位，看上去你是個聰明人文化人，有些事情你自己知道怎麼辦吧？」

皇頡一聽，有點弄不明白這句話是什麼意思。不過，他是個聰明人，也是個文化人，他知道這句話一定有什麼深層含義，自己要小心了。

伯州犁抬起手來（《左傳》：「上其手。」），指著王子圍說：「這位先生是王子圍，哪，身材魁梧，體格健壯，是我們大王最寵愛的弟弟。」

然後，伯州犁把手放下來（《左傳》：「下其手。」），指著穿封戌說：「這位名叫穿封戌，楚國邊境小縣的縣尹。」

皇頡現在什麼都明白了。

「現在請聽題，王子圍和穿封戌，誰捉住了你？」伯州犁問。

皇頡搶答了。

「我遇上了王子圍，打不過他，就被他活捉了。」

正確答案。

伯州犁笑了，王子圍也笑了，甚至皇頡都笑了。

「笑你個頭，老子跟你拼了。」穿封戌暴喝一聲，提起手中的大戟，就要來跟王子圍拼命。

王子圍嚇得臉色慘白，掉頭就跑，幸虧在場人多，奪下了穿封戌手中的大戟。

「什麼狗屁王子，臭不要臉。」穿封戌大聲叫罵。

這段故事，後來成為一個成語：上下其手。

上下其手，比喻玩弄手法，串通作弊。

他鄉遇故知

從鄭國撈了一票之後，楚秦兩軍各自回國了。

回到楚國，屈建發現有客人在等他，宋國來的客人，是向戌派來的。雖說宋國是晉國陣營的，屈建和向戌的私交還是不錯的，私下裏常有些書信往來。

「哎喲，老向有什麼好消息給我？」屈建挺高興，他想不到的是，後面的事情能讓他更高興。

「令尹，是這麼回事……」來人是向戌派來的和平特使，當下把向戌的和平計畫介紹了一遍，說是晉國人很感興趣，要是楚國也有興趣的話，宋國願意做東道主，請晉楚兩國到宋國進行和平談判，今後雙方的盟國互相朝拜，國際事務都以和平方式解決，世界和平的偉大理想就能實現了。

屈建聽完了介紹，非常高興，算一算，世界和平對楚國實在是好處太多了。第一，目前楚國處於下風，對抗晉國很吃力；第二，晉國的盟國多，楚國的盟國少，互相朝拜，自己就賺多了；第三，要是在自己手上實現了世界和平，那自己不是名垂青史了？

屈建決定回應宋國的建議，於是去向楚康王彙報。對於這個建議，楚康王也很感興趣。兩人一商量，決定派人去晉國打探一下對方的態度。可是派誰去呢？想來想去，派誰去都不合適，因為現在雙方還是敵對國家，萬一對方根本沒有誠意，自己這邊貿然派人過去，豈不是很丟面子？

最後，屈建提了一個建議：咱們讓蔡國派人去，這樣就怎麼也丟不了楚國的面子了。

蔡國接到了楚國的命令，說是派一個人去晉國，觀察一下晉國的情況，同時探一探晉國人的口風，看他們是不是真的愛好和平了。

蔡國派出了上卿聲子，一來級別夠，二來聲子口才很好。

聲子帶了單位介紹信就上路了，路過鄭國的時候，在滎陽郊區遇上了一個人。

「哎喲，世界真小，伍兄，怎麼在這裏遇上了？」聲子很高興，遇上的人名叫伍舉，說起來，就是楚莊王的嬖人伍參的兒子。

當初，伍參和聲子的父親子朝私交很好，兩家因此也多有往來，聲子和伍舉也就成了朋友。如今在異國他鄉相遇，正是他鄉遇故知啊。

「我去晉國，你呢？」伍舉說。

「我去晉國公幹，你去幹什麼？」

「我，唉，我流亡。」

「啊，你在楚國受迫害了？」

原來，伍舉娶了王子牟的女兒，可是最近王子牟犯了事，畏罪潛逃了。有人就舉報伍舉，說是他送老丈人跑的。這下伍舉害怕了，連忙出逃，這是要逃到晉國去政治避難的。

「唉，我們家好不容易在楚國混出個模樣來，現在又要去晉國二次創業，蒼天啊，大地啊，為什麼就這麼不公平呢？」伍舉很沮喪，他對前景很悲觀。

「伍兄，不用擔心，你儘管去晉國，就當度假了，我保證能夠讓你回楚國。」聲子看見老朋友這樣傷心，決心幫他。

「你，你有辦法？」

「有。」

「什麼辦法？」

「不能說，說了就不靈了。」

世上最著名的忽悠

聲子在晉國受到了熱情招待，他還見到了趙武，就宋國的和平方案進行了討論，趙武的態度非常積極。臨走，晉平公設宴招待聲子，六卿大夫等人參加。

晉國人的熱情證實了他們的誠意，聲子非常高興。

離開了晉國，聲子沒有回國，直接來到了楚國，向屈建彙報晉國人的態度。

聲子把自己在晉國受到的熱情招待介紹了一遍，說晉國人很有誠意，而且對宋國的方案也很滿意，楚國方面不用擔心。

屈建非常高興，說完了正事，跟聲子隨便聊起晉國的事情來了。

「哎，晉國的大夫和楚國的大夫相比，誰更賢能一些？」屈建問。楚國人對這個都很感興趣。

「這麼說吧，晉國的卿不如楚國的卿，可是晉國的大夫比楚國的大夫強，他們的大夫都是卿的材料。」聲子考慮了一下回答道。他說的倒是真話，晉國這一代的卿確實是歷史上最弱的，而晉國的大夫如叔向、張侯等人的能力確實比卿要強很多。

「既然我們的卿更強，為什麼晉國比我們要強大？」對聲子的回答，屈建很受用，不過他還接著問。

「這個，就像杞木、梓木、皮革一樣，晉國人用的都是楚國運過去的。楚國雖然人才多，但是都被晉國人用了。」聲子假裝考慮了一下說，因為這是他早就想好的。《左傳》原文：「雖楚有才，晉實用之。」

「晉國人就沒有什麼宗族親戚之類的？他們自己就沒有人才？」屈建略略吃了一驚，這個觀點他還是第一次聽說。說實話，從前對晉國

人，他是有一點輕微的自卑的，所以聽到這個觀點，尤其詫異。

「當然有啊。不過，晉國人對楚國人才的使用非常到位、非常充分，特別是在用楚國人才對付楚國方面。我聽說「善為國者，賞不僭（音建）而刑不濫」，善於治理國家的人，賞賜不要失當，處罰不要氾濫。賞賜失當，就可能讓壞人得到好處；處罰氾濫，就可能冤枉好人。如果二害擇其輕，那就寧可賞賜失當，也不能處罰氾濫。寧可讓壞人得到好處，也不能讓好人受到冤枉。好人都被趕跑了，這個國家也就沒戲了。」聲子開始發揮，由於準備充分，當時引經據典，從《詩經》到《夏書》到《商頌》，滔滔不絕，娓娓道來，一個中心思想：不能冤枉好人。

屈建聽得目瞪口呆，活這麼大歲數，沒見過這麼有學問的。

聲子一看，心中得意，於是繼續忽悠。

「不幸的是，楚國的問題就在於處罰氾濫。所以，楚國很多大夫被迫流亡國外，政治避難，結果呢，所到之處受到重用。反過來，他們再幫助敵國來對付楚國，那是比臥底還可怕啊。想當初子儀叛亂（事見第三部第九十五章117頁），析公逃到了晉國，晉國人讓他做了謀士，結果楚晉繞角之戰，就是他給晉國人出了夜襲的主意，導致楚國大敗。晉國人隨後攻入蔡國、活捉沈國國君、又戰勝了申息兩地軍隊，活捉了申麗，鄭國從此不敢親近楚國。雍子的父兄誣陷雍子，楚共王沒有分辨是非，雍子於是逃亡到了晉國。到晉國攻打彭城的時候，晉軍與楚軍狹路相逢，雍子給晉軍出主意，做出決一死戰的架勢，把楚軍給嚇跑了，晉國人因此才能拿下彭城（事見第四部第一三七章）。子反和巫臣爭奪夏姬，巫臣為此逃到了晉國，晉國人把他封在了邢，他不僅幫助晉國人打擊北狄，還派他兒子到吳國，教唆吳國人背叛楚國，教吳國人用兵車打仗，吳國人從此頻繁騷擾楚國，讓楚國疲於奔命，腹背受敵。鬥越椒之亂，他兒子賁皇逃到了晉國，晉國人把苗封給了他，鄢陵之戰，苗賁皇給他們出主意，結果他們集中優勢兵力攻擊我們的中軍，楚軍大敗，共王傷了一隻眼睛，子反也因而自殺（事見第三部第一一九章）。這麼說吧，鄭國的背叛、吳國的強大、楚軍失去諸

侯，等等，實際上都是楚國的人才幹的，不是晉國人擊敗了楚國，而是楚國人自己擊敗了楚國。」這一段話，聲子說得口乾舌燥，不過句句在理，而且聳人聽聞。

屈建愣了半天，等到終於想明白之後，一頭的冷汗都出來了。

「是，是，是這麼回事啊。」屈建現在只會說這麼一句話了。

聲子喝了一碗水，潤了潤嗓子，接著忽悠。

「現在，有一件空前嚴重的事件，我不敢不說。伍舉做了王子牟的女婿，前不久王子牟犯罪潛逃，有人誣陷說是伍舉幫他老丈人逃走的，嚇得伍舉逃到了鄭國。據說他在鄭國的時候還在盼望能夠得到赦免，經常向南方眺望，希望回國。我從晉國回來的時候，聽說他已經到了晉國，晉國人準備給他封地，享受和叔向一樣的待遇。如果伍舉今後為晉國人出主意對付楚國的話，其危害恐怕比武臣、苗賁皇們加起來都要大啊。天哪，我都不敢想像了。」聲子說得聲情並茂，說來說去，把話落在了這裏。

「是，是。」屈建渾身冷汗都出來了，他在想像，想像伍舉被晉國人所用，於是晉國人所向披靡，楚軍節節敗退，最後楚王一生氣一發火一拍桌子，自己的腦袋就可能搬家了。

聲子擦了擦汗，說得激動，以至於渾身冒汗了。不過，不是冷汗。

「我，我要跟大王彙報這件事情。」屈建說。

當天，屈建去向楚康王彙報聲子前往晉國的情況，之後把聲子上面這段話照搬了過去。

「哎呀媽呀。」楚康王也聽出一身的冷汗來，當時就下令了，「老屈，你立即派人去晉國，把伍舉請回來，我給他升官，給他加薪。」

第二天，屈建就派了伍舉的二兒子伍鳴前往晉國，把伍舉給接回來了。

當然，和平進程正常推進，屈建派人前往宋國，表達了楚國對和平建議的肯定，表示：楚國一向愛好和平，致力於創造一個和平的世界環境。對於和平大會，楚國將積極參加並抱有美好期待。

這是中國歷史上最為著名的忽悠之一，聲子的忽悠水準堪稱爐火純青。措辭高雅，有理有據，繁而不雜，雜而不亂。既給你自尊，又打擊你的自尊；既有事實，又有推理；既動之以情，又曉之以理。讓你聽起來有理，再想更有理。

其實，春秋時期，各國人才流動已經相當頻繁，各國也都很重視外國人才。楚才晉用，晉才同樣楚用。而事實上，伍舉在晉國受到重用的可能性並不大，一來伍舉級別較低，二來，趙武等人並不是很進取的人物，對於人才未必看重。

不管怎麼說，聲子一番成功的忽悠，讓伍舉因禍得福。所以，忽悠真是一門學問，自古以來就是。

這一段長篇大論，見於《左傳·襄公二十六年》，建議背誦。

這段話中，發明了兩個成語：楚才晉用，引領以望。

此外，運用了兩個成語：夙興夜寐，疲於奔命。

第一五六章
世界和平大會

周靈王二十六年（前546年）、晉平公十二年、楚康王十四年、齊景公二年、秦景公三十一年、魯襄公二十七年、宋平公三十年、鄭簡公二十年、衛獻西元年。

五月，春風和煦，百花盛開。

五月不是夏天嗎？那是和平的春風，吹開了和平的春花。

中原大地，宋國首都睢陽濃妝淡抹，佈置得分外妖嬈，就像將要出嫁的處女。西門之外，世界和平大會會場已經修整完畢，設計新穎，裝修豪華，建設水準為世界超一流，堪稱春秋時期的「鳥巢」。

宋國人民歡欣鼓舞，等待著世界和平的隆重降臨。

最令宋國人民興奮的是，時隔600年之後，商湯後人的土地再一次成為世界的中心，諸侯們從四面八方來到這裏，就像商朝的時候諸侯們從四面八方來朝拜商王一樣。

感覺好極了。

諸侯雲集

五月二十七日，從北方來了大隊人馬，那是北方盟主晉國的和平特使們來到了。

在隊伍的最前面，是晉國中軍主帥趙武，他將是此次和平大會的晉國全權特使；在趙武的身邊，是太傅叔向，這位享有崇高國際威望的晉國頭號學者將作為趙武的副賓。在他們的身後，是晉國的下軍佐智盈。

這樣，晉國代表團的成員是：一個上卿，一個下卿，一個上大夫。這個陣容談不上豪華，但是很恰當，而且，這是三個恰當的人。

五月二十九日，從西面來了一隊人馬，那是鄭國人來了。

鄭國派出了上卿良霄，他是鄭國三號人物，除了鄭簡公和子展，就數到他了。這種場合，他也是合適人選。

六月二日，魯國的叔孫豹來到。隨後，齊國的慶封也趕到了。晚上，衛國的石惡抵達。

十日，邾悼公來到。這樣的會議，大國由卿參加，小國就必須國君親自出席了。

到現在，北方聯盟的國家到得差不多了。

十六日，楚國的公子黑肱來到。

之後，晉國和楚國之間進行了預備談判，談判雙方是智盈和公子黑肱。

二十一日，宋國的向戌來到陳國，在這裏會見了正在陳國訪問的楚國令尹屈建，雙方就和平協定的最後文本進行討論。屈建提出，要讓晉楚兩國的盟國交叉朝拜，希望落實這一條。

二十四日，向戌回到宋國，向趙武通報了和屈建會談的內容。

「晉楚齊秦實際上是四個地位相當的國家，晉國不能指揮齊國，就像楚國不能指揮秦國一樣。如果楚國能讓秦國的國君到晉國朝拜，那我們就想辦法讓齊國的國君去楚國朝拜。」趙武表示。他知道楚國不能指揮秦國，因此也提出齊國，免得自己這一邊吃虧。

二十六日，向戌又來到陳國，把趙武的意見告訴了屈建。屈建立即派出快車趕回郢都向楚康王請示這個問題。

楚康王批示：「求同存異，擱置爭議，齊國和秦國的事情暫時放在一邊，先讓其他國家互相朝見。」

七月二日，楚康王的指示送達陳國，向戌當天回到宋國。於是，當天晚上，趙武和公子黑肱擬定了盟誓的誓詞，雙方達成一致。

七月四日，楚國令尹屈建抵達睢陽，同時來到的還有陳國的上卿孔奐、蔡國的上卿聲子。當日，曹國和許國的上卿也都抵達。

至此，與會各國成員全部抵達，秦國缺席。

北方聯盟在睢陽城北紮寨，南方聯盟則在睢陽城南紮寨。

七月五日，和平大會召開，主要程式就是結盟，大家歃血為盟。

結盟之前，楚國人和晉國人都很緊張，都很懼怕對方萬一搞個突然襲擊怎麼辦。

「命令所有人在外衣裏面穿上皮甲，以防萬一。」屈建下令。

屈建的擔心是有道理的，他知道當初楚成王就曾經在盟會上搞突然襲擊，楚國曾經不講信用，誰能擔保晉國人這一次就講信用？再說，這裏是宋國的地盤，是晉國人的勢力範圍。

隨同前來的太宰伯州犁看見了，提出反對意見：「令尹，這樣不好。集合了天下諸侯，我們卻不講信用，這樣的話，天下諸侯又怎麼能夠信服我們呢？」

屈蕩看了他一眼，堅持自己的做法：「晉楚兩國之間的不信任由來已久了，我們之間打交道，怎麼對自己有利就怎麼做，信用不信用不重要。」

楚國人做了最壞的準備，晉國人呢？

晉國人也在做最壞的準備。

「元帥，我看楚國人很緊張，有可能他們會發動突然襲擊。」智盈從楚軍營地觀察到一些不同尋常之處，急忙來對屈蕩說。

「不怕，如果他們發動襲擊的話，我們立即轉移進宋國都城，他們奈何不了我們。」趙武並沒有太當回事。

可是，當趙武來到會場，他發現楚國人明顯是穿了皮甲的，這時候，他有點緊張了。

「楚國人有備而來啊，咱們怎麼辦？」趙武悄悄地問身邊的叔向。

「不怕，一個人不講信用，就不能在江湖上立足。如今諸侯大會，一個國家不講信用，又怎麼能成功呢？再者說了，咱們的人也不少，盟國也比楚國多，還有宋國的大軍壓陣，怕什麼？真要動起手來，楚國人再多一倍也不是對手。放心，他們這樣，只是說明他們心裏害怕。」叔向斷言，他一點也不怕。

叔向的分析是正確的，楚國人之所以有防備，是因為他們感覺到自己是弱勢，怕被暗算。但是從另一個角度說，楚國人的弱勢太明顯，

如果晉國人存心要襲擊他們，即便他們有準備也是無濟於事的。

所以，屈建的做法確實不夠明智。與其如此，不如大大方方，坦誠以待，反而體現出自己的大國風度和自信來。

歃血為盟

和平大會在緊張而熱烈的氣氛中進行。

宋國人很善於組織會議，特別是國際會議。宋國人在音樂和禮儀上都很有造詣，或者說很有傳統，不僅楚國人看得目瞪口呆，晉國人看得瞠目結舌，就是齊國人鄭國人也看得自歎弗如，甚至連魯國人也要讚歎不已。

氣氛祥和，充滿了和平的味道。

晉國人怡然自得，舉止自若。

楚國人很後悔，暗暗說：「真傻，穿多了。」

一切按照程式進行，主持人是東道主的向戌。

終於，到了歃血為盟的時刻。

這是歷史性的時刻，晉國人和楚國人要第一次歃血為盟了。

可是，到了歷史性的時刻，出了問題。

按照向戌想當然的想法，歃血為盟的順序是晉國人先來，因為無論從哪個方面來說，都應該晉國人先來。實際上，前面的入場、宣讀到會人員等程式，都是晉國排在前面。

但是，楚國人不這麼想，正因為弱勢，就更需要在面子上占據先手。

「為什麼晉國人先來？我們楚國要第一個歃血。」屈建提出異議。

大家都沒有想到，特別是向戌，儘管私交不錯，可是這是大是大非問題，向戌誰也不好得罪，當時說不出話來。

「我們晉國本來就是盟主，當然我們第一了，誰有資格在我們前面？」趙武出來說話了，這裏，也就是他有底氣跟楚國人爭論。

「你們晉國人口口聲聲說晉國楚國是兩個平等的超級大國，可是剛

才的程式你們處處在前面，那不是等於說我們楚國的地位低下？再說了，晉國是盟主，我們楚國也是盟主啊，輪也該輪到我們排一次第一了。」屈建提高了聲音。

說起來，屈建是有道理的，如果每個程式楚國都排在老二，那就等於是自認老二了，那這次和平大會就成了晉國為盟主的盟會了。

「咦。」趙武心說，你們楚國人真狡猾，前面不吭聲，等到現在這個關鍵環節冒出來了，怪不得人說天上九頭鳥，地下楚國佬呢。

趙武不吭聲了，可是也不讓步。

氣氛開始緊張，趙武和屈建的臉色都很難看。

但是，臉色最難看的是向戌，他現在有點後悔，早知道有這個問題，就不張羅這事情了，要是因為這個而讓晉楚雙方在這裏打起來，再引發第四次世界大戰，那宋國絕對沒什麼好果子吃啊。

「我這不自找沒趣嗎？」向戌這個後悔，心說我們宋國就是一條狗，非要給兩個老虎辦什麼和平大會啊，我真傻，怪不得人家都說我們宋國人是二百五。

後悔是來不及了。

楚國人下意識地摸了摸自己的衣服，摸到裏面硬邦邦的皮甲。

在和平的婚床前，站立著戰爭這個強姦犯。

叔向站在趙武的身後，他湊了上去，輕輕地說：「元帥，我們晉國做盟主，靠的是德行，而不是主持盟會。實際上，咱們的盟會也經常由小國來主持的。算了，就當楚國是個主持盟會的小國算了。」

趙武想了想，點了點頭，然後在心裏默念了十遍「楚國是傻鳥」，說話了：「好吧，就讓楚國人先來吧。」

趙武特地把「讓」字念得很重，聽上去，就像在命令楚國人先來。

楚國人如願以償，晉國人在心理上也沒有吃虧，向戌長長地出了一口氣。

「看人家晉國人，胸懷寬廣啊。」諸侯們暗暗讚歎。

楚國人贏得了自尊，晉國人贏得了人心。

屈建第一個歃血，隨後是晉國、魯國等等依次進行，宋國作為東道國不參加此次盟誓，齊國也沒有參加。

皆大歡喜。

把酒言歡

六日，宋平公設宴招待晉國和楚國的代表，這一次，趙武為主賓，屈建其次。因為有了歃血為盟的楚先晉後，對於宴請的排名，屈建沒有異議。

趙武和屈建非常客氣，兩人進行了親切友好的會談。酒過三巡，大家高興，開始談天說地。

到了這個時候，趙武就發現自己的腦子不夠用了，屈建知識淵博、反應敏捷，說出話來條理清晰而且很風趣，相比之下，趙武完全跟不上對方的思維。這不怪趙武，因為當孤兒的那段時間裏，把義務教育給耽誤了。

趙武一看自己不靈了，心說不能給晉國人民丟臉啊，怎麼辦？上廁所。

上廁所能解決問題嗎？當然不能。

「叔向，來來來，我去方便一下，你陪令尹好好聊聊。」趙武上廁所是假，要讓叔向來對付屈建是真。

俗話說：占著茅坑不拉屎。趙武是：藉口拉屎騰茅坑。

看著趙武被屈建說得張口結舌答不上來，叔向早就為他著急了，可是又不好插嘴，只能乾著急。如今趙武騰位置了，叔向趕緊挪了過來。

屈建一看，差點笑出來，他知道趙武這是找藉口讓位。對於叔向，他有所聞，知道這人很有學問。

兩人一交談，屈建就發現壞事了，自己固然知識淵博，可是跟叔向相比，那就不值一哂了；自己固然思維敏捷，可是跟叔向一比，那就是反應遲鈍了。

三言兩語過去，屈建就能感受到剛才趙武的感覺了。

　　「我也上廁所算了。」屈建準備照方捉藥，可是一看旁邊，坐著的是公子黑肱，還不如自己呢，讓他來更丟人。

　　也是屈建反應快，索性扮一回單純。

　　「那什麼，羊舌太傅知識淵博啊，望塵莫及。咱們別光聊天，喝酒啊，行個令，老虎棒子雞怎麼樣？老虎，老虎。」屈建轉移話題了，自顧自喊了起來。

　　趙武站在門口，「撲哧」一聲，笑得把嘴裏的雞肉都噴出來了。

　　大家都笑了。

　　當晚，盡醉而歸。

　　九日，東道主宋國單獨搞了一次盟誓。

　　這一次，宋平公主盟，各國大夫參加，算是給了東道主一個極大的面子，也算是感謝東道主的熱情接待。

　　趙武和屈建現在已經是好朋友了，兩人站在一起，歃血的時候還互相推讓了一番，最後同時歃血。

　　「趙元帥，我聽說士會這個人很了不起，他究竟怎麼樣？」歃血完畢，屈蕩問趙武。

　　「他治家很有條理，對於國家又很坦蕩無私，他的祝史向上天禱告的時候從來不說謊言。」趙武說。他也很敬佩士會，儘管他從來沒有見過。

　　「叔向怎麼樣？」屈建又問。他很喜歡叔向。

　　「他似乎有士會的風格。」趙武說。他也很喜歡叔向。

　　十日，各國大夫回國。

　　告別的時候，屈建和趙武竟然有些依依不捨，屈建還盛情邀請趙武和叔向在合適的機會前往楚國訪問。

　　世界和平大會圓滿成功。

向戍挨罵

屈建回到了楚國，來向楚康王彙報整個和平大會的情況。

屈建把整個過程介紹了一遍，說到歃血為盟跟趙武相爭的那一段，做了檢討，說是那樣做得不償失，還是晉國人比較有風度，楚康王頻頻點頭。

屈建說到趙武怎樣介紹士會的時候，楚康王也對士會很佩服，他說：「士會真是高尚，難怪他能一連輔佐五代國君，而且讓晉國成為盟主啊。」

屈建緊接著又介紹了晉國幾個與會使者的情況，說趙武是個實在人，可以相信。

「聲子說得不錯，晉國的大夫確實比他們的卿要強，像叔向這樣的人，我們楚國一個也找不出來，所以，不要跟晉國人爭雄了。」屈建說。他對叔向非常佩服，把那一天趙武上廁所和自己行酒令的事情說了一遍，聽得楚康王哈哈大笑起來。

從那之後，楚康王和令尹屈建沒有心思再與晉國爭霸了。

世界和平大會結束了，曲終人散，人走茶涼，東道主收拾鍋碗瓢勺。

向戍兩個多月以來累得半死，總算是天道酬勤，圓滿完成，與會各方都非常滿意。基本上可以這樣說，春秋以來，這是規模最大、最成功的一次大會。

「這是史無前例、無與倫比的一次盛會。」與會各國在臨行前都這樣評價，客觀地說，恰如其分。

立了這麼大的功勞，怎麼辦？向戍想想，自己當初就為國家貢獻了一座逼陽城，如今又立這麼大功勞，說什麼也該弄點獎賞啊。於是，向戍去找宋平公了。

「請免死之邑。」（語見《左傳》）向戍說。這句話什麼意思？古來的解釋通常是：這次大會得以成功，使我免於一死，請賜給我城邑。

或者：這次大會我冒死促成，請賜給我城邑。

兩種解釋都非常牽強。

合理的解釋出於《春秋正義》，應該是：我促成了世界和平大會，使宋國能夠脫離戰爭，宋國人民免於死亡，因此，請賜給我封邑。

宋平公想想，向戌確實做了件了不起的事情，於是決定封給他六十邑。六十邑是六十座城邑嗎？當然不是。

春秋時期，十平方里為一邑，按規定，戰爭時期，每一邑出戰車一乘。所以，「百乘之家」就是指擁有一百邑的大夫。理論上，大國的卿最多可以擁有一百邑，不過後來早就不受這個限制了。

六十邑在《左傳》中多次出現，說明這個數字比較特別，可能是下卿的標準配置，因此，免死之邑可能還有另外一種解釋，那就是六十邑可以作為卿死罪的贖罪物。

不管怎樣，宋平公準備給向戌六十邑。當時令人在竹簡上刻好了命令，給了向戌。

向戌得意洋洋，這下算是名利雙收了。國君簽字畫押了，誰來執行呢？司城子罕（即樂喜）。鄭國有一位 子罕，宋國也有一位。司城是幹什麼的？國土資源部部長。

子罕看見向戌吹著口哨過來，滿臉的不高興，等到接過向戌遞過來的「土地使用通知書」的時候，勃然大怒，之後，說了一段很牛的話。這段話如果放在今天的聯合國安理會，聯合國安理會就該立即解散了。

「對我們這些中小國家來說，外部有晉國和楚國的軍事威脅，我們就會害怕，怕了就會內部團結，團結就能安定國家，同時想辦法討好大國，我們的國家就能生存。如果外部沒有威脅，我們就會驕傲放縱，驕傲放縱就會動亂，動亂就會滅亡。老天給我們金木水火土，我們都要用到，缺一不可。武力也是上天給我們的，誰能夠廢棄它？戰爭由來已久，就是用來警示各種越軌行為並且弘揚各種文治德政的。聖人因此而崛起，壞人因此而滅亡，國家的興衰存亡，君主的賢明昏庸，都是戰爭決定的。而你竟然要消滅戰爭，不是自欺欺人嗎？你用騙術

忽悠諸侯，還有比你更大的罪惡嗎？你這樣的罪惡，不懲罰你算是走運，還好意思要獎賞？真不要臉，真貪得無厭，真是老太太喝稀粥，你無齒（恥）下流。」子罕把向戌一通臭罵，罵得狗血噴頭，然後拿出刀來，把那片竹簡削成幾段，扔在地上。

向戌的臉色紅一陣白一陣，渾身有點哆嗦。

「算了，我不要了。」向戌說完，走了。

第一五七章

反腐倡廉

> 凡諸侯小國，晉、楚所以兵威之。畏而後上下慈和，慈和而後能
> 安靖其國家，以事大國，所以存也。無威則驕，驕則亂生，亂生必滅，
> 所以亡也。天生五材，民並用之，廢一不可，誰能去兵？兵之設久矣，
> 所以威不軌而昭文德也。聖人以興，亂人以廢，廢興存亡昏明之術，
> 皆兵之由也。

——《左傳·襄公二十七年》

上面是司城子罕的原話。

對於戰爭與和平的理解，子罕的話坦誠得令人吃驚。在他看來，
戰爭就像金木水火土一樣是人類社會所必需的，沒有戰爭，反而毀滅。

子罕說得對嗎？幾千年的歷史已經證明了其正確性。人們可以追
求和平，但是和平永遠只是短暫的。外部的和平來臨，內部的鬥爭必
然要起來。

和平，可以追求，但是永遠不要得到。

事實是不是這樣呢？看下去就知道了。

向戌的糗事

回到家裏，向戌漸漸冷靜下來，這個時候，他開始反思——那時
候的人喜歡反思。

他首先想起兩年間的三件事情，分別發生在楚國、鄭國和衛國。

楚國令尹屈建領兵滅了舒鳩，楚康王很高興，就把舒鳩賞給屈
建。可是屈建推辭了，他說這都是先任令尹蒍子馮的功勞，於是楚康
王把那塊地給了蒍子馮的兒子蒍掩。從那之後，屈建得到了楚康王充
分的信任。

鄭國成功討伐了陳國，鄭簡公賞給子產六邑，子產一再退讓，結

果最後只接受三邑。

　　在衛國，流亡齊國的衛獻公成功復位，於是賞給頭號功臣公子免余六十邑，可是公子免余堅決不要，最後也只接受了三十邑。

　　以上的三個人，都是著名的聰明人，他們為什麼有賞賜都不要呢？

　　想了別人，向戌又想起自己的往事來了。

　　當初，宋國整個桓族被趕到了楚國，只剩下自己因為跟華元關係好而留下來，並且因禍得福做了左師（見第一三七章）。

　　自己做了左師之後，貪污腐敗的事情也沒少做，不過做得比較高明一些。譬如那一次跟荀偃和士匄合夥攻打逼陽，就完全是借重晉國人的力量，宋國人沒話可說。

　　即便如此，自己這些年來也是風風雨雨，忐忑度日，有被人欺負的時候，也有昧著良心幹壞事的時候。

　　十年前華元的兒子華閱死了，華閱的兒子皋比還小，於是華閱的弟弟華臣就想侵吞侄子的家產，派人在向戌家附近把皋比的管家華吳給殺了，恰好被向戌給碰上了，怎麼辦？見義勇為？傻瓜才見義勇為呢。

　　「幾位好漢，我，我什麼也沒有看見。」向戌決定保自己的命要緊。

　　「記住了，這是皋比讓我們殺他的。你要是敢出去亂說，殺你全家。」幾個刺客這麼對他說，然後把華吳的老婆也給帶走了。

　　過了兩天，宋平公知道這個事情了，把向戌給找來商量，要把華臣驅逐出境。向戌想起那天的事情來就害怕，他怕華臣以為是他告的密，於是對宋平公說：「主公，算了，家醜不可外揚，再怎麼說，華臣也是個卿啊。」

　　宋平公聽了向戌的話，沒有追究華臣。可是，向戌自己反而怕得要命，他給自己準備了一個短一點的馬鞭子，只要是經過華臣家，一定打馬快速通過。

　　終於有一天，發生了一件讓向戌想不到的事情，算是徹底解放了他。

這一天，有一條瘋狗在城裏咬了人，大家很憤怒，拿起棍棒追打瘋狗。狗跑得挺快，打狗的人也越聚越多，簡直是成千上萬，一路呼喊著一路追趕。也是命中註定，這條狗慌不擇路，竟然鑽進了華臣家中，打狗的人們也就衝了進來。

華臣正在家裏喝茶，猛然聽見外面人聲鼎沸，一片喊打喊殺聲，當時嚇得夠嗆，以為是來殺自己的。怎麼辦？當時來不及細想，翻牆而出，一路狂奔，竟然逃亡到了陳國。後來儘管知道那一次人們不是來殺自己，但是已經嚇得神經衰弱，再也不敢回宋國了。

從那之後，向戌才有了安全感。

除了這件事情，還有一件事情讓向戌想起來就睡不好覺。

就在一年前，向戌還害死了一個人。這個人是誰？宋平公的太子公子痤（痤即粉刺）。

原來，當初芮司徒生了個女兒，渾身很紅而且都是毛，於是就給扔掉了。宋平公老媽的侍女把這孩子給撿了回來，取名叫棄，就養在宮裏，長大了出落得非常漂亮，就伺候宋平公的老媽。有一天被宋平公看見，驚為天人，要到了自己身邊。後來生個兒子叫做公子佐，相貌奇醜但是性格溫和。

宋平公的太子叫做公子痤，大概生下來臉上就有粉刺吧。公子痤很帥，但是心黑手狠，向戌很怕他。公子痤有一個太監叫做伊戾，雖然是太監的頭，可是不被公子痤信任，非常恨公子痤。

那一天楚國有使者來，因為跟公子痤私交很好，公子痤就請求在郊外設宴請他，宋平公同意了。伊戾也請求跟著去，宋平公也讓他去了。公子痤之所以要在郊外宴請楚國特使，就是因為這種私人場合適合朋友聚會。這邊在吃喝，伊戾悄悄地叫了幾個哥們，在附近挖了一個坑，殺了牛羊，放了一份盟書，製造了一個公子痤和楚國使者盟誓的假現場。佈置完畢，立馬回去報告宋平公，說是太子跟楚國人私下盟誓，準備借楚國人的力量叛亂。

「怎麼會？他已經是太子了，沒必要吧？」宋平公不相信。

「他想早點當國君啊，夜長夢多知道不？」

宋平公還不信，派人去察看現場，發現確實有物證。

宋平公有點懷疑了，於是找來向戌和棄夫人詢問。

「我們早就聽說了。」兩人異口同聲。

等楚國人走了，宋平公就把太子給下到大獄了。太子知道是被人給陷害了，可是沒機會申辯，就請人把公子佐給找來，請他去幫自己到父親那裏解釋。

「老弟，都靠你了，要是你中午還不回來，我就知道沒戲了，我就自殺算了。」公子痤挺有骨氣，做了兩手準備。

公子佐是個實在孩子，找到父親為哥哥作解釋，宋平公決定放了太子。

公子佐高高興興出來要去把好消息告訴哥哥，誰知道一出門遇上了向戌，向戌早就打聽好了公子痤的話，所以就在這裏跟公子佐聊上了，什麼天文地理，什麼奇門八卦，什麼老鷹跟貓結婚生了貓頭鷹，烏鴉強姦了老鼠才有了蝙蝠，等等，一口氣聊到了中午。那邊公子痤一看到時間了，也沒猶豫，準時上吊自殺了，上吊的繩子也是向戌讓人給準備好的。

公子痤死了，公子佐就做了太子，棄夫人成了第一夫人。

實際上，就等於是向戌害死了公子痤。

後來，宋平公知道了真相，把伊戾給蒸了餵狗。

為這件事，向戌一直睡不好覺，一怕冤鬼，二怕宋平公追究自己作偽證的責任。

那麼，棄夫人不是很感激向戌嗎？不是可以作後臺嗎？向戌對此也沒信心，這就要說到另一件事情了。

就在公子佐當上太子之後不久，有人在向戌的面前吹噓棄夫人，這時候棄夫人被稱為君夫人。

向戌對君夫人很不滿，因為公子佐能夠當上太子，自己的功勞很大，君夫人竟然沒有一點表示。

「你誰啊？你哪個單位的？」向戌故意問那個人。

「我是君夫人家的。」

「君夫人？君夫人哪個單位的？」向戌裝瘋賣傻。

那人回去之後向君夫人作了彙報，君夫人一聽，這不是對我不滿嗎？沒錯，我欠你人情，我還了還不行嗎？君夫人派人送了玉璧、錦緞、馬匹等給向戌。

「哎喲哎喲，多謝君夫人。」向戌得到了好處，也不問是哪個單位送來的了。

好處得到了，可是，向戌心裏有點打鼓了，他不知道君夫人現在怎麼看自己。早知道，不如留著這個人情。

想了這麼多，向戌終於想明白了。錢財乃身外之物，不是越多越好。命只有一條，保住命才是最重要的。自己是桓族，而宋國是戴族的勢力，自己只能說是弱勢群體。另外，宋平公不知道怎麼看自己，君夫人也不知道怎麼看自己，說不定他們早就對自己看不順眼了。

這麼說吧，如果有人存心要害自己，罪名並不難找。這樣的情況下拿到六十邑，那不是招人嫉妒嗎？那不是自己找死嗎？

想到這裏，向戌一身的冷汗，自己能夠活到現在，簡直可以說是奇蹟一件了。

「是啊，我已經有一百邑了，還要那麼多幹什麼？找死嗎？」向戌想明白了。

這個時候，家裏有人聽說宋平公封賞給向戌的六十邑被子罕拒絕了，吵嚷著要出兵攻打子罕，向戌立即制止了他們，他說：「我將亡，夫子存我，德莫大焉，又可攻乎？」

向戌終於明白，子罕是救了自己。

從那之後，向戌不再貪污腐敗了。

子罕的故事

說完向戌，就要順便說說司城子罕了，否則就很不公平。

子罕叫做樂喜，是戴族的人，因此家裏的根基比向戌要厚實得多。即便如此，子罕也沒有仗著權勢貪污腐敗。

有一件事情對子罕的觸動很大，那是十二年前的事情了。當時鄭國的尉氏、司氏、堵氏幾家叛亂，殺死了子駟、子國和子西，逃到了宋國。（事見第一四章「西宮事變」。）後來鄭國人送來 160 匹馬和師筏、師慧兩名樂師到宋國，請求交換鄭國的逃犯。子罕當時貪圖鄭國的賄賂，就把堵女父、尉翩和司齊給送去了鄭國，因為比較欣賞司臣，偷偷把司臣送到了魯國。後面不用說，送回鄭國的三個人都被做成了人肉乾。

送來的兩個樂師都是瞎子，那時候的職業樂師都是瞎子。有一天，師慧經過朝廷門口的時候想要小便了，攙扶他的人說這是朝廷門口，咱們前面找個角落解決吧。師慧說了：「沒事，這裏沒人。」攙扶他的人就納悶了，怎麼能說朝廷沒人呢？師慧說了：「朝廷肯定沒人，否則怎麼能用幾個大夫換我們這兩個瞎子呢？」

師慧最終還是找了另外的角落解決了問題，但是他的話傳到了子罕的耳朵裏，子罕當即堅決請求宋平公把師慧送回鄭國。為什麼？因為他慚愧。

按國際慣例，別國前來避難的人都是客人，即便他們在原國有罪，他們所流亡的國家也有義務保護他們。為流亡的人提供保護事關國家尊嚴，即便所在國沒有能力保護他們，也決不能交給原來的國家去處罰他們。即便是晉國楚國這樣強橫的國家，也不會逼迫別國把罪犯交給自己，當初晉國也只是要求各國不要收留欒盈，而不是一旦發現就移交晉國。所以那時候，晉國的罪犯可以逃到晉國的盟國，楚國的罪犯也能到楚國的扈從國繼續生活。

而宋國為了一點好處，就把鄭國的罪犯送回了鄭國，可以說是有損國格的。

對此，子罕原本就有些後悔，到師慧以撒尿來諷刺宋國人沒有尊嚴的時候，子罕就已經是痛心疾首了。

「我再也不能動這樣的貪念了。」子罕下定了決心，這件事情對他觸動極大。

這件事情之後不久，有人拿了一塊寶玉來獻給他。準確地說，是一塊璞玉，沒有經過加工的那種。

「你拿走吧，我不要。」子罕拒絕了。

來人以為是子罕沒有看出來這是塊玉，於是說：「這塊玉我請專家看過了，說是上等好玉，因此我才敢來獻給你。」

子罕笑了，之後說了一段流芳千古的話：「我把不貪作為我的寶貝，你把玉作為你的寶貝。你要是把玉給了我，我們就都沒有寶貝了，還不如各自留著。」

來人還不甘心，又說了：「我說實話吧，我有這個寶貝，很怕來往各地不安全，把它獻給你是為了避免自己被謀財害命。」

子罕想了想，收下了玉。之後，他找人把玉加工好了，賣了出去，把賣的錢給了來獻玉的人，那人於是發了財，回老家去了。

子罕那段著名的話原話是這樣的：「我以不貪為寶，爾以玉為寶，若以予我，皆喪寶也。不若人有其寶。」

子罕這人的思維方式很別致，或者說很理智，堪稱是個有大智慧的人，具有典型的「春秋先賢」特徵。

十年前，宋國太宰皇國父在農忙季節為宋平公修別墅，子罕請求過完農忙再修，宋平公沒有同意。修別墅的民工們就唱歌，這麼唱：「白臉黑心皇國父，逼迫我們修別墅；黑臉紅心是子罕，為民請命把心暖。」

子罕聽說之後，就親自拿著鞭子去督工，鞭打那些出工不出力的人。於是，再也沒有人唱歌了，大家都罵：「該死的當官的，沒一個好東西。」

有人問子罕為什麼這樣做。

「小小一個宋國，如果有人被詛咒，有人被歌頌，這個國家一定會亂的。」子罕說。

有道理嗎？太有道理了。

宋國就是這麼一個國家，一個出傻瓜的國家，也是一個出哲學家的國家。

世界和平大會之後第二年，宋國鬧災荒，子罕去找宋平公，請求把公家的糧食借給老百姓。同時，子罕也把自己家的糧食借出去，而且都不要借據。大夫們也被要求把糧食借出去，有的大夫家裏確實沒有餘糧，子罕就把自己的給他們一些，讓他們借出去。

這一年，宋國雖然鬧災荒，但老百姓都沒有挨餓，而且，整個官場的形象煥然一新，因為好事是大家一起做的，至少老百姓是這樣認為的。

和平來臨

世界和平大會開得非常成功，但是，也埋下了兩個伏筆。

有兩個重要國家沒有來參加，一個是秦國，一個是吳國。

按照雙方的約定，各自的盟國各自通知。楚國故意沒有通知秦國，原因很簡單，他們很樂於看到秦國繼續騷擾晉國。晉國也沒有通知吳國，同樣的理由，他們也樂於看到吳國繼續騷擾楚國。

所以，大國是不能相信的，他們總有很多小算盤。

不管怎麼樣，世界和平大會的成功程度還是出乎晉國和楚國的意料的。大會結束之後不久，晉楚兩國就分別派遣了智盈和蒍罷到對方國家出訪，監督盟約執行情況。

第二年夏天，盟約開始執行了，也就是說，朝拜之旅開始了。

齊景公、陳哀公、蔡景公、北燕伯、杞伯等國家元首前往晉國朝拜。

與此同時，鄭國派游吉前往楚國朝拜。剛進入楚國境內，楚王就派人來讓他回去。

「你回去吧，好像你的規格不夠，我們將派人去晉國問一問，到底該國君前來還是派個大夫來做做樣子就行了。」楚國人也沒給面子，直接趕回來了。說起來，這不怪楚國人，我這邊都派盟國國君去晉國了，憑什麼你的盟國派個大夫來就行？

「哎，這就是你們的不對了，和平大會上你們說得好啊，說凡事要考慮小國的利益，利於小國的和諧穩定。如今我們國家鬧災荒，國君不方便出來，這才派我出來，怎麼就不行了呢？」游吉也挺能說，而且鄭國確實鬧災荒了。

「別說這些，不好意思，我們也是奉命行事，別讓我們為難好不好？」

說來說去，游吉還是被趕回來了。

原本，中原國家都跟鄭國打的一個算盤，都打算派個卿去敷衍楚國人。如今游吉被趕回來了，大家知道要忽悠楚國人是沒戲了。

沒辦法，秋收一過，中原諸侯們紛紛上路，前往楚國朝拜去了。當然，齊國除外。

鄭簡公第一個到，朝拜完之後匆匆回國了。魯襄公和宋平公出發較晚，在路上聽到了楚康王去世的消息，於是宋平公和向戌掉頭回國，而魯襄公還是堅持去了楚國。

楚康王在位十五年，楚康王薨的前後腳，楚國令尹屈建也卒了。

天下諸侯都派了特使參加楚康王的葬禮，而趙武派了家臣參加了屈建的葬禮，表達朋友一場的情誼。

第一五八章
孟姜女的傳說

世界和平了，這一次是真的和平了。

連續兩年沒有戰爭了，而且也沒有戰爭的跡象。

不僅和平了，世界人民還很友愛，互相幫助了。

晉平公給天下諸侯發了一道通知，大抵說杞國人民需要幫助，希望大家出錢出力出人去幫他們修建都城。

沒辦法，除了楚國之外，其他國家都遵照執行，離杞國最近的魯國、齊國和宋國出力最多。

為什麼晉國對杞國這麼關懷？說起來，就要說到兒子好還是女兒好了。

當初晉悼公登基不久，杞國國君杞桓公到魯國訪問，跟魯成公談起晉悼公。魯成公對晉悼公讚不絕口，說是小孩人品好、能力好、帥氣十足、有氣魄，等等等等，把晉悼公捧上了天，而且語氣表情都很真誠。杞桓公一聽，當時就有想法了。什麼想法？

杞桓公有個女兒，恰好十三四歲，生得聰明伶俐，貌美如花，人見人愛，杞桓公決定，趁別人沒動手之前，趕快把寶貝女兒嫁給晉悼公，有了這個金龜婿，杞國還怕誰？

於是，杞桓公立即派人到晉國向晉悼公提出通婚的請求。晉悼公還是個小孩，聽杞桓公的人把個女兒吹得天花亂墜，當時就同意了。

就這樣，杞桓公的女兒成了晉悼公的夫人，晉悼公對夫人也是百般寵愛，後來，就生了晉平公。

如今天下太平，晉悼公夫人就對晉平公說：「兒啊，反正也不打仗了，大家閒著也是閒著，你舅舅家的城牆都垮了，讓大夥去給幫忙修修吧。」

就這樣，晉平公下令天下諸侯給杞國修城牆去。

兒子好還是女兒好？兒媳婦好還是女婿好？

杞人：天生憂愁

城修好了，魯國的功勞最大，於是，晉平公派司馬女齊前往魯國表示感謝。同時，還轉達一項命令：把過去侵佔杞國的田地還給杞國。

女齊來到了魯國，首先表達晉平公和太后對魯國的感謝，魯襄公還哼哼唧唧假裝客氣一番。但是隨後，正題來了。

「主公，不好意思，我家主公請你們把當年侵佔杞國的田地還給他們。」女齊吭吭哧哧說了出來，他自己都不好意思說。

「什麼？」魯襄公當時差點把眼珠子瞪出來，好嘛，不錯，世界和平了，我們幫杞國修城，出錢出人出力也就算了，現在還要把田地還給他們，合著世界和平給我們帶來的就是這個啊。

女齊歎了一口氣，算是表達自己的同情。

「太過分了吧？晉國是盟主啊，不關心王室的興衰，不關心同姓的兄弟國家，卻要兄弟國家犧牲利益去幫助異姓小國，今後還怎麼當盟主啊？誰還願意跟你們混啊？」魯襄公再也忍不住了，一通抱怨出來。

女齊對魯襄公的說法深有同感，他也覺得晉平公這樣的做法太沒道理。

「主公，算了，其實我們大家感同身受，我們也知道各個國家都有意見。可是我們也沒辦法，太后一定要這樣，大家不敢違抗啊。」女齊幫著魯襄公說。

儘管很憤怒，魯國人最終還是決定「擦掉一切陪你睡」，還感慨呢：「咱們是假睡，人家是真睡。」

魯國把侵佔杞國的田地還給了杞國，不過，只還了一半，另一半是「歷史遺留問題」。

女齊睜隻眼閉隻眼，稀里糊塗地在協議執行書上簽了名，回晉國去了。

女齊前腳回到晉國，後腳杞國的使者就到了，說是魯國只還了一半，另一半說是什麼「歷史遺留問題」，還說什麼「擱置爭議、共同開

發」之類，總之，不肯還。

晉悼公夫人一聽，很生氣，當時就對兒子說了：「女齊這人不行，辦個事也辦不好，魯國的田地只還了一半他就回來了。要是你爹活著的話，一定不高興。」

晉平公也不是傻瓜，他也覺得這麼做很過分，所以哼哼唧唧沒說什麼，私下裏，讓人把老娘的話轉告給了女齊，意思是說這事我幫你扛著了。

女齊聽了晉悼公夫人說的話，本來就一肚子火，當時也不客氣，對著晉平公的使者就發了一通牢騷：「你回去告訴主公，虞虢焦滑霍楊韓魏這些國家都是咱們同姓的兄弟國家，依靠兼併這些國家，晉國才漸漸強大起來。如果不是侵略小國，又到哪裡去取得土地呢？從晉武公、晉獻公以來，歷代先君兼併小國的土地很多，後來還給誰了？杞國是夏朝的後代，親近東夷，魯國是周公的後代，我們最親近的兄弟國家。如果把杞國送給魯國倒還可以，怎麼能要求魯國把田地全部還給杞國呢？魯國對待晉國，一向是貢品源源不斷，珍貴的玩物時有奉獻，卿大夫也時常來朝見。如今，為什麼要削弱魯國來增強杞國呢？如果先君知道這件事情，他大概會讓太后自己去辦理這個事情，哪裡會用我這個無用之人呢？」

晉平公可不敢把這話轉告給老娘，睜隻眼閉隻眼，這事也就算過去了。

說起來，杞國也不容易。我們來看看杞國的歷史。

周武王滅了商朝之後，照例，要尋找歷代聖賢的後人加以分封。於是，舜的後人封在陳國，商朝的後人封在宋國，夏朝的後人找了半天，找到了東樓公，就封在了杞，也就是今天的河南杞縣。說起來，杞國是大禹的後代。

杞國從一開始就是小國，經常受欺負，因此經常搬家，就人們所知道的，就搬到過今天的山東省新泰，後又遷至昌樂，再遷到安丘一帶。最後，靠跟魯國通親，算是安頓下來。不過，魯國不高興的時候也

常常找他們的麻煩，搶他們的土地。而魯國欺負杞國的理由很搞笑，通常是四個字：討不敬也。杞國怎麼會不敬魯國？因為杞國是夏禮，比較簡單，而魯國是周禮，很煩瑣，杞國稍不留意，就會「不敬」。

正是：欲加之罪，何患無辭。

弱小就要受欺負，這就是真理。

說起來，杞國也就這些年跟晉國攀上親戚之後稍稍揚眉吐氣了一些。最終，杞國在戰國初年被楚國所滅，這是後話。

《史記》中有「陳杞世家」，記陳國和杞國，稱「杞小微，其事不足稱述」。

杞國在歷史上最著名的一件事情就是杞人憂天了。《列子》中記載，一個杞國人整天發愁，擔心天塌地崩，於是有人來勸他，告訴他天不過是空氣，不會塌；地呢，都是實在的東西，沒地方可崩，所以放心活著吧。列子就評價說：擔心天塌地崩的沒道理，說天不塌地不會崩的也沒理由，因為誰也不知道。既然誰也不知道，操這閒心幹什麼？

杞人憂天，就是這麼來的。

為什麼這個故事安在了杞國人的頭上？因為杞國人總是被欺負，早上起來不知道晚上會搬去那裏，所以整天擔憂，終於世界和平了，城牆也有人幫自己修了，田地也還給自己了，沒別的好擔憂的，於是就擔憂天會掉下來。

類似杞國，小國的生存都很艱難，我們再來看看另外幾個有代表性的小國怎樣在夾縫中苦苦求存。

許國：搬家公司

許國出於姜姓，是上古四岳伯夷之後。周初，被封在今日河南許昌一帶。許姓就是許國的後人，得姓始祖就是許國開國國君許文叔。

許國人民在整個西周的生活是很幸福的。可是到了東周，萬惡的鄭國從陝西搬到了河南，開始激烈擴張，許國就成為他們眼中的一塊

肥肉。

許國鄭國之間有一塊地叫許田，是魯國的飛地——當初為了方便去周朝朝拜，中間一塊休息的地方。為了拿下許國，鄭莊公想了個好辦法。他派人去魯國對魯隱公說：「天子東遷之後，我們前去朝覲，路途遙遠，多有不便；而你們去泰山祭祀的時候，沐浴歇息也缺少落腳的地方。不如用我們的『湯沐之邑』祊田（今山東費城東南）和你們的『朝宿之邑』許田交換，這樣大家都方便一些。」

之後，兩國就真的交換了土地，不過由於許田較大，鄭國又多添了一些玉璧並且承諾，今後鄭國不去祭泰山了，而是到魯國祭周公。這一段，史稱「鄭伯以璧假許田」。這件事在當時引發極大爭議，因為這屬於「違法轉讓國有土地」。按周朝規定，所有土地都是周王的，包括諸侯在內，任何人不得私自交易。

隨後，鄭國聯合齊國和魯國佔領了許國（見第一部第十七章），並奪取了許國一半的土地。

後來，許國投靠齊桓公時代的齊國，又過了一段安穩日子。再往後，日子就很艱難了。

由於站隊的問題，楚國兩次討伐許國，許國國君搞了兩次「肉袒」才算過關。不過楚國並不是許國的頭號苦主，鄭國才是。

鄭國幾乎以一種變態的方式欺負許國，動不動就揍許國一頓。一段時間裏，鄭國和許國都跟著楚國混，可是鄭國還是欺負許國，許國就找楚國主持公道。魯成公五年（前586年），鄭悼公和許靈公在楚共王面前進行了辯論，結果鄭悼公辯論失敗，被命令把侵佔許國的土地還給許國。鄭悼公非常氣憤，乾脆轉而投靠晉國去了，對許國更加仇恨，騷擾也變本加厲。（事見第三部第一一六章）

許國實在受不了了，於是請求楚國幫他們搬家。魯成公十五年（前576年），楚國的公子申幫助許國搬到了楚國的葉（今河南葉縣），原先許國的地盤就被鄭國人佔領了。

葉不是個什麼好地方，是楚國的北部邊境，屬於窮鄉僻壤。更糟糕的是，還跟鄭國是鄰居。

可是就算這樣，鄭國人還是不放過許國，依然上門欺負。許國動了很多腦子，甚至曾經想要搬到晉國去躲避鄭國人。（事見第一四六章）

到魯昭公九年（前533年），許國人民終於迎來了值得慶賀的一天，楚國的公子棄疾（即後來的楚平王）把許國遷到了楚國內地的國城父（今安徽亳縣東南），他們總算是再也不用跟萬惡的鄭國人當鄰居了。

可是好日子沒過幾年，到魯昭公十三年（前529年），楚平王又把許國給遷回了葉。又過了五年（前524年），楚國擔心鄭國和晉國聯合攻擊許國，把葉搶佔，索性再次給許國搬家到容城（今河南魯山東南）。

搬來搬去，最終許國還是沒有能夠逃過鄭國人的魔爪。

魯定公六年（前504年），鄭國趁楚國被吳國擊敗的機會，出兵滅了許國。

基本上，經常搬家，許國人堪稱春秋時期的吉普賽人。

許國給歷史留下的記憶不多，只有一個教訓。

許國搬到容城的那一年，許悼公患了瘧疾，太子公子止從江湖醫生那裏弄來一服藥給父親吃，結果把老爹吃死了。太子止嚇得半死，跑到了晉國。史書就記載：「公子止弒其君。」這事情就說不清楚了，公子止很可能是好心辦壞事了。

所以《左傳》寫道：「盡心力以事君，舍藥物可也。」什麼意思？即便你很愛一個人，也要懂得分寸，犯忌諱的事情不要去做，否則你說不清楚。

邾 國

邾國，又稱邾婁，連讀後就讀為「鄒」了。邾國本姓曹，是黃帝後裔曹安的後代。曹姓主要起源於這裏，而朱姓就源于邾國。

邾國在魯國以南，位於今天山東鄒城一帶。小於魯國，但是大於更南面的滕國、薛國、郳國等小國。所以，儘管總是被魯國欺負，有

時候也敢跟魯國對著幹，曾經有一次戰勝了魯軍，幾乎活捉魯僖公，把魯僖公的頭盔掛在城樓上炫耀。

為了求得大國保護，邾國一向就投靠聯合國。晉國稱霸以後，跟著晉國混，跟魯國則是時好時壞。一段時間，邾國跟齊國勾搭在一起，南北夾擊魯國。

對於邾國來說，對抗魯國並不明智，因為魯國有晉國撐腰，邾國永遠不是魯國的對手。

在魯國不斷的重壓之下，邾國除了偶爾在晉老大那裏告個狀之外，也只能忍辱求存。後來，邾國人民乾脆破罐子破摔，國家越來越差，地盤越來越小。邾國的公子大夫們也喜歡逃到魯國去，而且通常都是帶著封地逃過去，這最要命。

終於到了戰國初期，楚國出兵結束了他們悲慘的一生。

邾國給歷史留下了一個模範人物，就是邾文公。魯文公十三年（前614年），鑒於魯國不斷地征伐侵擾，邾文公準備把國都從平原地區遷到地處山區的繹（今山東鄒城東南），占卜的結果是「利於民而不利於君」。對此邾文公說：「苟利於民，孤之利也。天生民而樹之君，以利之也。民既利矣，孤必與焉。」意思說，如果遷都有利於民眾，那麼也就有利於我。上天生育了民眾然後為他們樹立了統治者國君，國君的建立歸根結底是為民眾的利益著想。民眾得利，實際上就是我得利。

邾文公毅然決定遷都，從而成為千古美談。

莒國

莒國為己姓，莒國疆域最大時大致據有今山東的安丘、諸城、膠州、沂水、莒縣、莒南、日照等縣市，是今山東境內僅次於齊、魯的中等國家。

莒國算是個海洋國家，東面臨海，北面是齊國，西面是魯國。這個國家比較獨特，對於周文化比較抗拒。由於與魯國之間交通不便，

因此莒國主要的威脅來自齊國。齊國對莒國就像魯國對邾國以及鄭國對許國一樣，不停侵擾。事實上，早在春秋以前，莒國就曾經遷都以躲避齊國的侵略。

莒國和齊國、魯國都有婚姻關係，但是這不能改變被以上兩個國家欺負的命運。莒國的策略就是投靠強國，齊桓公的時候投靠齊國，晉國稱霸之後又投靠晉國，卻因此招來齊國的不間斷打擊。

基本上，莒國人有一定的實力，與齊國的戰爭偶爾能夠取得勝利，而與魯國之間似乎不分上下。總體上，莒國人的戰鬥力不錯。

被大國欺負的同時，莒國也欺負周邊的小國。他們奪取了杞國的牟婁，吞併了向國、鄫國。

莒國有一個問題跟邾國一樣糟糕，那就是他們的公子大夫們喜歡逃亡到齊國和魯國，而且也是帶著封地逃過去。就因為這個，莒國的地盤逐年縮小。

到戰國初年，莒國被楚國所滅。不過不久，被齊國奪得。

《墨子・非攻中》記載：「東方有莒之國，其為國甚小，間於大國之間，不敬事於大國，亦弗之從而愛利，是以東者越人夾削其壤土，西者齊人兼而有之。」

莒國歷史上留給人們的故事不多，這大概與他們始終沒有融入周文化有關。不過，他們還是和齊國人聯合貢獻了一個家喻戶曉的傳說：孟姜女哭長城。

孟姜女哭長城不是秦朝的事情嗎？據考證，其來源於春秋時期的一個故事。

齊靈公攻打晉國之後，回頭順道攻打了莒國，結果大將杞梁戰死（事見第一五一章）。兩國隨後講和，齊軍返回國都臨淄。在城郊，齊靈公遇上了杞梁的妻子，於是向她報告了杞梁戰死的噩耗，同時表示弔唁。杞梁的老婆不幹了，她說：「如果我家老公有罪，也就不用您弔唁了；如果是為國捐軀的烈士，那就該到我家裏弔唁，在這荒郊野外的，弔什麼唁？我不接受。」

齊靈公大感慚愧，第二天登門弔唁了。

這段故事，隨後幾經演變。且看這個演變過程。

到了戰國時期，《檀弓》一書引曾子的話中對這段故事作了修改：「其妻迎靈柩于路而哭之哀。」

從這裏開始，哭了。

《孟子·告子下》中，淳于髡的話又作修改：「杞梁之妻善哭其夫而變國俗。」

從這裏開始，不僅哭了，而且善哭，而且成了國俗。

西漢時，劉向在《烈女傳》中寫道：「杞梁之妻無子，內外無五屬之親，即無所歸，乃枕其夫之屍於城下而哭之，內誠感人，道路過者莫不為之揮涕，十日而城為之崩。」

到這裏，重大進展，哭倒了城牆。

東漢時，有《杞梁妻歎》琴曲，並稱曲系杞梁妻自做。

到這裏，不僅哭，還有歌了。

西晉時，崔豹《古今注》中進一步寫道：「杞梁妻抗聲長哭，杞都城感之而頹，遂投水而死。」

現在，哭倒了杞國都城，然後投河自盡。莒國人殺了她老公，結果她把杞國的城牆哭倒了，杞國人到哪講理去？估計就是這次被哭倒了城牆，晉平公才派諸侯們幫他們修城牆吧。

到了唐朝，詩僧貫休作詩《杞梁妻》：

秦之無道兮四海枯，築長城兮遮北胡。

築人築土一萬里，杞梁貞婦啼嗚嗚。

上無父兮中無夫，下無子兮孤複孤。

一號城崩塞色苦，再號杞梁骨出土。

疲魂饑魄相逐歸，陌上少年莫相非。

貫休直接把杞梁變成了秦朝人，並被築在城牆裏，其妻哭崩了秦長城。

再後來，杞梁的老婆正式有了名字：孟姜女。

當然，除了和齊國人合作「譜寫」了孟姜女的傳說，莒國其實還為無數的故事提供了一個素材。

魯昭公年間，莒國國君庚輿荒淫殘暴而且喜歡玩劍，每鑄成一把劍，都要用活人來做實驗，莒國人對他十分仇恨。終於，有一個叫烏存的大夫率領國人起義，庚輿怕得要死，想逃到魯國去，可是又怕烏存在路上殺他，有人就對他說了：「你儘管走，烏存以勇敢就可以出名了，沒必要再靠殺你搏眼球了。」

於是，庚輿逃到了魯國。

想一想，是不是有無數的故事裏，暴君每天或者每做一件什麼事情就要殺一個人的？其思想源泉都在庚輿這裏了。

小國生存

小國生存於大國之間，可以說是非常艱難的。類似以上的國家，他們除了受欺負，還是受欺負，不像鄭國魯國這些國家，除了受欺負之外，還能欺負別人。

中等國家可以依靠結盟，獲得超級大國的保護，儘管有時也沒有尊嚴，但是生存是有保障的。而小國面臨的問題就是，跟超級大國結盟，鄰近的大國也不放過自己，而自己又缺乏存在的戰略價值。那麼，怎麼辦？

以上的幾個小國苦苦求存，受了幾百年的苦，顛沛流離妻離子散之餘，最終還是被兼併。客觀一點說，越早被兼併越好，類似申國息國魏國韓國，從前被侵略，一旦被楚晉這類大國兼併，立馬成了侵略者。

所以，小國的存在，對於該國的老百姓來說不是好事。如果小國君主真的為百姓著想，就該主動帶著國家歸附於周邊的大國。

第一五九章
王子圍

晉國人女齊從魯國走了，轉年的春天，楚國人來了，來的是蒍罷。

楚康王薨了之後，太子熊員繼位為郟敖。令尹屈建卒了之後，王子圍繼任令尹。王子圍是誰？就是上下其手那哥們。

蒍罷前來，屬於友好訪問，因此，魯國的接待也很周到。除了魯襄公的國宴之外，叔孫豹還安排了私宴。

「據說王子圍做了令尹，怎樣，執政情況怎麼樣？」叔孫豹問起來。王子圍的名聲一向不好，所以叔孫豹有些擔心。

「嘿嘿，我們這些小人為了混口飯吃而聽人使喚，就這還經常擔心完不成任務而受批評，哪有工夫管那麼多。」蒍罷說。

「說說觀感也行啊。」

「沒有。」

「別人有什麼看法？」

「我是真不知道。」

叔孫豹再三問，蒍罷再三不肯回答。

等到蒍罷回國之後，叔孫豹對魯國的大夫們說：「楚國令尹可能要發動政變了，蒍罷肯定是幫兇，他之所以閉口不談王子圍，就是要替他掩飾。」

王子圍真的要發動政變了？

命運的安排

王子圍，楚共王的兒子，楚康王的弟弟，現任楚王的叔叔。此人身材高大，體格魁偉，雙目如炬，典型的南人北相。

當初，楚共王沒有嫡子，寵姬所生的庶子倒有五個，該立誰為太子呢？楚王於是祭祀了神靈，然後把一塊玉璧在神靈面前展示，說：

「請神靈幫我確定誰來當太子。」

祭祀之後，楚共王把玉璧埋在祖廟裏，然後讓五位公子齋戒，按長幼順序依次入廟下拜。楚康王第一個下拜，兩腳跨在玉璧兩旁。

「正點。」楚共王暗說，太子就是康王了。

儘管太子實際已經確定，楚共王還想看看另外四個兒子怎樣。

第二個進來的是王子圍，王子圍站得靠後了，但是下拜的時候，一邊胳膊壓在了玉上。

「嗯，這小子估計還有點福氣。」楚共王自忖。

第三個進來的是子幹，第四個進來的是子皙（公子黑肱），這兩位根本不著邊。

「唉，唉。」楚共王連著歎了兩口氣，這兩個兒子看來不行。

最後一位進來的是小兒子公子棄疾，那時候剛剛兩歲，是抱著進來的。棄疾稀里糊塗拜了兩次，結果兩次他的手都壓在玉璧的紐上。

楚共王皺皺眉頭，不知道這意味著什麼。

後來，楚康王繼位，四個弟弟也都順利成長。

王子圍從小塊頭比別人大，而且性格無賴，喜歡巧取豪奪，什麼好處都想要；子幹子皙哥倆性格相近，都比較老實，兩人的關係也比較好；公子棄疾歲數小，但是性格沉穩，不惹事，幾個哥哥都很喜歡他。

楚康王和屈建先後病故，楚王郟敖還小，於是，新任令尹王子圍成了楚國的第一實權派人物。王子圍非常欣賞一個人，認為這個人不僅聰明，而且是海歸，誰？伍舉。所以，伍舉就成了王子圍的頭號親信。

「我要做一件實事。」令尹王子圍對自己說。什麼實事？殺了穿封戍？

殺了穿封戍對王子圍有什麼好處嗎？沒有。所以，他不會殺穿封戍。

王子圍殺了大司馬蔿掩，罪名是巨額財產不能說明合法來源。蔿掩是蔿子馮的兒子，當年蔿子馮就是因為怕這個罪名而不敢當令尹，想不到自己的兒子還是死在了這個罪名上。

蔿掩真有巨額財產嗎？當然有，沒有的話王子圍為什麼殺他呢？

王子圍殺他，就是為了要侵吞他的巨額財產。

現在，蔿掩的巨額財產成了王子圍的了，如果今後有人問王子圍的巨額財產從哪裡來，王子圍就可以說：「從蔿掩那裏來的。」

除了搶奪了蔿掩的家產，王子圍還向楚王租借了楚王的離宮蒲宮。

王子圍永遠爭第一

按照第一次和平大會的決議，每五年舉行一次和平大會。

魯昭西元年（前 541 年），第二屆世界和平大會在鄭國的虢舉行。與上一次和平大會一樣，這一次依然是「卿會」，而不是國君大會。

王子圍率領楚國代表團北上，他決定要在和平大會上出出風頭，展示一下楚國的風采。於是，挑選了三千楚國精兵隨同北上。同時，特地向楚王借了服裝和器具，準備在大會上使用。

除了參加和平大會，王子圍這次去鄭國還有一個重要的目的，就是迎親。前段時間王子圍夫人去世，於是上次和平大會之後就向鄭國求親，結果公孫段決定把女兒嫁給他。所以，這次去也是順便把老婆娶回來。

剛開春，王子圍的迎親代表團就到了鄭國首都榮陽，鄭國現在是子產執政，一看楚國人來了數千號人，而且都是精壯大漢，當時心裏就發毛了。

「這是來搶親還是來迎親啊？」子產立即決定，原定王子圍入住城內國賓館取消，暫時住在城郊的國賓館裏。同時命令加強城防，以防萬一。

子產派了子羽去安置楚國人，然後在郊外舉行了聘問儀式，算是王子圍對鄭國國君表達敬意。隨後，王子圍提出要進城迎娶老婆。

「不行，我們國都狹小，怕是容不下你們這麼多迎親人員，還是在城外舉行婚禮吧。」按照子產的指示，子羽拒絕了王子圍的請求。

王子圍很惱火，心說老子不過是想來炫耀一下，又不真打你們，你們這麼不識相，要不是看在世界和平的分上，出兵滅了你們。

想是這麼想，可是在人家地盤上，也不敢太橫。問題是，堂堂楚國令尹，娶個老婆要在荒郊野外舉行婚禮，太沒面子了。

　　跟隨王子圍前來的伍舉眼看雙方僵持，想了一個辦法，他去找到子羽，說：「你看，鄭楚兩家結親，我們令尹非常高興。在國內先擺了宴席，還去莊王共王的廟裏祭告了祖先，這才來到鄭國。可是你們卻要讓我們在荒郊野外舉行婚禮，那不成野人了？我們令尹太沒面子了，他沒面子，也就是楚國沒面子啊，他回國非被撤職不可啊。希望你們再認真考慮一下，是不是改變決定。」

　　「伍大夫，我知道你們的難處，可是，我們也有難處啊。本來我們是非常歡迎你們的，整個鄭國都是你們的賓館，想住哪住哪，可是看看你們的隊伍，你說我們能不害怕嗎？如果不是因為害怕，我們巴不得在我們的祖廟裏舉行婚禮，我們也有面子啊。」

　　話說到這裏，大家都很坦誠。

　　大家都坦誠了，事情也就好辦了。

　　「這樣吧，我們倒背著弓袋進城，怎麼樣？」伍舉提出一個建議，意思就是，楚國人不帶武器進城。

　　楚國人的建議得到了子產的批准，於是，王子圍帶領著迎親隊伍進了城，在公孫段的祖廟裏舉行了迎親典禮。隨後，楚國人依然出城居住。

　　第二屆世界和平大會在鄭國的虢正式舉行。

　　楚國的王子圍、晉國的趙武、齊國的國弱、魯國的叔孫豹、鄭國的罕虎、宋國的向戌以及衛國、蔡國、陳國、許國、曹國等十多個國家的大夫雲集這裏。

　　這一次的和平大會只有一個議題，就是重溫五年前宋國的和平大會精神，再次重申那一次的盟約。

　　每次的會議都會遇上一個無法躲避的問題：歃血為盟，誰第一個？

　　按理說，上一次在宋國的結盟是楚國人先歃血，這一次就應該是晉國人了。可是，王子圍怎麼會同意？他絕對不會同意。於是，他和

伍舉想了一個辦法。

預備會議召開，大家依次而坐，敘敘舊情，互相拍拍馬屁。然後，話入正題。

「我們建議，既然就是重複上次的盟約，那就簡單點，殺了祭祀的牲畜之後，別歃什麼血，由東道主鄭國的罕虎宣讀一下上次的盟約，然後放到牲畜身上就行了。」王子圍提出建議，說起來是為了省事，其實就是要省略掉歃血為盟這個程式。

所有人都笑了，大家都聽說過王子圍是個賴皮，私下人稱楚老賴，上下其手的故事早已流傳四方。不過，聽說歸聽說，這次當面見到，大家還是忍不住笑了。

別人無所謂，關鍵看晉國。

「好啊，就照令尹的方案吧。」趙武讓步了，他對這些形式的東西並不看重。

三月二十五日，結盟儀式按照王子圍的建議進行，罕虎宣讀了上一次的盟約，然後放在祭祀的犧牲上面，算是完成了結盟。

結盟儀式上，最出風頭的依然是王子圍。

王子圍身穿楚王的衣服，身邊的器具也都是楚王的，身前身後各有兩個執戈衛士保護，所有這些，完全是楚王的規格。

傻瓜都能看出來，王子圍有野心。

大家議論紛紛，王子圍聽在耳朵裏，很得意。

「哈，各位不要亂說啊，這些都是令尹這次出來向楚王借的。」伯州犁覺得事態有點嚴重，於是向各國大夫解釋。

「嘿嘿，只怕有借沒還吧。」各國大夫們依然議論紛紛。

盟會結束，王子圍宴請趙武。這次盟會，他準備把風頭出足。

「我先來吟誦一首詩，元帥見笑啊。」王子圍話說得客氣，實際上不客氣，不等趙武回答，先念上了。「明明在下，赫赫在上。天難忱斯，不易維王。天位殷適，使不挾四方。」

趙武一聽，吃了一驚。俗話說得好：流氓不可怕，就怕流氓有文

化。王子圍這首詩出於《詩經·大雅》，名叫「大明」，是讚頌周文王取代商朝的。

從前，楚國人不玩這些，近些年才開始玩。王子圍也算是有文化的人，當然不會平白無故念這首詩。

「這小子看來是迫不及待要篡位了。」趙武明白了，於是他念了《詩經·小雅》中的「小宛」：「人之齊聖，飲酒溫克。彼昏不知，一醉日富。各敬爾儀，天命不又。」

這一段的意思就是：正派人少喝酒，喝酒多了容易做蠢事。老老實實認命吧，該幹什麼幹什麼。

王子圍聽出來了，這是在奉勸自己不要亂來。

王子圍會聽趙武的勸告嗎？

王子圍篡位

回到楚國，王子圍加快了行動的步伐。

首先，他派出弟弟公子黑肱和太宰伯州犁去楚鄭邊境修城。

鄭國人很驚慌，擔心楚國人是不要要在這裏派兵。不過子產很鎮定，他看透了王子圍的意圖：「大家不要怕，王子圍的心思根本不在我們身上，他是要找藉口除掉這兩個人而已。」

到了當年冬天，王子圍又到鄭國去聘問，他怎麼這麼愛鄭國？其實，聘問是假，目的是要在聘問之後回國的路上順道視察修城的情況，找個類似「進度太慢」或者「驚擾友鄰」之類的罪名，把那兩位給喀嚓掉。

想得挺好，可是人算不如天算，還沒出楚國邊境呢，在宮內的臥底快馬來報：「令尹，大王重病。」

王子圍一聽，機會比想像的來得快啊，這還去鄭國幹什麼？當時把聘問的任務就交給了副手伍舉，自己趕回郢都去了。

來到郢都，王子圍立即前往王宮探望楚王。果然，楚王臥病在床。

「你們都出去，我有要事向大王彙報。」王子圍一聲令下，把宮裏

的人都趕出去了。

大家平時就怕他，這時候誰敢不聽？看見所有人都走開了，王子圍來到床前。

「大王，病得怎麼樣？」王子圍問。

「還，還成，吃了兩服藥，好些了。令尹有什麼要事？」楚王說。他病得不輕，但是也不是要命的病，類似重感冒而已。

「要事嘛，就是要命的事。」

「什麼要命的事？」

「要你命的事。」王子圍說著，眼中冒出了綠光，順手從床上拿起一條緞帶，勒在了楚王的脖子上。

楚王本來就身子虛，再加上王子圍身高力大，哪裡掙扎得了？

不一刻，楚王一魂直飛枉死國中。

殺了楚王，王子圍順便把楚王的兩個小兒子幕和平夏也都掐死了，這才堂而皇之離開了王宮。

楚王死了。

人人都知道是令尹王子圍所殺，但是沒有人敢說。王子圍立即展開清洗運動，捉拿自己的兩個弟弟子干和公子黑肱，不過兩人早有防備，子干逃去晉國，公子黑肱逃去鄭國。

伯州犁消息不靈通，被王子圍派人殺死。

清除障礙之後，王子圍登基，就是楚靈王。他把被自己殺死的侄子葬在了楚國北部的郊地，因此歷史上稱為郟敖。

楚靈王登基之後，任命蒍罷為令尹，蒍啟強為太宰，驗證了叔孫豹當年的預言。

同年，晉國的趙武卒了，韓起遞補為中軍帥。

楚靈王的野心

楚靈王的野心自然不僅僅在楚國國內，他很想嚐一嚐當盟主的

滋味。

「晉國人很肉嘛，根本沒有傳說中那麼強，老子要壓過他們，當真正的老大。」楚靈公下了決心，他的眼力還是不錯，晉國這一代領導人是很肉。

跟伍舉一商量，楚靈王有辦法了。

登基僅僅兩年，楚靈王決定搞一次和平大會。這次和平大會就在楚國舉行，到時候在自己的地盤上就不用跟晉國人爭什麼了，自己說什麼就是什麼，讓晉國老老實實當老二。

有了這個想法，楚靈王開始行動了。

楚靈王三年（前538年）開春，鄭簡公和許靈公兩個老冤家竟然同時到楚國朝拜，不期而遇。朝拜完之後，兩人急忙忙都要走。

「哎，兩位，先別急著回去，我們楚國人好客，兩位跟我一塊去南方打獵吧，順便給你們溝通溝通感情。」楚靈王下令了，說得客氣，其實就是命令。

沒辦法，兩個老冤家留在楚國，跟著楚靈王到江南打獵去了。

這一邊打獵，那一邊，楚靈王就派伍舉去了晉國，要辦兩件事。

「我們大王說了，世界和平了，楚國晉國是一家。其實，我們大王對於晉國的敬仰那是如江水滔滔，綿延不絕。為了表達自己的景仰，也為了促進兩國的友好合作關係，我們大王向貴國求親，希望成為主公您的女婿。」伍舉辦的第一件事情是為楚靈王求親。楚靈王始終有個想法，他總覺得各代楚王雖然牛，但是血統不夠高貴，所以，他要從晉國娶老婆。

這個請求是無法拒絕的，不要說楚王，就算是宋國陳國來求親，這個面子也要給的。

「好，能夠與楚國聯姻，這是我們晉國的榮幸啊，我一定挑選一個出色的女兒嫁給楚王。」晉平公同意了，兩個超級大國之間還從來沒有通過婚，如果今後的楚王是自己的外孫，自己面上也有光啊。

第一項任務完成了，伍舉開始第二項任務。

「我們大王說了，多承貴國國君的恩惠，使得在宋國的世界和平大

會圓滿成功，世界實現了和平。盟約中說了，兩國的盟國應該互相朝見。由於今年多災多難，我們希望在楚國舉辦一次世界和平大會，晉國和楚國國君親臨，各國國君也都參加。如果貴國國君同意的話，請通知你們的盟國參加。」伍舉要辦的第二件事，就是請求晉國支援召開世界和平大會。

晉平公一聽，什麼？讓我也去楚國？那不是找死？誰不知道你王子圍的德行啊。

「這個，世界和平大會五年一次啊，還沒到時間呢。」晉平公找了這麼個理由拒絕。

「嗨，其實吧，這不是世界和平大會，這就是讓各國一次性朝拜兩個國家的君主，大家都省事，也算是我們兩個超級大國為大家做點實事。同時呢，也是你們翁婿見面，一敘親情的機會啊。」

「你等等，我們先商量一下。」晉平公打發伍舉出去，召集卿大夫討論。

六卿們一聽，全體反對，這擺明瞭就是楚國要當楚老大，要把晉國打成晉老二。

只有一個人認為應該同意，這人就是司馬張侯。

「俗話說：欲讓其滅亡，先讓其倡狂。楚王幹了很多缺德事，但是都很順利，這是老天要懲罰他，所以故意讓他先萬事如意。既然這樣，我們為什麼不讓他如意呢？他是在自取滅亡啊。如果我們讓他受挫折，那等於在挽救他啊。」張侯的觀點很獨特，不過這倒符合這一代領導人不與楚國正面對抗的執政思路。

所以，大家都同意了張侯的說法。

於是，晉平公派了叔向去回覆伍舉。

「楚王的建議非常好，具有時代意義，我們主公很贊同。不過，因為國務繁忙，到時候不一定能抽出時間前往。至於其他的諸侯，是我們的盟國也就是楚國的盟國啊，不必徵求我們的意見，楚國可以直接召集他們。」這是叔向的回答，實際上六個字：不反對，不參與。

第一六〇章

楚靈王爭霸

　　派了伍舉去晉國之後，楚靈王把隨從鄭簡公前來的子產請來了，他知道子產是個非常聰明的人。

　　「你幫我分析分析，晉國人能答應我們的要求嗎？」楚靈王把事情的大概說了一遍，然後問子產。

　　「沒問題啊，晉國國君追求安逸，他們的卿又都很平庸腐敗，沒有能力輔佐國君。」子產毫不猶豫地回答。楚靈王聽了很高興。

　　「那你說，諸侯們會來嗎？」

　　「會來，為什麼不來呢？如果不來，恐怕也就是衛國、魯國、邾國和曹國了。因為魯國和衛國都要仰仗晉國，邾國和曹國分別依附于魯國和宋國，這種場合他們不敢出來。」子產分析得很到位，楚靈王直點頭。

　　「那，我有什麼要求都會如願以償嗎？」

　　「求逞於人，不可；與人同欲，盡濟。」（語見《左傳》）子產說。意思是強迫別人是不行的，如果符合別人的意願，那就沒問題。

　　楚靈王沒有說話，不過他在心頭說：「老子偏要求逞於人，讓你們看看濟不濟。」

楚國和平大會

　　夏天，諸侯們都來了。依照規矩，齊國可以不來，因此齊國沒來。此外，衛國、魯國、邾國和曹國沒來。魯國的藉口是正碰上祭周公，時間衝突，衛國的藉口是衛襄公有病，邾國和曹國的藉口則是國內不安定。

　　一切，都在子產的預料之中。

　　除了這幾個國家，實際上重要的國家中也就是鄭國來了國君，宋國來了卿向戌，太子公子佐也將隨後趕來，其餘與會者都是小國。

六月十六日，楚靈王在申地舉行和平大會。會前，楚靈王特地找來伍舉商量和平大會的方式。

「據我所知，禮法很重要。現在咱們要想讓諸侯口服心服，就要合乎禮法，只有這樣才能成就霸業。從前夏啟有鈞台的宴享，商湯有景亳的命令，周武王有孟津的盟誓，周成王有岐陽的閱兵，周康王有豐宮的朝見，周穆王有塗山的會見，齊桓公有召陵的出師，晉文公有踐土的會盟，大王，您準備用哪一種？」伍舉一通賣弄，搞得楚靈王暈頭轉向，就記住了晉文公的踐土會盟和齊桓公的召陵出師了。

「那，就跟齊桓公一樣吧。」想來想去，楚靈王覺得怎麼也不能跟晉文公一樣，那樣會招來晉國人的嘲笑。

「好，那就把宋國的向戌和鄭國的子產叫來，這兩位學識淵博，他們知道怎樣操作。」伍舉說。原來他也不懂。

楚靈王把向戌和子產找來，果然這兩位博學多才，把整個過程的禮儀說得清清楚楚。

「伍舉，你就站在我身後，我有什麼做得不對的地方，立即給我指出來。」和平大會召開之前，楚靈王給伍舉佈置了任務。

「沒問題，大王就放開膽子做吧。」伍舉滿口答應。

和平大會其實被搞成了盟會，大家宣誓尊楚國為老大。整個過程非常順利，大家也想明白了，誰也不是傻瓜，誰也不吃眼前虧。

楚靈王的自我感覺很好，他把這次大會定義為「史無前例的成功」。

盟誓結束之後，楚靈王突然發現整個過程中伍舉沒有糾過一次錯，看來自己的所有做法都合乎禮儀。

「嘿嘿，看見沒有，禮儀這套東西，我一點就通，全做對了。」楚靈王很得意地對伍舉說。

「啊，大王怎麼知道自己全做對了？」伍舉有些驚訝。

「我要是沒全部做對，你怎麼沒有糾正我？」

「嗨，我沒糾正你是因為我根本沒見過啊，我不懂啊。」伍舉恍然

大悟。

「啊，原來這麼回事？」楚靈王也是恍然大悟，剛才的自豪感消失了一大半。他有些不高興了：「既然你不懂，站在我後面幹什麼？」

「大王，我要不站在您後面，您能這麼自信嗎？您總不能讓子產站在您後面吧？再說了，您是盟主，您怎麼做不都是對的？」

「哈哈哈哈，這話我愛聽。」楚靈王又高興起來，他喜歡伍舉，覺得這人什麼事情都能透過現象看本質。

展示武力

盟誓僅僅是楚靈王這次和平大會的一個議題，接下來，楚靈王準備向諸侯們展示武力。

七月，楚靈王讓鄭簡公和宋國的太子公子佐先回國，而各國大夫留下來隨同楚軍東征，現場參觀楚軍攻打吳國。

公子佐有些鬱悶，因為來得晚，楚靈王拒絕接見他，直接打發他回國了。

楚靈王原本想攻打吳國的跟班徐國，可是這次徐國國君好像有預感一樣，竟然不請自到，來參加和平大會了。楚靈王沒客氣，把徐國國君給拘留了。本身拘留徐國國君就有些說不過去，如果再攻打徐國，那就太說不過去了。

所以，楚靈王決定攻打吳國。攻打吳國有兩層含義，第一是炫耀武力，第二是做給晉國看，因為吳國是晉國的盟國。如果攻打吳國而晉國沒有反應，也就等於晉國服軟了。

誰也沒有想到楚靈王會在和平大會之後出兵，諸侯們沒想到，吳國人同樣沒想到。結果，楚國大軍一舉攻克了吳國的朱方（今江蘇鎮江丹徒縣）。

隨後，楚靈王屁股一扭，率領大軍直取賴國（今湖北省隨縣東）。賴國國君嚇得半死，乾脆來個裸奔，肉袒出降。楚靈王這次沒殺他，接受了他的投降，然後把整個賴國遷移到了鄢。然後命令在賴地築城，

準備把許國遷過來。

到現在為止，楚靈王可以說是算無遺策，心想事成。來總結一下。

娶老婆，想娶鄭國的就娶鄭國的，想娶晉國的就娶晉國的。

盟會，想不歃血為盟，就不歃血為盟；想在楚國召開，就在楚國召開。

對諸侯，想扣留許靈公，就扣留許靈公；想扣留鄭簡公，就扣留鄭簡公；想不見公子佐，就不見公子佐；想攻打吳國，就攻打吳國；想殺慶封，就殺慶封；想攻擊賴國，賴國國君就裸奔；想把賴國遷走，就把賴國遷走；想在賴國築城，就在賴國築城。

對此，楚國大夫申無宇有一段精彩論斷：「楚禍之首，將在此矣。召諸侯而來，伐國而克，城竟莫校。王心不違，民其居乎？民之不處，其誰堪與？不堪王命，乃禍亂也。」

什麼意思？楚王想怎麼幹都能幹成，沒有人能約束他監督他，老百姓哪裡還能有安居樂業的機會？老百姓不能安居樂業，他們就會無法忍受。老百姓無法忍受，國家不是就要亂了？

這段話告訴我們一個道理：如果統治者做什麼都能做成，並不是一件好事。

楚靈王娶親

楚靈王的一系列炫耀加試探都沒有引起晉國人的抗議或者至少是不滿，這讓楚靈王多多少少也有些驚訝，不過這也給了他更大的信心，要徹底壓制晉國人。

第二年的春天，楚靈王派遣令尹蒍罷和莫敖屈生前往晉國迎親，而晉平公派了中軍帥韓起和上大夫叔向送親。

老婆還沒有送到，楚靈王就召集大臣們開會了。大家想這個時候開會，大概是研究婚禮的事情和怎樣接待老丈人的使者之類的事情。可是，大家都錯了。

「各位，晉國是我們的仇人，我爹的眼睛就是被他們射瞎的。如果

能夠報復他們，我們不計後果不擇手段。現在他們派來了上卿和上大夫，如果我們砍了韓起的腳，讓他守門，讓叔向當太監，嘿嘿，這樣就羞辱了晉國人，我們也就算戰勝了晉國人。各位覺得我這好主意怎麼樣？」楚靈王的主意一出來，一片譁然，這哪裡是楚王，這分明還是原先那個無賴王子圍啊。

所有人都覺得這個主意實在太缺德，好幾代楚王都在盡心盡力地讓楚國擺脫蠻夷形象，成為正宗華夏，好不容易獲得了世界的初步認同，這位這麼一搞，豈不是讓歷代楚王的努力前功盡棄？

沒人說話，因為沒人贊成；沒人說話，因為誰也不敢反對。

最終，還是太宰薳啟強忍不住說話了：「可。苟有其備，何故不可？恥匹夫不可以無備，況恥國乎？是以聖王務行禮，不求恥人。朝聘有珪，享有璋，小有述職，大有巡功。設機而不倚，爵盈而不飲；宴有好貨，飧有陪鼎，入有郊勞，出有贈賄，禮之至也。國家之敗，失之道也，則禍亂興。城濮之役，晉無楚備，以敗於邲。邲之役，楚無晉備，以敗于鄢。自鄢以來，晉不失備，而加之以禮，重之以睦，是以楚弗能報，而求親焉。既獲姻親，又欲恥之，以召寇仇，備之若何？誰其重此？若有其人，恥之可也。若其未有，君亦圖之。晉之事君，臣曰可矣：求諸侯而麇至，求昏而薦女，君親送之，上卿及上大夫致之。猶欲恥之，君其亦有備矣。不然，奈何？韓起之下，趙成、中行吳、魏舒、范鞅、知盈；羊舌肹之下，祁午、張趯、籍談、女齊、梁丙、張骼、輔躒、苗賁皇，皆諸侯之選也。韓襄為公族大夫，韓須受命而使矣；箕襄、邢帶、叔禽、叔椒、子羽，皆大家也。韓賦七縣，皆成縣也。羊舌四族，皆強家也。晉人若喪韓起、楊肹，五卿、八大夫輔韓須、楊石，因其十家九縣，長轂九百，其餘四十縣，遺守四千，奮其武怒，以報其大恥。伯華謀之，中行伯、魏舒帥之，其蔑不濟矣。君將以親易怨，實無禮以速寇，而未有其備，使群臣往遺之禽，以逞君心，何不可之有？」

這段話見於《左傳》，因為非常精彩及經典，因此原文照錄。這段話什麼意思？

　　大意如下：我看行。如果我們準備充足，有什麼不行的呢？羞辱一個人都要防備報復，何況羞辱一個國家？說句老實話，人家晉國近年來待咱們不薄了，非常夠意思，這樣你還要羞辱人家？再說，人家晉國人才濟濟，兵力強大，你這樣只能讓他們團結一心，同仇敵愾，到時候，我們這幫給您打工的全都要當晉國人的俘虜了。沒關係，你是老大你高興，就這麼幹吧。

　　薳啟強的話說得有點激動，一方面確實有道理，另一方面，他對叔向一向很敬佩，兩人關係也堪為莫逆之交。

　　「打住打住打住，別再埋汰我了，我錯了行不？」楚靈王這點好，不怕丟面子，當場認錯。「那，現在討論一下怎麼招待老丈人家來的貴客吧。」

　　哄堂大笑，楚靈王的主意也變得太乾脆了。

　　結果，韓起和叔向在楚國受到隆重招待。楚靈王一高興，給韓起贈送了厚禮，但是沒給叔向。為什麼不給叔向？因為楚靈王聽說叔向學識淵博，他要羞辱一下叔向。

　　於是，春秋版群英會開始了。

　　楚靈王大宴，召集了楚國大夫中能言善辯、學識淵博的人來，要出題考翻叔向。誰知叔向從容應對，不僅對答如流，還把楚靈王的大夫們問得張口結舌。

　　「學問啊。」楚靈王現在服了，他很喜歡叔向了，於是也贈送了他厚禮。

章華之台

　　晉國成了親戚，天下諸侯都服氣了，吳國人也被擊敗了，還有什麼要幹的？楚靈王還真有點犯愁。

　　楚靈王六年（前535年），發生了一件事情，這件事情給了楚靈王靈感。什麼事情呢？

原來，楚靈王登基之後建了一個章華之宮，用來幹什麼呢？用來接納各種逃亡人士，其中既有國外流亡人士，也有很多國內的犯罪分子。說起來，《水滸傳》裏的柴進就是跟楚靈王學的。不過，人家柴進是破壞國家法律來營造自己的江湖，而楚靈王就是破壞自己的法律。

　　一天，申無宇的看門人犯了罪，逃到了章華之宮。申無宇去宮裏抓人，結果人沒抓到，自己反而被抓起來，送到了楚靈王那裏。

　　「老申，你怎麼敢跑到我的宮裏抓人？膽肥了你？」楚靈王有些生氣，質問申無宇。

　　說起來，楚靈王跟申無宇還有一段過節，那是楚靈王還是令尹王子圍的時候，一次王子圍搞了一面楚王才能用的旗子去打獵，被申無宇一劍把旗子給砍了，當時還斥責王子圍怎麼冒用楚王的東西。

　　不過楚靈王這點好，他不記仇，所以不僅穿封戌到現在沒事，申無宇也沒事，而且楚靈王還有些欣賞他。

　　「他偷了我的東西，跑到了宮裏，我不去宮裏抓他，去哪裡抓？當初周文王的法律規定：有人逃亡，四處去抓。楚文王也說過：窩藏逃犯和贓物，與盜賊同罪。如果用周文王和楚文王的法律，大王您也是盜賊了。」申無宇一點也不害怕，反過來痛斥楚靈王。

　　楚靈王有點傻眼，別看他橫，碰上更橫的，他真傻眼，何況人家說得有道理。

　　「唉，算了算了，你走吧。不過給我個面子，人你就別抓了。」楚靈王服軟了，提出妥協。

　　申無宇氣哼哼地走了，算是給了楚靈王一個面子。

　　送走了申無宇，楚靈王來了靈感。這章華之宮是收納罪犯的，那我再弄一個叫章華之台的，專門在這裏招待諸侯，不是很有意思？

　　說幹就幹，楚靈王命令修建章華之台。

　　章華之台修好之後，請誰第一個來呢？晉平公？那肯定不來；齊景公？那肯定也不來。乾脆，請魯昭公算了。

　　於是，楚靈王派了蒍啟強去請魯昭公。

　　薳啟強去了魯國，對魯昭公說：「昔先君成公，命我先大夫嬰齊曰：『吾不忘先君之好，將使衡父照臨楚國，鎮撫其社稷，以輯寧爾民。』嬰齊受命於蜀，奉承以來，弗敢失隕，而致諸宗祧。曰，我先君共王，引領北望，日月以冀。傳序相授，於今四王矣。嘉惠未至，唯襄公之辱臨我喪。孤與其二三臣，悼心失圖，社稷之不皇，況能懷思君德！今君若步玉趾，辱見寡君，寵靈楚國，以信蜀之役，致君之嘉惠，是寡君既受貺矣，何蜀之敢望？其先君鬼神，實嘉賴之，豈唯寡君？君若不來，使臣請問行期，寡君將承質幣而見於蜀，以請先君之貺。」

　　這段話見於《左傳》，之所以又是原文照錄，在於這又是一段經典的話。實在太精彩，因此不忍捨棄。

　　看看文中用了多少拍馬屁的話，就知道薳啟強忽悠得有多麼精彩，基本上就是說：您要是不去的話，我們楚國人都不想活了。

　　但是，最後一句，薳啟強來了一點小小的威脅：您要是不去的話，我家大王就會帶著禮物來拜會您了。潛臺詞就是：我家大王就會領兵來打您了。

　　話說到這個分上，馬屁拍得肉麻，威脅小小點綴，魯昭公說什麼也不能不去了。

　　薳啟強，偉大的文學家也；薳啟強，偉大的外交家也。一個字，牛。

　　四月份，魯昭公到了楚國，楚靈王非常高興，就在章華之台舉行國宴招待。

　　為了招待魯昭公，楚靈王特地把章華之台的服務生全部換成了高大魁梧的男人，以此顯示楚國的力量。

　　除了顯示力量，楚靈王還賣弄文化，上次從子產和向戌那裡學來的周禮經過消化吸收之後，運用得更加恰當，連魯昭公都感到驚訝，魯昭公的隨從們都自慚形穢。於是，魯國人從一開始的敬畏到後來是真的很佩服楚靈王了。

　　楚靈王非常高興，正是酒逢知己千杯少。

喝多了的時候，楚靈王就覺得魯昭公很夠朋友，於是讓人拿出自己珍藏的一件稀世之寶——名叫大屈的寶弓。

「魯公，聽說過這個嗎？這叫大屈，天下最好的弓。」楚靈王賣弄，遞給魯昭公。

「哎喲，聽說過啊，真是聞名不如見面，確實是一把好弓。」魯昭公倒不是恭維，把弓拉開，手感出奇的好，這確實是一把寶弓。

「那什麼，送給你了。」楚靈王高興，再加上喝多了，就送給了魯昭公。

「多謝多謝啊。」魯昭公沒有推辭，因為他知道楚國有很多寶貝，自己不用客氣。

當晚，盡醉而歸。

第二天酒醒之後，楚靈王想起來自己把大屈給送了，這叫一個後悔。別忘了，王子圍是出了名的財迷，什麼東西捨得送人啊。

楚靈王把蒍啟強給找來了，幾句廢話之後，就說起大屈的事情，說是昨天一激動給送了，如今想要回來，可是又不好去要，怎麼辦？

「要不，咱派人扮強盜搶回來？或者，派人偷回來？」楚靈王想了這麼兩個辦法，可是，都覺得不大妥當。

「大王，我就知道你會後悔，昨晚使勁眨眼給你使眼色，你都沒搭理我。」蒍啟強當時就批評楚靈王，他知道，對楚靈王，別客氣。

「我喝多了，哪裡看得到？快想辦法吧。實在不行，等他們回去的路上，派強盜搶回來。」楚靈王的辦法，都是這樣下三爛的主意。

「算了，這事情交給我了，大王你別管了。」看，蒍啟強會者不忙。

「交給你了啊，弄不回來，扣你三年俸祿。」

蒍啟強找到魯昭公，魯昭公正在那裏欣賞大屈呢。見蒍啟強來，急忙敘禮。

「恭賀主公啊。」蒍啟強說。

「有什麼好恭賀的？」魯昭公沒弄明白。

「恭賀主公得到這把大弓啊，不瞞主公說，這把大弓，吳國人和齊國人都垂涎已久，吳國人總是攻打我們，就是為了這把弓；晉國國君把女兒嫁給了楚王，也說要這把弓，大王沒捨得給他。所以主公回去把這把弓收藏好了，還要防備這三個國家的入侵。不管怎麼說，還是祝賀主公。」蒍啟強搞了這麼一段。

魯昭公一聽，嚇了一跳，這哪裡是寶物，這不是禍水嗎？再想想，昨天楚王剛給自己，今天蒍啟強就來說這個，不是明擺著想要回去嗎？早聽說楚王是個財迷，看來真是這樣。

「那什麼，這麼危險，我不要了，麻煩先生幫我還給楚王吧。」魯昭公想明白了，主動退還。

「那不行，大王給的，怎麼能要回去呢。」蒍啟強還要做做樣子。

「不是大王要，是我主動歸還啊，這麼貴重的東西，我們不配啊。無論如何，請你幫幫忙。」

「這，大王會責怪我的。」

「楚王要責怪你，我去幫你解釋。」

「那，我試試吧。如果大王還讓我退給你，那可就沒辦法了。」

「多謝多謝。」

穿封戌

天不怕，地不怕，楚靈王真的誰都不怕？不然，其實楚靈王始終對一個人心存敬畏，誰？穿封戌。

楚靈王七年，陳國內亂。於是楚靈王借機滅了陳國，把穿封戌封為陳公，這個級別一般只有王子能夠達到，是楚國的一等爵位。為什麼這樣封賞穿封戌，楚靈王自己說了：「這傢伙很耿直，不拍馬屁，不畏權貴。」

等穿封戌來當面受命的時候，楚靈王問他：「老兄，你要是知道我今天能當大王的話，那時候你還敢追殺我嗎？」

猜猜穿封戌怎麼回答？

「我要是知道你有今天，那時候我拼了老命也要殺了你，讓楚國安定下來。」穿封戌還跟從前一樣，看見楚靈王好像看見了王子圍，一點也不客氣。

「哈哈哈哈，你一點都沒有變，我喜歡。」楚靈王哈哈大笑，他就喜歡穿封戌，他就不喜歡伯州犁。

說起來，楚靈王其實還有可愛的一面。

從登基到現在，楚靈王一切順風順水，儼然要成為新一代的霸主。

但是，別忘了那句話：誰倡狂，誰滅亡。

楚靈王，其實已經成了別人的獵物。網，在慢慢收緊。

北面，晉國人警惕地盯著楚靈王；東面，吳國人摩拳擦掌，隨時來犯。那麼，究竟誰在瞄準著楚靈王呢？

和平，只是兩次戰爭的間隙；和諧，只是天下大亂的前奏。

說春秋之四：天下大亂

作　　　者	賈志剛
發　行　人	林敬彬
主　　　編	楊安瑜
編　　　輯	王聖美
內 頁 編 排	于長煦
封 面 設 計	王雋夫
出　　　版	大旗出版　行政院新聞局北市業字第1688號
發　　　行	大都會文化事業有限公司
	11051台北市信義區基隆路一段432號4樓之9
	讀者服務專線：(02)27235216
	讀者服務傳真：(02)27235220
	電子郵件信箱：metro@ms21.hinet.net
	網　　　址：www.metrobook.com.tw
郵 政 劃 撥	14050529 大都會文化事業有限公司
出 版 日 期	2011年11月初版一刷
定　　　價	250元
I S B N	978-986-6234-32-3
書　　　號	History-27

Chinese (complex) copyright © 2011 by Banner Publishing, a division of
Metropolitan Culture Enterprise Co., Ltd.
4F-9, Double Hero Bldg., 432, Keelung Rd., Sec. 1,
Taipei 11051, Taiwan
Tel:+886-2-2723-5216　Fax:+886-2-2723-5220
Web-site: http://www.metrobook.com.tw
E-mail: metro@ms21.hinet.net

◎本書由廣西師範大學出版社授權繁體字版之出版發行。
◎本書如有缺頁、破損、裝訂錯誤，請寄回本公司更換。
【版權所有　翻印必究】

國家圖書館出版品預行編目資料

說春秋之四：天下大亂／賈志剛著. -- 初版. --
臺北市：大旗出版：大都會文化, 2011. 11
　　面；　公分. -- （History；27）

ISBN 978-986-6234-32-3（平裝）

1. 春秋史

621.62　　　　　　　　　　　　100020251

大都會文化　讀者服務卡

書名：**說春秋之四：天下大亂**

謝謝您選擇了這本書！期待您的支持與建議，讓我們能有更多聯繫與互動的機會。

A. 您在何時購得本書：_____年_____月_____日

B. 您在何處購得本書：_____書店，位於_____(市、縣)

C. 您從哪裡得知本書的消息：
　　1.□書店　2.□報章雜誌　3.□電台活動　4.□網路資訊
　　5.□書籤宣傳品等　6.□親友介紹　7.□書評　8.□其他

D. 您購買本書的動機：（可複選）
　　1.□對主題或內容感興趣　2.□工作需要　3.□生活需要
　　4.□自我進修　5.□內容為流行熱門話題　6.□其他

E. 您最喜歡本書的：（可複選）
　　1.□內容題材　2.□字體大小　3.□翻譯文筆　4.□封面　5.□編排方式　6.□其他

F. 您認為本書的封面：1.□非常出色　2.□普通　3.□毫不起眼　4.□其他

G. 您認為本書的編排：1.□非常出色　2.□普通　3.□毫不起眼　4.□其他

H. 您通常以哪些方式購書:(可複選)
　　1.□逛書店　2.□書展　3.□劃撥郵購　4.□團體訂購　5.□網路購書　6.□其他

I. 您希望我們出版哪類書籍：（可複選）
　　1.□旅遊　2.□流行文化　3.□生活休閒　4.□美容保養　5.□散文小品
　　6.□科學新知　7.□藝術音樂　8.□致富理財　9.□工商企管　10.□科幻推理
　　11.□史地類　12.□勵志傳記　13.□電影小說　14.□語言學習（_____語）
　　15.□幽默諧趣　16.□其他

J. 您對本書(系)的建議：
_____

K. 您對本出版社的建議：
_____
_____

讀者小檔案

姓名：_____　性別：□男 □女　生日：____年____月____日

年齡：□20歲以下 □21～30歲 □31～40歲 □41～50歲 □51歲以上

職業：1.□學生 2.□軍公教 3.□大眾傳播 4.□服務業 5.□金融業 6.□製造業
　　　7.□資訊業 8.□自由業 9.□家管 10.□退休 11.□其他

學歷：□國小或以下 □國中 □高中／高職 □大學／大專 □研究所以上

通訊地址：_____

電話：（H）_____（O）_____傳真：_____

行動電話：_____ E-Mail：_____

◎謝謝您購買本書，也歡迎您加入我們的會員，請上大都會文化網站 www.metrobook.com.tw
登錄您的資料。您將不定期收到最新圖書優惠資訊和電子報。

北 區 郵 政 管 理 局
登記證北台字第9125號
免 貼 郵 票

大都會文化事業有限公司

讀 者 服 務 部 收

11051台北市基隆路一段432號4樓之9

寄回這張服務卡〔免貼郵票〕
您可以：
◎不定期收到最新出版訊息
◎參加各項回饋優惠活動